●んば
得《え》ず
↓65ページ

●馬の心
↓61ページ

蛍《けい》●
↓56ページ

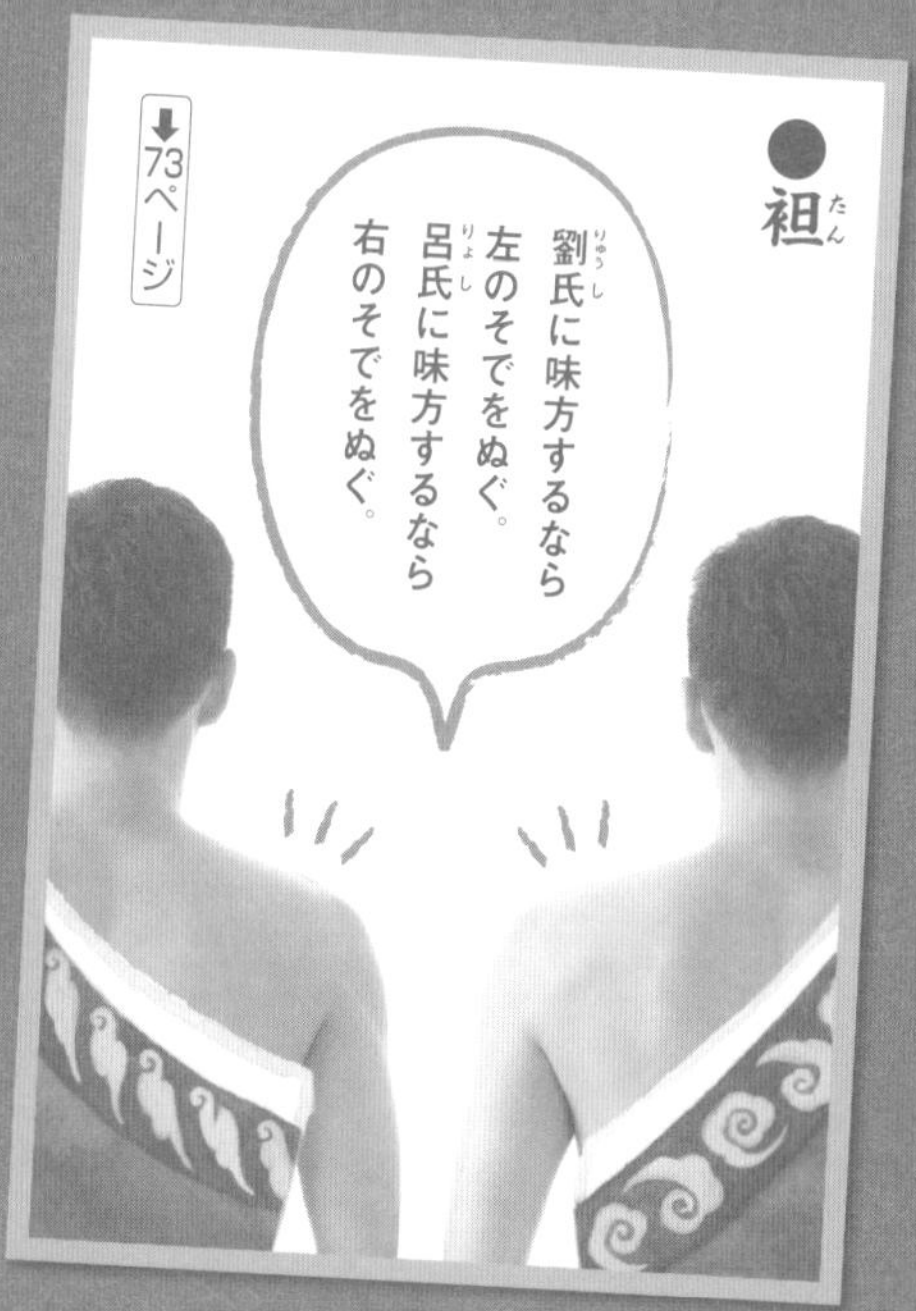
●袒《たん》
劉氏《りゅうし》に味方するなら
左のそでをぬぐ。
呂氏《りょし》に味方するなら
右のそでをぬぐ。
↓73ページ

胡蝶《こちょう》の●
↓68ページ

五十歩●歩
ドドドドド
↓66ページ

守《しゅ》●
↓79ページ

●面楚歌《めんそか》
↓76ページ

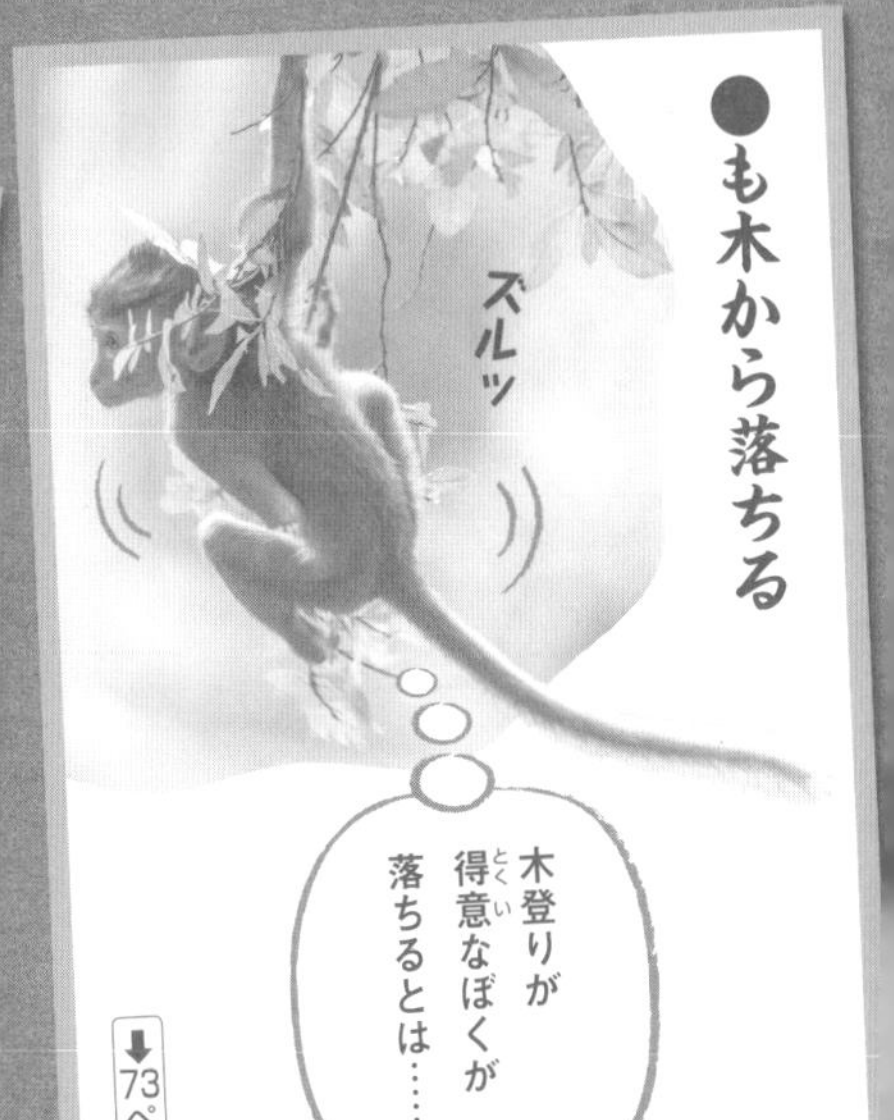
●も木から落ちる
ズルッ
木登りが
得意《とくい》なぼくが
落ちるとは……。
↓73ページ

※●には漢字が一文字入ります。

写真で読み解く

故事成語大辞典

監修
三上英司
（山形大学教授）

監《かん》修《しゅう》の言葉

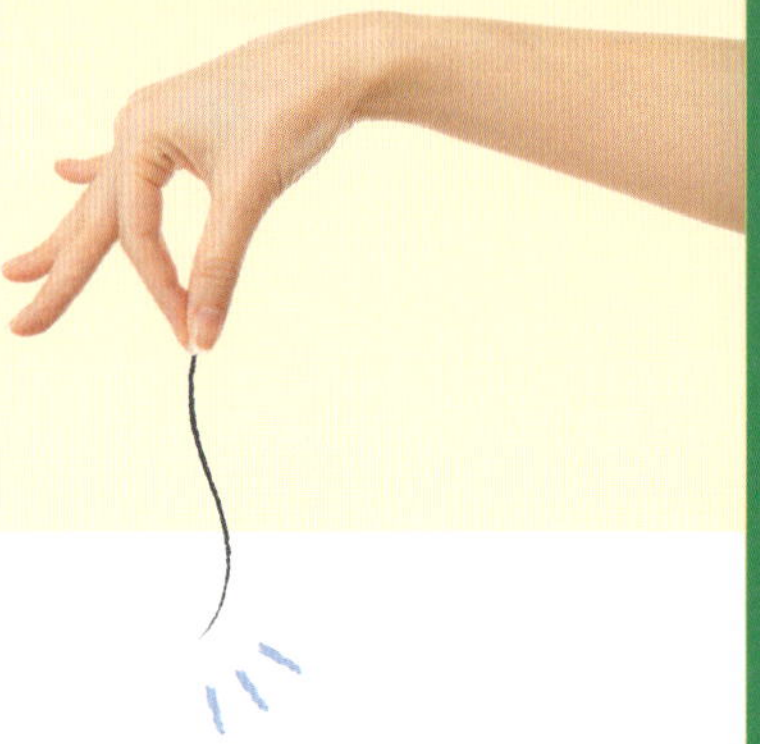

危《き》機《き》一髪《いっぱつ》
46ページ

蝸《か》牛《ぎゅう》角《かく》上《じょう》の争《あらそ》い
34ページ

「故事成語《こじせいご》」とは、「昔にあったこと(故事《こじ》)をもとにしてできあがった言葉(成語《せいご》)」という意味です。短い表現《ひょうげん》のなかにさまざまな知恵《ちえ》や真理がこめられています。この本におさめられているたくさんの故事成《こじせい》語《ご》は、人口に膾炙《かいしゃ》して(これも故事成語《こじせいご》のひとつで「たくさんの人びとが口にした」という意味です。)、時代をこえて生《い》き残《のこ》った力強い言葉たちです。

言葉には、人の心を動かす不思議《ふしぎ》な力があります。そして言葉を書き記す文字は、その不思議《ふしぎ》な力を見ず知らずの人びとに伝《つた》え、時代をこえて受けわたします。まだ文字を使用していなかったころの日本に漢字が渡来《とらい》してから、日本人は、そのころの中国語の約束《やくそく》に従《したが》って書かれた「漢文」を使いはじめるとともに、漢字を日本語に合わせて使うためにさまざまなくふうをはじめました。その努力《どりょく》は、漢字の音や意味を借《か》りて日本語の発音を漢字であらわす「万葉《まんよう》仮名《がな》」、漢字の偏《へん》や旁《つくり》の一部分を使って日本語の音をあらわす「カタカナ(片仮名《かたかな》)」、そして漢字の草書体を使ってつくられた「ひらがな(平仮名《ひらがな》)」というかたちで実を結《むす》び、やがて「漢字をふくめたいくつかの種類《しゅるい》の文字を組み合わせて文章を書く」という現《げん》在《ざい》の文章表現法《ひょうげんほう》ができあがりました。

このように漢字を自分たちの文字として使ってきた日本人は、漢字を生み出した中国の人びとが書いてきた書物を愛読《あいどく》して大切な手本として学び、漢文を書《か》き続《つづ》けてきました。現代《げんだい》日本の日常《にちじょう》生活において、中国生まれの故事成語《こじせいご》がたくさん使《つか》われ続《つづ》けている理由のひとつが、ここにあります。そしてまた、日本人は自分たちが書いた漢文からも故事成語《こじせいご》をいくつもつくり出しました。この辞典《じてん》にはそのような日本生まれの故事成語《こじせいご》ものせました。

いろいろな言葉は、昔の人がくふうを重ねてつくりだした人間の大切な共有財産《きょうゆうざいさん》です。このバトンをのちの時代の人が受け取って使《つか》い続《つづ》けることにより、言葉には不思議《ふしぎ》な力が宿ります。この辞典《じてん》を手にとって読んでくださる方々が、故事成語《こじせいご》という言葉のバトンを受け取り、言葉が持っている不思議《ふしぎ》な力を自分のものとしてくださることを、心から願《ねが》っています。

山形大学教授《やまがただいがくきょうじゅ》　三上英司《みかみえいじ》

破《は》竹《ちく》の勢《いきお》い
111ページ

先んずれば人を制《せい》す
72ページ

韓信《かんしん》の股《また》くぐり
↓42ページ

蟷螂《とうろう》の斧《おの》
↓103ページ

写真で読《よ》み解《と》く 故事成語大辞典《こじせいごだいじてん》 目次《もくじ》

竜頭蛇尾《りゅうとうだび》
↓127ページ

頭角をあらわす
↓99ページ

この辞典《じてん》の使い方

この本は、故事成語《こじせいご》のお話や意味、使い方を調べられる辞典《じてん》です。「十二《じゅうに》支《し》にまつわる故事成語《こじせいご》」「ピンチにまつわる故事成語《こじせいご》」といったように、テーマごとに故事成語《こじせいご》を集めたページ（8～21ページ）や、故事《こじ》成語《せいご》の出典《しゅってん》となった書物やお話に登場する人物、中国の歴史《れきし》を年表で学べるページ（129～141ページ）もあります。言葉がどこにのっているかわからないときは、さくいん（142～143ページ）を引くとべんりです。

テーマ別《べつ》故事成語《こじせいご》（8～21ページ）

竜《りゅう》にまつわる故事成語《こじせいご》
竜頭蛇尾《りゅうとうだび》
意味 はじめは勢いがあるのに、終わりは大したことがないこと。
127ページ
この写真は、中国の首都・北京《ペキン》の北海《ほっかい》公園のなかにある龍壁《りゅうへき》だよ。龍壁《へき》にはこのほかに、八つの竜《りゅう》のすがたが描写《びょうしゃ》されていて、「九龍壁《きゅうりゅうへき》」というよ。「九」は、中国では縁起《えんぎ》のいい数字とされているんだって。
画竜点睛《がりょうてんせい》
意味 最後《さいご》の大切なところに手を加《くわ》えて、完成《かんせい》させる。また、わずかなことで全体が引き立つ。
41ページ
ひとみをかき入れたら完成《かんせい》だ。
10

五十音順《ごじゅうおんじゅん》故事成語辞典《こじせいごじてん》（22～128ページ）

あ
青は藍《あい》より出《い》でて藍《あい》より青し
この草の葉や茎《くき》を発酵《はっこう》させて布《ぬの》を染めると、きれいな青色になるよ。
・故事成語のお話・
❶君子《くんし》が言いました。
「学問というものは、とちゅうでやめてはいけない。青という色は、藍《あい》という草をしぼってとるが、その色はもとの藍《あい》よりもあざやかとなる。また、氷も水からできるものだけれど、水よりもずっと冷《つめ》たくなる。」
出典 『荀子《じゅんし》』
❶君子《くんし》……ゆたかな知識《ちしき》と人格《じんかく》がそなわった人。
意味 弟子や生徒《せいと》などがしっかりと学問を学び、教えている師匠《ししょう》や先生よりすぐれた者になる。
解説 「藍《あい》」は植物の名前で、発酵《はっこう》させたあとにしぼって青い染《せん》料《りょう》をとる。藍《あい》からつくられた染料《せんりょう》がもとの藍《あい》よりも青くなることを、弟子が師《し》をこえることにたとえている。「出藍《しゅつらん》の誉《ほま》れ」ともいう。
使い方 教え子がこのような功績《こうせき》を残《のこ》してくれたのは、本当に青は
22

・故事成語のお話・

故事《こじ》というのは、中国の古い書物に書かれている文章や詩のことです。その話がもとになり、できた言葉を故事《こじ》成語《せいご》といいます。ここでは、故事成語《こじせいご》のもとになっているお話を紹《しょう》介《かい》しています。

出典《しゅってん》

故事成語《こじせいご》のお話が書かれている書物や詩人の名前などをあらわしています。書物の一部は、巻末《かんまつ》でくわしく解説《かいせつ》しています。

チャレンジ 漢文を音読してみよう

書き下し文と、現代語訳《げんだいごやく》を紹介《しょうかい》しています。漢文を音読し、言葉のひびきやリズムを楽しんでみましょう。

見出《みだ》し語《ご》

この本で調べられる言葉。8～21ページはテーマごとに、22～128ページは五十音順《じゅん》にならべてあります。

コラム

その言葉や語源《ごげん》に関係《かんけい》のある、知っているとおもしろい背景話《はいけいばなし》や知識《ちしき》などを紹介《しょうかい》しています。言葉の意味だけでなく、いろいろな知識《ちしき》が身につきます。

写真・イラスト

故事成語《こじせいご》をよりよく理解《りかい》するために、お話や意味に関連《かんれん》する写真やイラストを用いて言葉の意味をそのままあらわしたり、ほかのものにたとえたりしています。お話に登場する歴史的《れきしてき》人物の肖像画《しょうぞうが》や昔の道具の写真も掲載《けいさい》しています。

意味

言葉の意味。意味がふたつ以上《いじょう》あるものは、複数《ふくすう》の意味を説明《せつめい》しています。

解説

お話のなかに登場する言葉や時代背景《はいけい》などについて補足《ほそく》しています。また、もとのお話がどのようにして現在《げんざい》の意味として使われるようになったかを説明《せつめい》している項目《こうもく》もあります。また、「蛍雪《けいせつ》」という故事成語《こじせいご》を「蛍雪の功《こう》」ともいうように、見出し語とは別の表現《ひょうげん》がある場合には、その表現《ひょうげん》を紹介《しょうかい》しています。

使い方

その言葉を使った例文《れいぶん》です。日常《にちじょう》生活のなかのどのような状況《じょうきょう》が故事成語《こじせいご》の意味にあてはまるのかを理解《りかい》することができます。

【似た意味の故事成語】

見出し語と似《に》た意味をもつ故事成語《こじせいご》を紹介《しょうかい》しています。

故《こ》事《じ》成《せい》語《ご》ってなんだろう？

みなさんは、「故事成語《こじせいご》」がいつどこでどのようにして生まれた言葉なのか、知っていますか？ ここでは、故事成語《こじせいご》の成《な》り立《た》ちや使われ方について説明《せつめい》します。

故事《こじ》って何だろう？

「故事《こじ》」とは、「故《ふる》」い「事《こと》」という熟語《じゅくご》です。もともと、この二字熟語《にじじゅくご》がつくられた中国では、「昔にあったことがら」や「あとの時代のしきたりになったこと」という意味で、使われていました。これが日本では「あとの時代の言葉の起源《きげん》となったむかしのことがらや文章、詩」という意味で使われるようになりました。なぜそのような意味の変化《へんか》がおきたのでしょう。その理由を知るには、「成語《せいご》」という言葉の使われかたを理解《りかい》しなければなりません。

成語《せいご》って何だろう？

もともと中国では、ふたつ以上《いじょう》の漢字が結《むす》びついてひとつにまとまって意味をあらわすようになった言葉を「成語《せいご》」といいました。みなさんは、「あれ？ それは熟語《じゅくご》っていうよ。」と思ったことでしょう。

そうなのです。もともとの「成語《せいご》」という言葉の意味と、今、日本人が使っている「熟語《じゅくご》」という言葉の意味は同じです。ただ、「熟語《じゅくご》」という言葉は日本生まれの表現《ひょうげん》ですし、「成語《せいご》」は中国生まれの表現《ひょうげん》なのです。

中国の人たちは、多くの場合、新しい「成語《せいご》」を生み出すときに「故事《こじ》」をふまえて漢字を結《むす》びつけたり、「故事《こじ》」に見られる言葉をそのまま取り入れたりしました。そのために中国のほとんどの「成語《せいご》」には「故事《こじ》」がふくまれています。ですから、わざわざ「故事《こじ》」という言葉をつける必要《ひつよう》はありません。

ところが日本では「成語《せいご》」という言葉のなかに、長いあいだみんなが使ってきた言い方（慣用句《かんようく》）や生活のなかでつくられてきた教訓《きょうくん》（ことわざ）などの意味もふくめて使います。そこで区別《くべつ》をつけるために「故事成語《こじせいご》」という言い方をするのです。

たとえば、「蛍雪《けいせつ》」は、「蛍《ほたる》」と「雪」のふたつの漢字から成《な》り立《た》つ言葉、つまり成語《せいご》だけど、この成語《せいご》は「蛍《ほたる》の光や雪の明るさを利用《りよう》して勉強にはげんだ。」という故事《こじ》がもとになって生まれたよ。

故事成語《こじせいご》ってことわざや四字熟語《よじじゅくご》とどうちがうの？

ことわざは、長い時間をかけて人びとが生活のなかでつくりだした教訓的《きょうくんてき》な言葉です。

たとえば「急《せ》いては事をし損《そん》じる」ということわざのように、短くて口調のよい表現《ひょうげん》が選《えら》ばれます。このことわざと似《に》た意味の故事《こじ》成語《せいご》に「大器《たいき》は晩成《ばんせい》す」という表現《ひょうげん》がありますが、これは『老子《ろうし》』という書物のなかに記されている言葉です。このように故事成語《こじせいご》は、漢文の書物に記されている言葉やできごとがもとになってつくられてきました。そして時代や社会がちがっても人が変《か》わらずにもっている性質《せいしつ》や取るべき行動を、短い言葉にこめて表現《ひょうげん》しています。また故事成語《こじせいご》の多くは中国の古典《こてん》をもとにしてつくられましたが、日本人がつくった漢文をもとにして生まれた故事成語《こじせいご》もあるのです。

さて先ほど例《れい》にあげた「大器《たいき》は晩成《ばんせい》す」という故事成語《こじせいご》は、「大器晩成《たいきばんせい》」と四字熟語《よじじゅくご》として使われることもあります。このように日本語で使われる四字熟語《よじじゅくご》には、中国で生まれた表現《ひょうげん》もたくさんふくまれます。そこで四字《よじ》熟語《じゅくご》のかたちで皆《みな》さんの目に触《ふ》れる故事成語《こじせいご》もとても多いのです。しかし、「安全運転」や「学校給食《きゅうしょく》」などのように、日本でつくられた四字熟語《よじじゅくご》の多くは、故事《こじ》にもとづいていないため、故事成語《こじせいご》とはよびません。

故事成語《こじせいご》がたくさんある理由

たとえば新聞を開いてみたり、教科書を開いてみたりすると、おどろくほどたくさんの故事成語《こじせいご》が、使われています。「矛盾《むじゅん》」「蛇《だ》足《そく》」「推敲《すいこう》」「助長《じょちょう》」「虎《とら》の威《い》を借《か》る狐《きつね》」……数えあげればきりがありません。ずっと昔に中国でつくられた言葉が、今も日本で使われている大きな理由は、ふたつあります。

まずひとつめの理由は、短い言葉のなかにたくさんの内容《ないよう》がつまっていてべんりだからです。私たちが言葉を使うとき、相手に正確《せいかく》に気持ちや考えを伝《つた》えようとしてさまざまなくふうをします。

ところが説明《せつめい》が長すぎると、相手にはわかりにくくなってしまいます。故事成語《こじせいご》には、短い言葉のなかに、そのもととなった「故《こ》事《じ》」の内容《ないよう》がぎっしりとふくまれています。たとえば「矛盾《むじゅん》」という二文字の言葉を使うだけで、たくさんの利益《りえき》を手に入れようとしてつじつまの合わない説明《せつめい》を熱心《ねっしん》にくり返す人物のすがたが、生き生きと頭のなかにうかびあがってきます。

ふたつめの理由は、漢字とともに日本語が成長《せいちょう》してきたという点にあります。言葉はとても長い時間をかけて発展《はってん》します。文字を持たなかった古代の日本人が漢字を使いはじめてから現代《げんだい》まで、日本語は漢字とともに成長《せいちょう》してきました。今では、漢字や漢字で構成《こうせい》されている熟語《じゅくご》を使わずに、日本語を話したり書いたりすることはできません。現代《げんだい》でも故《こ》事成語《じせいご》がたくさん使われているのは、日本人が自分たちの言葉の太い柱として漢字を大切にして、ゆたかな表現《ひょうげん》を育ててきたからなのです。

（文・三上英司《みかみえいじ》）

十二支《じゅうにし》にまつわる故事成語《こじせいご》

丑《うし》

牛耳《ぎゅうじ》を執《と》る

意味　なかまのリーダーになる。また、主導権《しゅどうけん》をにぎる。↓50ページ

寅《とら》

虎《とら》に翼《つばさ》

意味　勢力《せいりょく》のある者がさらに勢《いきお》いをつけること。↓104ページ

卯《う》

株《かぶ》を守りて兎《うさぎ》を待つ

意味　古い習慣《しゅうかん》や方法《ほうほう》にこだわって、時代の変化《へんか》に対《たい》応《おう》できない。ゆうずうがきかない。↓79ページ(守株《しゅしゅ》)

辰《たつ》

登竜門《とうりゅうもん》

意味　通るのは難《むずか》しいが、通れば出世や入学などができる審査《しんさ》や試験《しけん》など。また、そういう審査《しんさ》などを通ること。↓102ページ

巳《み》

蛇足《だそく》

意味　よぶんなもの、そのためにすべてを台なしにするもの。↓93ページ

十二支《じゅうにし》ってなんだろう?

子《ね》、丑《うし》、寅《とら》、卯《う》、辰《たつ》、巳《み》、午《うま》、未《ひつじ》、申《さる》、酉《とり》、戌《いぬ》、亥《い》をまとめてよぶ言葉で、もとは順序《じゅんじょ》をあらわす記号でした。古代中国で十干《じっかん》（甲《こう》・乙《おつ》・丙《へい》・丁《てい》・戊《ぼ》・己《き》・庚《こう》・辛《しん》・壬《じん》・癸《き》）と組み合わせて日付《ひづけ》をしめすのに使われていました。動物をあらわす文字なのは、覚《おぼ》えやすくするためなどといわれています。

戦国《せんごく》時代から、年や月、時刻《じこく》や方角をあらわすのにも利用《りよう》されました。方角は子《ね》を北として、時計まわりに左のようにあてはめます。時刻《じこく》は、子《ね》を真夜中の十一時から一時として、二時間ごとに区切り、子《ね》の刻《こく》、丑《うし》の刻《こく》のようによびました。午前、午後という言葉は、昼の十二時が午《うま》の刻《こく》であることから出た言葉です。

子（ね）

窮鼠猫をかむ
意味　弱い者でも、追いつめられれば、強い者に立ちむかう。
→51ページ

亥（い）

豕突（しとつ）
意味　向こう見ずにまっしぐらにつき進むこと。
→77ページ

中国では、「亥」はイノシシではなくブタをさしているよ。

戌（いぬ）

犬馬の心
意味　目上の人やほかの人のために真心をつくそうとする心。
→61ページ

ご主人の言うことはぜったいだワン！

酉（とり）

鶏犬の声相聞こゆ（けいけんのこえあいきこゆ）
意味　こぢんまりとしてのどかなようす。
→55ページ

申（さる）

猿も木から落ちる
意味　その分野の名人といわれる人でも、ときには失敗することがある。
→73ページ

未（ひつじ）

多岐亡羊（たきぼうよう）
意味　いろいろな方法があるなかで、どれをとったらいいかわからずなやむこと。
→92ページ

午（うま）

塞翁が馬（さいおうがうま）
意味　人生の幸福や不幸は予測ができないし、変わりやすいものなので、むやみに喜んだり、悲しんだりするべきではない。
→71ページ

ズル

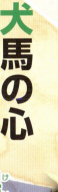

竜《りゅう》にまつわる故事成語《こじせいご》

竜頭蛇尾《りゅうとうだび》

意味 はじめは勢《いきお》いがあるのに、終わりは大したことがないこと。

127ページ

この写真は、中国の首都・北京《ペキン》の北《ほっ》海《かい》公園のなかにある龍壁《りゅうへき》だよ。龍《りゅう》壁《へき》にはこのほかに、八つの竜《りゅう》のすがたが描写《びょうしゃ》されていて、「九龍壁《きゅうりゅうへき》」というよ。「九」は、中国では縁起《えんぎ》のいい数字とされているんだって。

画竜点睛《がりょうてんせい》

意味 最後《さいご》の大切なところに手を加《くわ》えて、完成《かんせい》させる。また、わずかなことで全体が引き立つ。

41ページ

このあたりに逆鱗《げきりん》があるよ。

逆鱗《げきりん》に触《ふ》れる

意味 国の王など、一国の長の怒《いか》りをかう。目上の人にひどくしかられる。 ↓58ページ

竜《りゅう》のあごの下にある、逆《さか》さに生えたうろこを「逆鱗《げきりん》」というよ。逆《げき》鱗《りん》にさわると、竜《りゅう》は怒《いか》りくるってあばれてしまうから、触《ふ》れないように気をつけなきゃいけないんだ。

この写真は、「鳳凰《ほうおう》」という伝説《でんせつ》上《じょう》の鳥だよ。鳳凰《ほうおう》のひなを「鳳雛《ほうすう》」というんだ。

伏竜鳳雛《ふくりょうほうすう》

意味 将来《しょうらい》、大人物になる見こみのある少年のこと。また、世間にはまだ知られていないが、将来《しょうらい》有名になりそうな人のこと。 ↓116ページ

中国の竜《りゅう》と西洋のドラゴンのちがい

竜《りゅう》は、体は巨大《きょだい》なヘビに似《に》てうろこにおおわれ、頭には二本の角が生え、口もとには長いひげを持つ、伝説《でんせつ》上《じょう》の動物です。海や湖、沼《ぬま》などの水中にすみ、ときには天空にのぼり、風雲を起こしたり稲妻《いなずま》を放ったりするといわれています。中国では、足に五つのつめがある竜《りゅう》は皇帝《こうてい》の権威《けんい》の象徴《しょうちょう》とされ、宮殿《きゅうでん》の壁《かべ》に竜《りゅう》のすがたが彫刻《ちょうこく》されたり、宮中で使われる家具の装飾《そうしょく》に竜《りゅう》のモチーフが用いられたりしていました。

西洋では、竜《りゅう》のことを「ドラゴン」とよびますが、ドラゴンは巨大《きょだい》な爬虫類《はちゅうるい》に似《に》た伝説《でんせつ》上《じょう》の動物で、背中《せなか》に生えた翼《つばさ》で空を飛《と》ぶことができます。ドラゴンは邪悪《じゃあく》の象徴《しょうちょう》とされることが多く、西洋の伝承《でんしょう》や神話のなかにはドラゴンを退治《たいじ》するお話が多数あります。

— 西洋のドラゴン —

翼《つばさ》を持ち、空を飛《と》ぶ。
口や鼻から炎《ほのお》を吹《ふ》く。

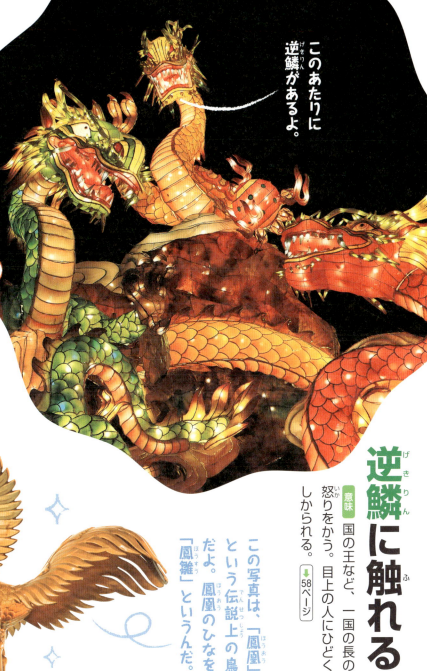

戦《たたか》いにまつわる故事成語《こじせいご》

触

▲カタツムリの左の角の上にある触《しょく》氏《し》という者の国と、右の角の上にある蛮氏《ばんし》という者の国が争《あらそ》ったお話がもとになって生まれた故事成語《こじせいご》だよ。

蛮

蝸《か》牛《ぎゅう》角《かく》上《じょう》の争《あらそ》い

意味 つまらない争《あらそ》い。ささいなことを争《あらそ》う。また、人間の世界が小さなものであることのたとえ。 34ページ

快《かい》刀《とう》乱《らん》麻《ま》を断《た》つ

意味 もつれたり、ごたごたしている問題を、いっきょに解決《かいけつ》する。 35ページ

スパッ
「乱麻《らんま》」はもつれた麻糸《あさいと》のことをいうよ。

項羽《こうう》
四方を敵《てき》にかこまれてしまってにげ場がない……。

四《し》面《めん》楚《そ》歌《か》

意味 まわりをすべて敵《てき》にかこまれている。周囲《しゅうい》が反対者ばかりで、味方がいない。 76ページ

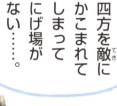

三十六計にぐるにしかず

意味 考えてもどうにもならないなら、にげるのがいちばんだ。

75ページ

合従連衡《がっしょうれんこう》

意味 そのときそのときの利害損得《りがいそんとく》で、仲間《なかま》になったり敵《てき》になったりすること。

38ページ

燕《えん》
趙《ちょう》
斉《せい》
魏《ぎ》
秦《しん》
韓《かん》
楚《そ》
どこの国と手を組んだら得《とく》をするだろうか……。

五十歩百歩

意味 どちらも似《に》たようなもので大きな差《さ》がない。

66ページ

破竹《はちく》の勢《いきお》い

意味 勢《いきお》いがさかんなこと。また、それによって敵《てき》がいないこと。

111ページ

パカーン!!

中国の戦国《せんごく》時代

紀元前《きげんぜん》八世紀《せいき》後半、中国をまとめていた周《しゅう》王朝の力がおとろえだし、各地《かくち》に有力者が登場します。その後、さらに王朝は力を失《うしな》い、各国《かっこく》が天下をねらって戦《たたか》いをくり広げました。そのころから、紀元《きげん》前《ぜん》二二一年の秦《しん》による中国統一《とういつ》までの時代を戦国《せんごく》時代とよびます。なかでも、秦《しん》・楚《そ》・斉《せい》・燕《えん》・趙《ちょう》・魏《ぎ》・韓《かん》の七つの国が力をのばし、「戦国《せんごく》の七雄《しちゆう》」とよばれました。

それまでの秩序《ちつじょ》がこわれ、実力主義《しゅぎ》となり、儒家《じゅか》や道家、墨家《ぼっか》、法家《ほうか》など、諸子百家《しょしひゃっか》とよばれるさまざまな思想家や学派《がくは》が登場してきた時代でもあります。

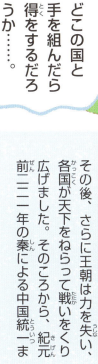

体にまつわる故事成語《こじせいご》

脚力《きゃくりょく》尽《つ》くるとき山さらによし

意味 全力をつくしたとき、そこにたとえようもない喜《よろこ》びがあること。 48ページ

このうらみ、骨髄《こつずい》までしみわたりそう……。

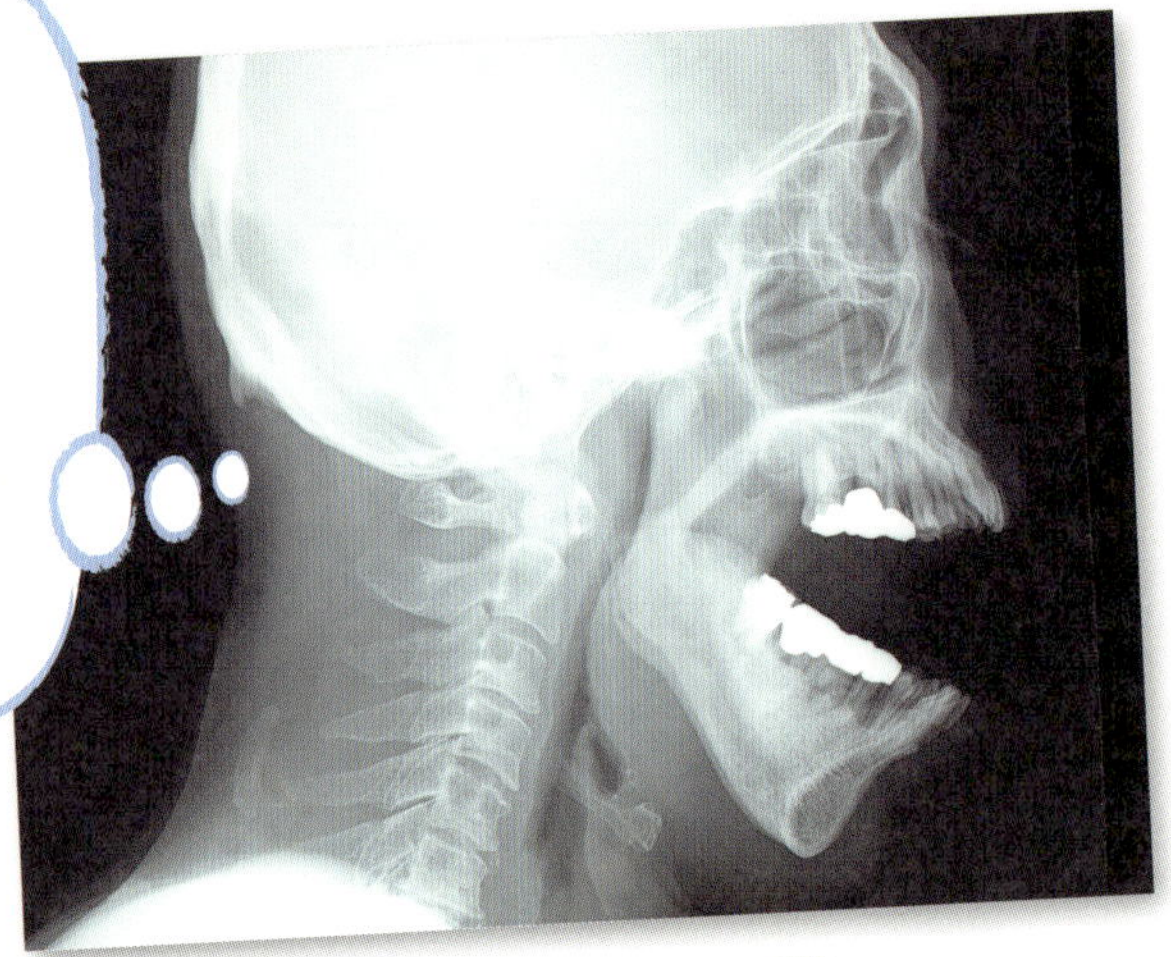

うらみ骨髄《こつずい》に入《い》る

意味 心の底《そこ》から人をうらむこと。 31ページ

唇《くちびる》ほろびて歯寒し

意味 深く関《かか》わり合い助け合っていたもののいっぽうがほろびると、もういっぽうも危《あぶ》なくなる。 54ページ

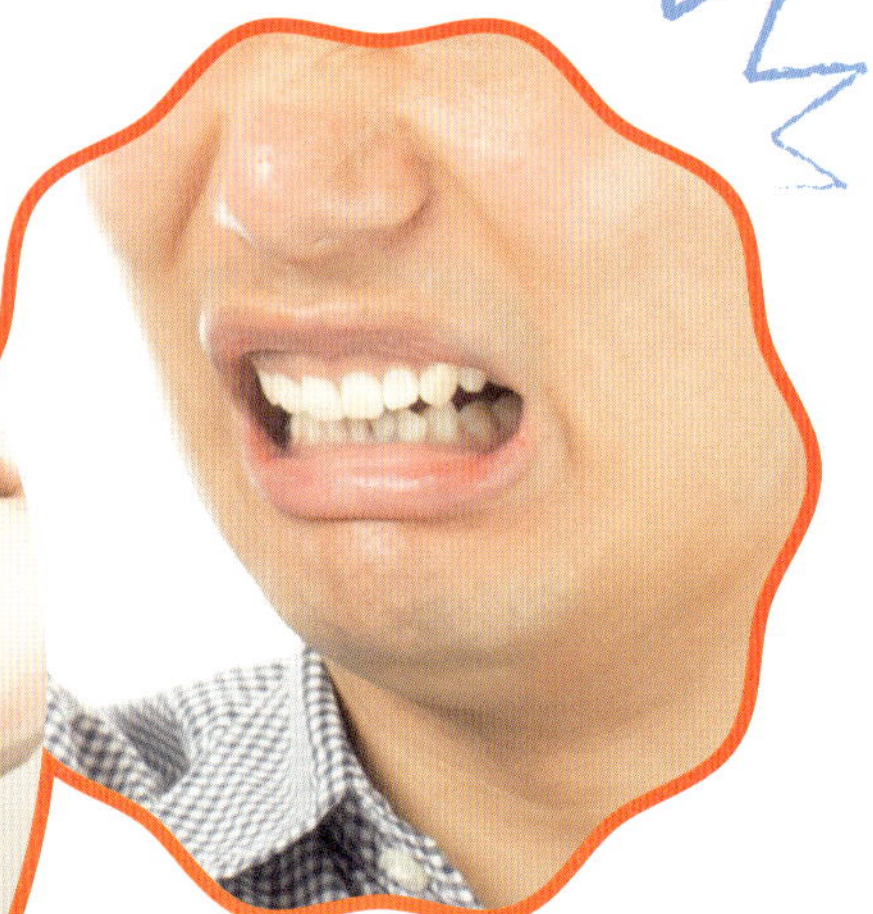

切歯扼腕《せっしゃくわん》

意味 たいへん残念《ざんねん》に思う。はげしく怒《おこ》る。 87ページ

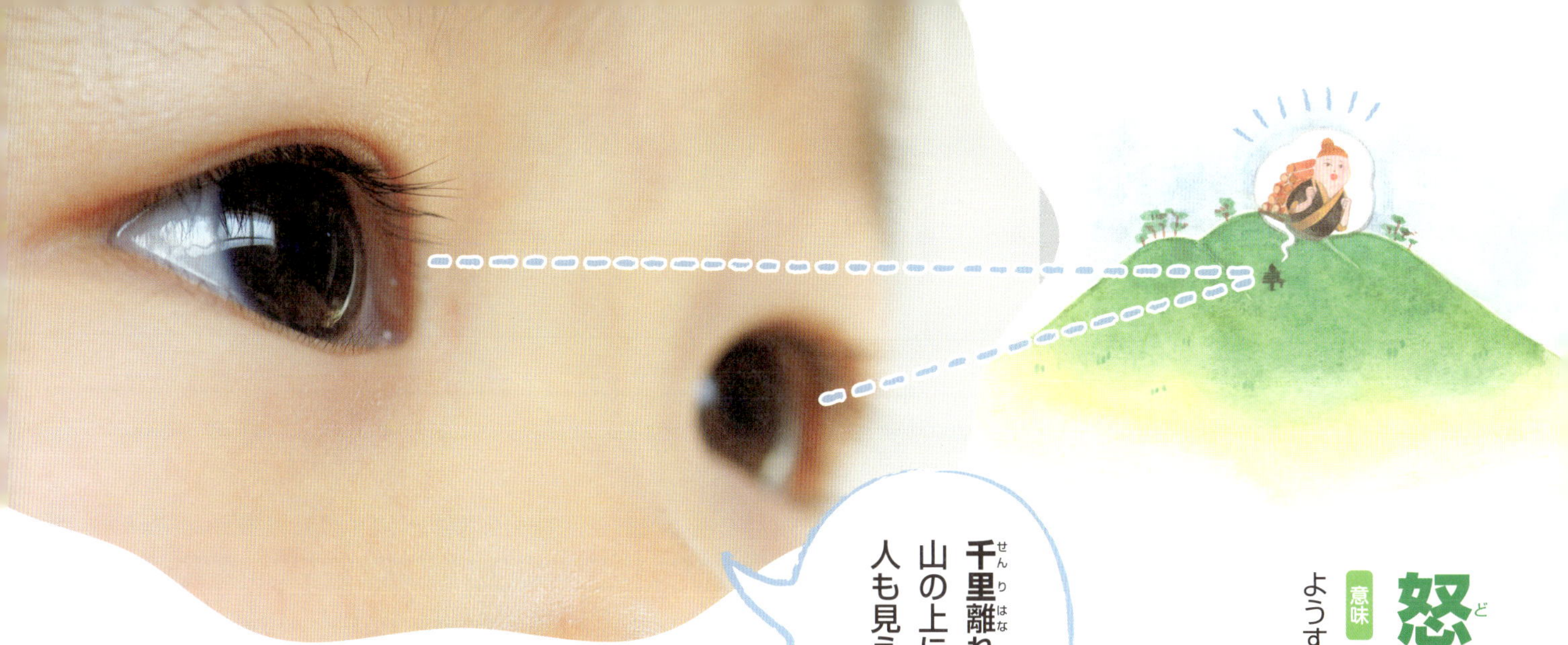

怒《ど》髪《はっ》天《てん》をつく

意味 ひどく怒《おこ》っているようす。

↓104ページ

千里《せんり》離《はな》れた山の上にいる人も見えるぞ！

千《せん》里《り》眼《がん》

意味 遠くにあって目に見えないことを知る能《のう》力《りょく》。先のことを予知する能力《のうりょく》。

↓89ページ

白《はく》眼《がん》視《し》

意味 冷《つめ》たい、軽べつに満《み》ちた目で見ること。人をにらみつけること。

↓106ページ

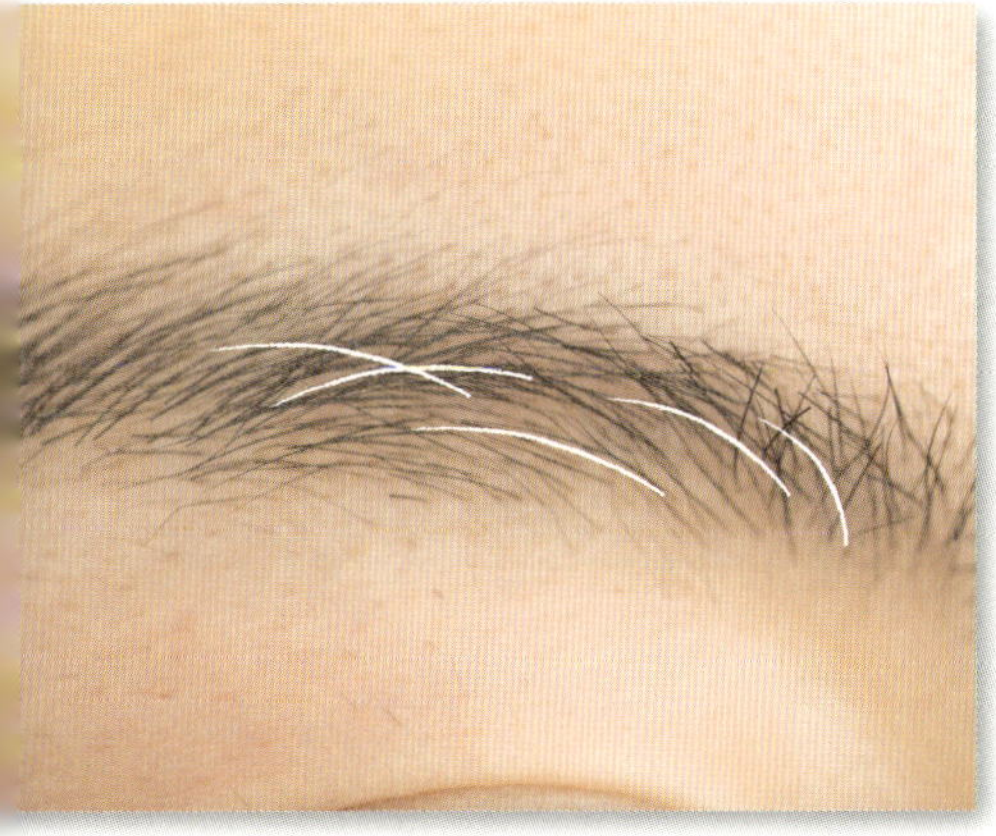

白《はく》眉《び》

意味 きょうだいのなかや大勢《おおぜい》のなかでもっともすぐれている者。また、同類《どうるい》のなかでもっともすぐれているもの。

↓109ページ

白《はく》髪《はつ》三《さん》千《ぜん》丈《じょう》

意味 終わりのない悲しみ。また日本では、大げさな表現《ひょうげん》、という意味で使われることが多い。

↓108ページ

ずいぶん髪《かみ》の毛がのびてしまったなあ。

写真提供：新薬師寺
大亀京助

喜《き》怒《ど》哀《あい》楽《らく》にまつわる故事成語《こじせいご》

かわいいわが子を人間に連《つ》れさられてしまった……。
お母さん!!

▲母親のサルは腸《ちょう》がひきちぎられるほど悲しんだというお話から生まれた故事成語《こじせいご》だよ。

断《だん》腸《ちょう》の思い

意味 腹《はら》わたがちぎれるほどの悲しい思い。はなはだしく心をいためること。

94ページ

疑《ぎ》心《しん》暗《あん》鬼《き》を生《しょう》ず

意味 疑《うたが》い出《だ》すと、なんでもないものまでおそろしく見えてくる。

47ページ

あそこに、きょろきょろまわりを見わたしている、あやしい子がいるぞ。あの子がおのをぬすんだにちがいない。
なにもしてないのに視線《しせん》を感じる……。
おのがない!!

木石に非《あら》ず

意味 人間はだれにでも喜《き》怒《ど》哀《あい》楽《らく》の感情《かんじょう》があるということ。

119ページ

喜《き》
怒《ど》
哀《あい》
楽《らく》

宋《そう》襄《じょう》の仁《じん》

意味 無《む》用《よう》の情《なさ》け、むだな同情《どうじょう》。

90ページ

不《ふ》倶《ぐ》戴《たい》天《てん》

意味 どうしても許《ゆる》せないにくい相手のこと。父や主君のかたき。

116ページ

同病相あわれむ

意味 同じ苦しい立場にいる者どうしが、苦しみを共感《きょうかん》し、いたわりあうこと。

101ページ

オレさまをあざむいたアイツを生かしておくわけにはいかない!

人間関係《にんげんかんけい》にまつわる故事成語《こじせいご》

金石《きんせき》の交わり

意味 けっして心変《こころが》わりしないかたい交際《こうさい》。

↓53ページ

青銅《せいどう》でできた「鼎《かなえ》」といううつわ。

われらの友情《ゆうじょう》は金属《きんぞく》や石のようにかたい！

泣《な》いて馬謖《ばしょく》をきる

意味 信頼《しんらい》している人にも厳《きび》しい処分《しょぶん》を与《あた》え、法律《ほうりつ》や規律《きりつ》の公正を守ること。

↓106ページ

諸葛亮《しょかつりょう》
馬謖《ばしょく》は私《わたし》が信《しん》頼《らい》していた部下だが、命令《めいれい》に背《そむ》いた罰《ばつ》を与《あた》えなければならない……。

左袒《さたん》

意味 味方をする。意見に賛成《さんせい》する。

↓73ページ

バッ!!

周勃《しゅうぼつ》
劉氏《りゅうし》に味方する者は、漢服の左のそでをぬいでかたをあらわにせよ。

知音《ちいん》

意味　音楽をよく理解《りかい》する人。また、自分のことを深く理解《りかい》してくれる友人。本当の友だち。

⇩95ページ

琴《こと》の名手・伯牙《はくが》の親友である鍾子期《しょうしき》は、琴《こと》の音色から伯牙《はくが》の心境《しんきょう》を読みとることができたんだって。

▲江戸《えど》時代の画家・狩野安《かのうやす》信《のぶ》のえがいた伯牙《はくが》と鍾子期《しょうしき》。

切磋琢磨《せったくま》

意味　学問などにはげんで、自分をみがく。また、友人どうしではげましあい、競《きそ》いあって、ともに向上する。

⇩87ページ

▲石をけずると、表面につやが出て宝石《ほうせき》のようにピカピカになるよ。

竹馬《ちくば》の友

意味　幼《おさな》なじみ。子どものころの友だち。

⇩96ページ

昔はしょっちゅう竹馬《たけうま》に乗って遊んでいたね。

ピンチにまつわる故事成語

危《あや》うきこと累卵《るいらん》のごとし

意味 非常《ひじょう》に危険《きけん》で不安定《ふあんてい》な状態《じょうたい》であること。

25ページ

今にもくずれ落ちそう……。

ゴロゴロ
ゴロゴロ
かみなりがはげしく鳴ることを「霹靂《へきれき》」というよ。

青天の霹靂《へきれき》

意味 急に起こった大事件《だいじけん》、予期しないできごと。

87ページ

羹《あつもの》に懲《こ》りて膾《なます》を吹《ふ》く

意味 一度した失敗《しっぱい》にすっかり懲《こ》りてしまい、次から必要以上《ひつよういじょう》に用心してしまうことのたとえ。

25ページ

フーフー

危《き》機《き》一《いっ》髪《ぱつ》

意味 重大な危機《きき》、生死の瀬戸際《せとぎわ》にさらされていること。

↓46ページ

すぐそこにうまそうなテントウムシがいるぞ。
髪《かみ》の毛《け》一本分の近さだよ！

薄《はく》氷《ひょう》をふむ

意味 恐《おそ》れてひやひやしながらものごとを進めること。また、危険《きけん》な状態《じょうたい》であること。

↓109ページ

捲《けん》土《ど》重《ちょう》来《らい》

意味 前に失敗《しっぱい》した者が、ふたたび力をつけて盛《も》り返《かえ》すこと。

↓60ページ

砂《すな》ぼこりを巻《ま》きあげるほどの勢《いきお》いで、攻《せ》めこむぞ！
ドドドドド

いつわれるかわからないほど薄《うす》い氷の上を歩くのはドキドキするな……。

青は藍《あい》より出《い》でて藍《あい》より青し

この草の葉や茎《くき》を発酵《はっこう》させて布《ぬの》を染《そ》めると、きれいな青色になるよ。

・故事成語のお話・

❶君子《くんし》が言いました。

「学問というものは、とちゅうでやめてはいけない。青という色は、藍《あい》という草をしぼってとるが、その色はもとの藍《あい》よりもあざやかとなる。また、氷も水からできるものだけれど、水よりもずっと冷《つめ》たくなる。」

出典 『荀子《じゅんし》』

❶君子《くんし》……ゆたかな知識《ちしき》と人格《じんかく》がそなわった人。

意味 弟子や生徒《せいと》などがしっかりと学問を学び、教えている師匠《ししょう》や先生よりすぐれた者になる。

解説 「藍《あい》」は植物の名前で、発酵《はっこう》させたあとにしぼって青い染《せん》料《りょう》をとる。藍《あい》からつくられた染料《せんりょう》がもとの藍《あい》よりも青くなることを、弟子が師《し》をこえることにたとえている。「出藍《しゅつらん》の誉《ほま》れ」ともいう。

使い方 教え子がこのような功績《こうせき》を残《のこ》してくれたのは、本当に**青は藍《あい》より出《い》でて藍《あい》より青し**というものです。

チャレンジ 漢文を音読してみよう

君子《くんし》曰《い》はく
「学《がく》は以《もっ》て
已《や》むべからず。
青《あお》は之《これ》を
藍《あい》より取《と》りて、
藍《あい》より青《あお》し。
氷《こおり》は水《みず》より取《と》りて、
水《みず》よりも寒《さむ》し。」と。

現代語訳

君子《くんし》は次のように言っている。
「学ぶことをとちゅうで
やめてはいけない。
青色は
藍《あい》という草から取るけれども、
藍《あい》の草の色よりもずっと青い。
氷は水からできているけれども、
水よりもずっと冷《つめ》たくなる。」と。

人は生まれながらにして利己的《りこてき》なのだから、学問をしっかり身につけ、善《ぜん》の心を養《やしな》うべきだ。

▶出典《しゅってん》の『荀子《じゅんし》』をまとめた荀子《じゅんし》（荀況《じゅんきょう》）という思想家は、人間の本性《ほんしょう》は悪であるとする「性悪説《せいあくせつ》」を説《と》いた人物として有名。

悪事千里を走る

・故事成語のお話・

宋《そう》の時代の説話集《せつわしゅう》や仏法《ぶっぽう》の歴史書《れきししょ》のなかに、次のような言葉がおさめられています。

「好事門《こうじもん》を出《い》でず、悪事千里を行く。」

よいおこないは門を出ない、すなわち世間に広まらないものですが、悪いおこないは遠くまで伝《つた》わりやすいということです。

出典 『北夢瑣言《ほくぼうさげん》』

千里の「里」は長さをあらわす単位《たんい》だよ。写真は中国の世界遺《い》産《さん》「万里の長城《ちょうじょう》」で、千里をこえる長い道のりがずっと続《つづ》いているんだ。

意味 悪いことは、世間に知れわたりやすい。

解説 「千里」は、非常《ひじょう》に遠いことをあらわす。ほめることには慎重《しんちょう》だが、悪口は言いつのるのが世の中のならいで、悪いことはすぐにうわさになって、遠くまで広く知られてしまうということ。だから悪いことをしてはいけない、という教訓《きょうくん》をふくめることもある。「悪事千里を行く」ともいう。

使い方 **悪事千里を走る**で、君のいたずらは学校中に知られているよ。

圧巻《あっかん》

・故事成語のお話・

宋《そう》の時代の詩人である黄庭堅《こうていけん》は、「唐《とう》の時代の大詩人である杜甫《とほ》が科挙《かきょ》に合格《ごうかく》できないでいるとき、すでに役人になっていた親戚《しんせき》におくった詩はとても見事なできばえだった。そこで、のちの世の詩人たちは（科挙《かきょ》の試験《しけん》でつくった作品ではないのだが）その詩を『圧巻《あっかん》』と称《たた》えたのだ。」と話しました。

出典　『文章弁体《ぶんしょうべんたい》』

意味　文学や演劇《えんげき》、映画《えいが》などのなかで、もっとも目立ちすぐれている作品やその部分。特《とく》にすぐれた詩文。

解説　もともとは、科挙《かさよ》の試験《しけん》で最優秀《さいゆうしゅう》の答案《とうあん》が書かれた巻物《まきもの》をほかの答案《とうあん》の巻《まき》物《もの》のいちばん上に置《お》いて、そのすばらしさをみんなにわかるようにしたことから生まれた言葉。

使い方　あの映画《えいが》のアクションシーンは**圧巻《あっかん》**だった。

杜甫《とほ》は詩が得意《とくい》で文才にすぐれていたけれど、科《か》挙《きょ》には何度も落第して合《ごう》格《かく》することはなかったといわれているよ。

写真は「殿試《でんし》」という、科挙《かきょ》の最終試験《さいしゅうしけん》のようすだよ。受験者《じゅけんしゃ》は宮中に集められ、皇帝《こうてい》がみずから試験《しけん》問題を出題したんだ。

中国最難関《さいなんかん》の試験《しけん》「科挙《かきょ》」

隋《ずい》の文帝《ぶんてい》の時代に誕生《たんじょう》した官吏登用制度《かんりとうようせいど》（役人を採《さい》用《よう》するための制度《せいど》）で、清朝末期《しんちょうまっき》に廃止《はいし》されるまで、約《やく》一三〇〇年間続《つづ》きました。出身地や身分に関係《かんけい》なく、優秀《ゆうしゅう》な人材《じんざい》を選抜《せんばつ》することを目的《もくてき》とした制度《せいど》で、試験科《しけんか》目《もく》には文才を問う「進士《しんし》」や、暗記能力《のうりょく》を問う「明経《めいけい》」、時事問題について小論文《しょうろんぶん》を書く「秀才《しゅうさい》」などがあります。宋《そう》の時代には、皇帝《こうてい》がみずから試験官《しけんかん》となって最終試《さいしゅうし》験《けん》をおこなう「殿試《でんし》」という制度《せいど》も確立《かくりつ》されました。

優秀《ゆうしゅう》な答案《とうあん》用紙はいちばん上に！

羹《あつもの》に懲《こ》りて膾《なます》を吹《ふ》く

⬇20ページ

・故事成語のお話・

楚《そ》の政治家《せいじか》であり詩人でもある屈原《くつげん》は、人びとにありもしないうわさをたてられたことで国王に疎《うと》まれ、追放されてしまいました。悲しむ屈原《くつげん》に、悪神が言いました。

「一度、熱《あつ》いお吸《す》いものを不用心《ぶようじん》に飲んで口にやけどをした人は、そのあとに冷《つめ》たいなますを食べるときでさえも、食べる前にフーフーと吹《ふ》いて冷《さ》ますようになるものだ。おまえも、そういう用心深い態度《たいど》をとらなければいけないのに、どうして改《あらた》めようとしないのか。」

出典『楚辞《そじ》』

意味 一度した失敗《しっぱい》にすっかり懲《こ》りてしまい、次から必要以上《ひつよういじょう》に用心してしまうことのたとえ。

解説「羹《あつもの》」は肉と野菜《やさい》を煮《に》てつくる熱《あつ》いお吸《す》いもの、「膾《なます》」は細かくきざんだ野菜《やさい》や肉を和えたもので冷《つめ》たい料理《りょうり》のこと。

使い方 もう二度と遅刻《ちこく》をしないようにと前の日から集合場所に泊《と》まっているなんて、**羹《あつもの》に懲《こ》りて膾《なます》を吹《ふ》く**というものだよ。

▲日本のなます。

危《あや》うきこと累卵《るいらん》のごとし

⬇20ページ

・故事成語のお話・

張禄《ちょうろく》という弁舌《べんぜつ》のうまい人がいて、秦《しん》の情勢《じょうせい》について語りました。

「秦《しん》の国はたまごを積《つ》み重《かさ》ねたように、今にもくずれそうな危《あや》うい状態《じょうたい》です。私《わたし》であればすぐにそれを安定させることができますが、手紙ではそのやり方をお伝《つた》えできません。」

それを聞いた秦《しん》の王の家臣《かしん》は、張《ちょう》禄《ろく》を車に乗せて、王のもとへ連《つ》れていきました。

出典『史記《しき》』

意味 非常《ひじょう》に危険《きけん》で不安定《ふあんてい》な状態《じょうたい》であること。

解説「累卵《るいらん》」は積《つ》み重《かさ》なったたまごのこと。張禄《ちょうろく》はもともと范雎《はんしょ》という名前で、魏《ぎ》の王《おう》に政策《せいさく》を助言する学者だったが、裏切りの疑《うたが》いをかけられ、牢獄《ろうごく》に入れられた。牢獄《ろうごく》から脱出《だっしゅつ》したあと、張禄《ちょうろく》と名前を改《あらた》めて秦《しん》に自分を売りこんだ。「累卵《るいらん》の危《あや》うき」ともいう。

使い方 試合《しあい》でどんなに勝《か》ち続《つづ》けていても、チーム内の信頼感《しんらいかん》がないようでは、**危《あや》うきこと累卵《るいらん》のごとし**だ。

【似た意味の故事成語】一髪千鈞《いっぱつせんきん》を引く

暗《あん》中《ちゅう》模《も》索《さく》

・故事成語のお話・

唐《とう》に、あまり深くものを考えず、とてもえらそうにふるまう許敬宗《きょけいそう》という人がいました。人に会ってもすぐに名前をわすれてしまいます。そのことについて、ある人が許敬宗《きょけいそう》に言いました。

「あなたは人を見下して、大切にしないけれども、もし何晏《かあん》、劉楨《りゅうてい》、沈約《しんやく》、謝霊運《しゃれいうん》といった大詩人や大学者に会ったならば、暗闇《くらやみ》のなかを手探《てさぐ》りしてでも相手のことを知ろうとするはずですよ。」

出典『隋唐嘉話《ずいとうかわ》』

意味 手がかりもつかめないなかで、いろいろとやってみること。

解説「暗中《あんちゅう》」は暗がりのなか、「模索《もさく》」は手《て》さぐりでものをさがすこと。

使い方 自由研究に何をするか、まだ**暗中模索《あんちゅうもさく》**の状態《じょうたい》が続《つづ》いている。

【似た意味の故事成語】五里《ごり》霧中《むちゅう》 ⬇70ページ

い

石に漱《くちす》ぎ流れに枕《まくら》す

・故事成語のお話・

晋《しん》の孫楚《そんそ》という人が、あるとき世の中から遠ざかってくらしたいと考え、友人の王済《おうさい》に言いました。

「私《わたし》は、漱石枕流《そうせきちんりゅう》（石で口をすすぎ、川の流れをまくらにしてねむる。）のような、自然《しぜん》のままのくらしをするつもりだ。」

王済《おうさい》は、これを聞いて、

「石で口をすすぐことはできないし、流れをまくらにしたのでは、おぼれてしまうじゃないか。」

とからかいました。

孫楚《そんそ》は、「枕石漱流《ちんせきそうりゅう》（石をまくらにして、川の流れで口をすすぐ。）」と言うつもりが、言いまちがえてしまったのです。しかし、

「いや、石で口をすすぐのは歯をみがくためだ。また、流れをまくらにするというのは、世の中のきたなさを聞いたときに耳をあらうためだ。」

と話をこじつけ、とうとう自分のまちがいをみとめませんでした。

出典『晋書《しんじょ》』

意味　負けおしみが強くて、強情《ごうじょう》をはる。こじつけて言いのがれる。

解説　「漱《くちす》ぐ」は「口をすすぐ」の意味。作家の夏目漱石《なつめそうせき》の「漱《そう》石《せき》」という名前は、この故事成語《こじせいご》からとったもの。

使い方　彼《かれ》はすごく強情《ごうじょう》で、自分がまちがえても**石に漱《くちす》ぎ流れに枕《まくら》する**ばかりだ。

一衣帯水《いちいたいすい》

・故事成語のお話・

南北朝時代《なんぼくちょうじだい》、陳《ちん》の国の王の跡《あと》継《つ》ぎがひどい政治《せいじ》をおこなったため、陳《ちん》の国の人びとはたいへんこまっていました。それを見た隋《ずい》の文帝《ぶんてい》が言いました。「私《わたし》は人民《じんみん》の父母である。こんな帯《おび》のような一本の川でへだてられているからといって、人民《じんみん》を救《すく》わないでいられるわけがない。」

出典『南史《なんし》』

なんとかして陳《ちん》の人びとを救《すく》いたい。

意味 一本の帯《おび》のように、幅《はば》のせまい川や海。また、ふたつのもののあいだが、非常《ひじょう》に近い。

解説 「一」「衣帯《いたい》」「水」に区切れる言葉で、「衣帯《いたい》」は着物の帯《おび》をさす。帯《おび》のように細長いひと筋《すじ》の水ということから、細い川や海をさし、その川などをへだてて隣《とな》りあっているという意味ももつ。それくらい近いというたとえとしても使う。

使い方 函館《はこだて》と青森《あおもり》は海峡《かいきょう》をはさんで**一衣帯水**《いちいたいすい》の関係《かんけい》だ。

一網打尽《いちもうだじん》

・故事成語のお話・

宋《そう》の国の劉元瑜《りゅうげんゆ》が、蘇舜欽《そしゅんきん》という人の悪事をただしました。調べていくと、蘇舜欽《そしゅんきん》に加担《かたん》して悪事をおこなった人が多数いることがわかったので、劉元瑜《りゅうげんゆ》はその人たちの仕事をやめさせたり、地方にうつしたりました。

そして大臣《だいじん》に面会し、「大臣《だいじん》のために、網《あみ》をひと打ちして、悪人どもを残《のこ》らずつかまえておきました。」と報告《ほうこく》しました。

出典『東軒筆録《とうけんひつろく》』

意味 悪人たちを一度に全部つかまえる。

解説 「網《あみ》」は魚をとる道具。一回網《あみ》を打って、魚をいっぺんにつかまえるということから、一度に全部つかまえるたとえにいう。

使い方 不正《ふせい》をしていた会社の役員たちは、検察《けんさつ》の捜査《そうさ》で**一網打尽**《いちもうだじん》になった。

網《あみ》を使って、たくさんの魚をいっぺんに引き上げているよ。

一を聞いて十を知る

・故事成語のお話・

孔子《こうし》には、子貢《しこう》と顔回《がんかい》という、すぐれた弟子がいました。

ある日、孔子《こうし》が子貢《しこう》に、

「君と顔回《がんかい》とはどちらがすぐれていると思うかい。」

とたずねました。子貢《しこう》は答えて言いました。

「顔回《がんかい》は一を聞いて十を知ります。私《わたし》は、せいぜい一を聞いて二を知るくらいです。どうして私《わたし》が顔回《がんかい》にかないましょうか。」

孔子《こうし》はそれを聞き、

「確《たし》かにおよばないね。私《わたし》も君も、顔回《がんかい》にはかなわないのだよ。」

と言いました。

出典『論語《ろんご》』

意味 一部を聞いて全体を理解《りかい》する。また、それくらい頭がよい。

解説 一はものごとのはじめ、十はものごとの終わりという意味。わずかな手がかりから、ものごとの全体を察《さっ》するということから、非《ひ》常《じょう》にかしこいことをたとえていう。

使い方 あの転校生は、**一を聞いて十を知る**タイプだ。

子貢《しこう》 孔門《こうもん》の十哲《じってつ》（すぐれた十人の弟子）のひとりで、政治《せいじ》や外交の力量《りきりょう》があった。

顔回《がんかい》 孔門《こうもん》の十哲《じってつ》のひとり。孔子《こうし》に「もっともすぐれた者」とみとめられ、顔回《がんかい》をほめたたえた言葉が多く残《のこ》されている。孔子《こうし》より先に亡《な》くなり、孔子《こうし》をたいへん悲しませた。

孔子《こうし》をまつる「孔子廟《こうしびょう》」

孔子廟《こうしびょう》とは、孔子《こうし》の霊《れい》をまつる聖《せい》堂《どう》で、孔子《こうし》が死んだ次の年、その住まいにつくられたのが最初《さいしょ》です。最《さい》初の孔子廟《こうしびょう》は、現在《げんざい》も儒教《じゅきょう》の総本山《そうほんざん》となっています。中国では儒教《じゅきょう》が国教となったあとは、各地《かくち》に孔子廟《こうしびょう》をつくるように命令《めいれい》が出され、全国に広がりました。

日本では、江戸《えど》時代につくられた湯島聖堂《ゆしませいどう》が有名です。

湯島聖堂《ゆしませいどう》の孔子像《こうしぞう》。

一挙両得《いっきょりょうとく》

・故事成語のお話・

晋《しん》の時代、束晳《そくせき》という人が国王に農業について、次のような意見を言いました。

「その昔、魏《ぎ》の国では仕事のない人を西に移住《いじゅう》させ、労役《ろうえき》を免除《めんじょ》して地を開かせました。これこそが一挙両得《いっきょりょうとく》の策《さく》であり、今おこなうべき方法《ほうほう》です。これで、貧《まず》しい人に仕事を増《ふ》やし、へき地を開拓《かいたく》することができるのです。」

出典 『晋書《しんじょ》』

農地を開拓《かいたく》して米を
つくれるようになったから、
食べものにもこまらなく
なったし、荒《あ》れた土地も
豊《ゆた》かになったよ。

意味 一度のおこないでふたつのものを手に入れる。

解説 「一挙《いっきょ》」は一度のおこない、「両」はふたつの意味。一度のおこないでふたつのものを得《え》るというたいへん運のいいことをさす。また、一度のおこないで多くの利益《りえき》を得《え》るという意味にも使う。

使い方 おばあちゃんちの手伝《てつだ》いは、好《す》きな料理《りょうり》をつくれるし、おこづかいももらえるし、**一挙両得《いっきょりょうとく》**なのよ。

一刻千金《いっこくせんきん》

・故事成語のお話・

春の夜は、わずかな時間さえも千金《せんきん》の値打《ねう》ちの味わいがあります。花は清《きよ》らかに香《かお》り、月はおぼろにかすんでいます。歌声や、楽器《がっき》の音色でにぎやかだった高殿《たかどの》（宮殿《きゅうでん》のなかにある立派《りっぱ》な建物《たてもの》）は今はひっそりとし、中庭にあるブランコにももう乗る人はなく、夜は静《しず》かにふけていきます。

出典 蘇軾《そしょく》の詩より

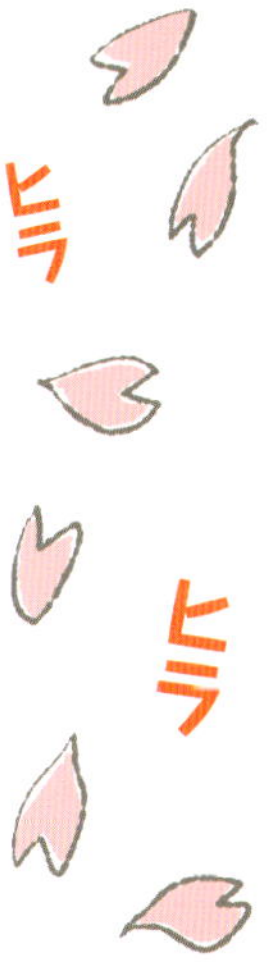
ヒラ
ヒラ

意味 わずかな時間にとても価値《かち》があること。

解説 「春宵一刻値千金《しゅんしょういっこくあたいせんきん》（春の夜は一刻《いっこく》が千金《せんきん》に値《あたい》する）」という詩の一節《いっせつ》からとった言葉。一刻《いっこく》は今の時間にするとおよそ三十分で、わずかな時間のことをあらわす。千金《せんきん》は大金の意味。楽しい時間が早く過《す》ぎてしまうことを惜《お》しんでいう。

使い方 卒業《そつぎょう》までの一か月は、クラスのみんなと過《す》ごす**一刻千金《いっこくせんきん》**の日々だ。

井《い》の中《なか》の蛙《かわず》大海《たいかい》を知《し》らず

・故事成語のお話・

❶黄河《こうが》の神である河伯《かはく》がはじめて海へ行き、その大きさにおどろきました。そして、北海《ほっかい》の神である若《じゃく》に、

「これまで、黄河《こうが》ほど広いものはないと思っていたのに、こんなに広いものがあるとは、おどろきました。」

と言いました。若《じゃく》が答えて言いました。

「井戸《いど》のなかに住むカエルには、海のことを話してもわかりません。カエルは井戸《いど》が世界のすべてだと思っているからです。また、夏の虫に氷のことを話してもわかりません。夏の虫は、季節《きせつ》は夏だけだと思っているからです。

同じように、世界の広さを知らない人たちに真理を話しても、その人たちにはわかりません。そういう人たちは、自分の知っていることがすべてだと思っているからです。

今、あなたは川を出て海のことを知り、自分の世界がせまかったことを知ったのです。ですから、あなたは大きな真理について話すことができるようになったのです。」

出典『荘子《そうじ》』

井戸《いど》の外？
そんなこと、オレさまは知らない。
？？？

❶黄河《こうが》……中国で二番めに長い川。黄土をふくんでいるため、水が黄色くにごっている。

意味 せまい世界にとじこもっていて、広い考え方ができない。世間知らず。

解説 自分の世界や意見だけが正しいと思いこんでいる人をたしなめる言葉。

使い方 お兄ちゃんは「ぼくはクラス一の物知りだ。」といばっているけれど、**井《い》の中の蛙《かわず》大《たい》海《かい》を知らず**だよ。

韋《い》編《へん》三《さん》絶《ぜつ》

・故事成語のお話・

春秋《しゅんじゅう》時代の思想家・孔子《こうし》は晩年《ばんねん》、『易経《えききょう》』（➡129ページ）を好《この》んでくり返し読みました。そのため、本をつづっているじょうぶな革《かわ》のひもが何度も切れたといいます。孔子《こうし》は言いました。

「私《わたし》に、もう少し寿命《じゅみょう》を与《あた》えてもらえれば、易《えき》の道すじを解《と》きあかすことができるでしょうに。」

出典『史記《しき》』

意味 くり返して何度も本を読むこと。熱心《ねっしん》に本を読むこと。

解説 「韋《い》」はなめした革《かわ》のこと。「韋編《いへん》」は、文字を書き記した竹の札《ふだ》を革《かわ》ひもでつづってまとめたもので、紙がない時代の書物。「韋《い》編《へん》三《み》たび絶《た》つ」ともいう。

使い方 この本はとてもおもしろいので、**韋編《いへん》三絶《さんぜつ》**というほど読んだ。

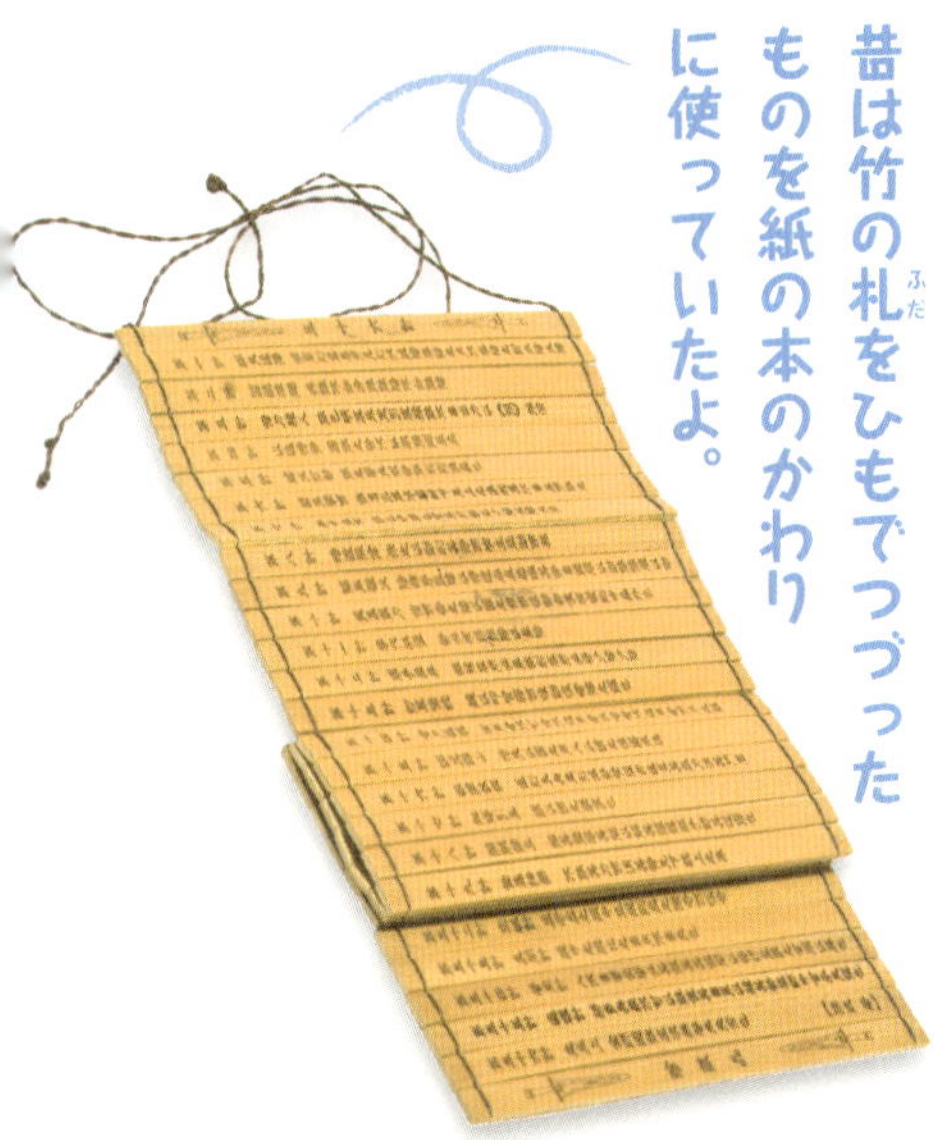

昔は竹の札《ふだ》をひもでつづったものを紙の本のかわりに使っていたよ。

烏《う》合《ごう》の衆《しゅう》

・故事成語のお話・

占《うらな》い師《し》の王郎《おうろう》は、自分は天子《てんし》（天下をおさめる者）だと名乗って、カラスの群《む》れのようにさわぎたてるだけの乱暴者《らんぼうもの》を寄《よ》せ集《あつ》め、軍《ぐん》をつくりました。そして、燕《えん》や趙《ちょう》の国で勢力《せいりょく》をふるって、人びとにおそれられるようになったのです。

出典『後漢書《ごかんじょ》』

意味 何の決まりもなく、まとまりもなく、ただより集まっている人びと。また軍隊《ぐんたい》。

解説「烏《う》」はカラス、「烏合《うごう》」はカラスの群《む》れのこと。ばらばらでまとまりのない集団《しゅうだん》を、ただささわがしいだけのカラスの群《む》れにたとえている。

使い方 作戦《さくせん》を練らないで戦《たたか》っている**烏合《うごう》の衆《しゅう》**のような状態《じょうたい》では、相手に勝てないよ。

うらみ骨髄《こつずい》に入《い》る

14ページ

・故事成語のお話・

晋《しん》の君主・襄公《じょうこう》は、秦《しん》の国の軍《ぐん》を破《やぶ》り、三人の将軍《しょうぐん》をつかまえました。襄公《じょうこう》の母である文公夫人《ぶんこうふじん》は、秦《しん》の君主の娘《むすめ》だったので、なんとかして三人の将軍《しょうぐん》を助けたいと思いました。そこでわざとこう言ったのです。

「私《わたし》の父が、この三人をうらむ気持ちは深く、骨《こつ》髄《ずい》に入るほどです。ですから、できるならこの将《しょう》軍《ぐん》たちを秦《しん》に帰らせ、父の気がすむよう、みずから煮殺《にころ》すことができるようにさせてください。」

この願《ねが》いによって、三人の将軍《しょうぐん》は帰国させられました。

出典『史記《しき》』

意味 心の底《そこ》から人をうらむこと。

解説「骨髄《こつずい》」は骨《ほね》の中心にある組織《そしき》で、心の奥《おく》や心の底《そこ》という意味でも使われる。相手への怒《いか》りやにくしみの気持ちが、骨《ほね》のしんまでしみこむくらい強いことをあらわした言葉。

使い方 自分勝手なふるまいばかりしていると、**うらみ骨《こつ》髄《ずい》に入《い》る**で、仲間《なかま》から心底《しんそこ》にくまれるよ。

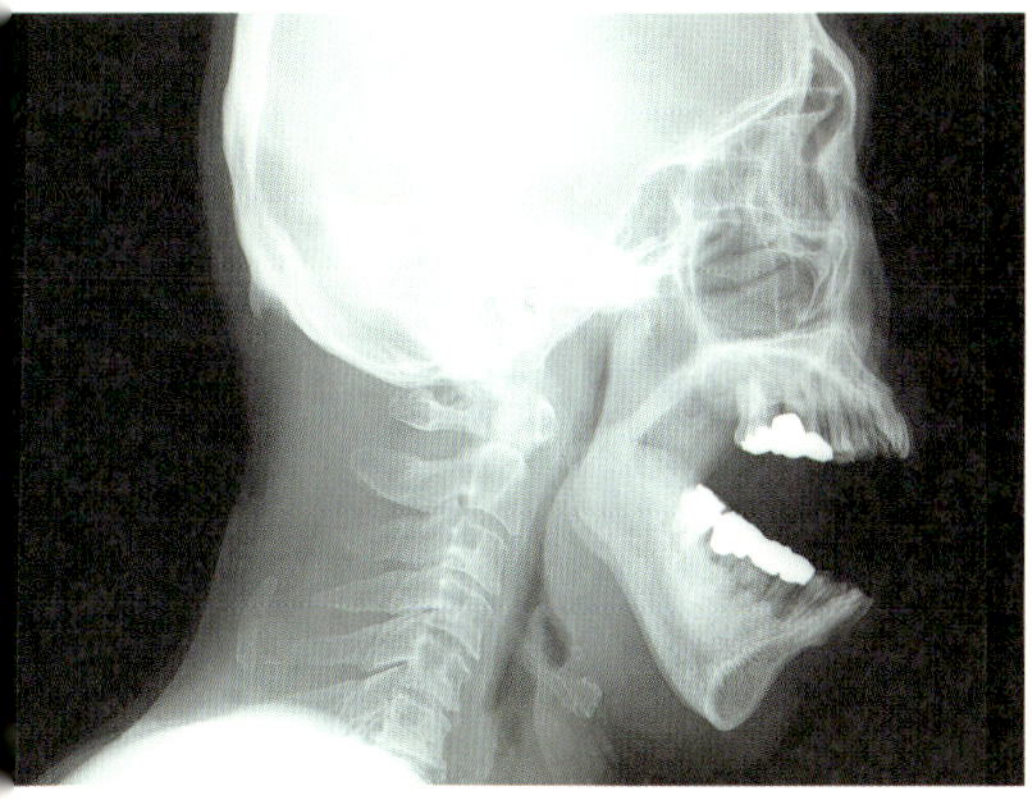

雲《うん》泥《でい》の差《さ》

・故事成語のお話・

後漢《ごかん》の時代、すぐれた才能《さいのう》をもちながら乱《みだ》れた世の中を避《さ》けてくらしていた矯慎《きょうしん》という人がいました。矯慎《きょうしん》のことを尊敬《そんけい》していた呉蒼《ごそう》という人が「あなたは世を避《さ》けてつつましい生活を送っていらっしゃいます。あなたは雲に乗ったように高潔《こうけつ》な生活を送り、私《わたし》は泥《どろ》のなかを歩くような日々を過《す》ごしていますが、あなたの住んでいらっしゃる方角から風が吹《ふ》いてくると、あなたのことを思わずにはいられません。」と手紙を書いて送りました。

出典『後漢書《ごかんじょ》』

意味 くらべられないくらいとても大きな差《さ》、ちがい。

解説「雲泥《うんでい》」は「天地」のこと。天と地は、とても離《はな》れていることから。

使い方 このスパイスを入れるのと入れないのとでは、できあがりの味に**雲泥《うんでい》の差《さ》**がある。

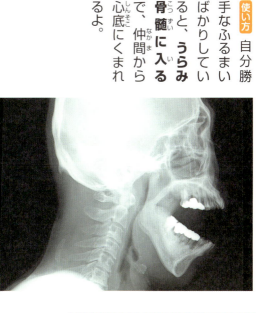

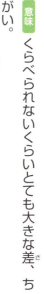

襟《えり》を正す

・故事成語のお話・

漢《かん》の時代、自分の頭のよさをほこりにしていたふたりの男が、占《うらな》いの達人《たつじん》であった司馬季主《しばきしゅ》という人の家を、からかい半分の気持ちで見学におとずれました。司馬季《しばき》主《しゅ》がふたりをまねき入《い》れて弟子たちにしている話をいっしょに聞かせたところ、宇宙《うちゅう》の法則《ほうそく》や人間の生き方を語る言葉の見事な論理性《ろんりせい》に感動し、はっと目覚《めざ》めた思いがしたふたりは、思わず冠《かんむり》のひもを結《むす》び直《なお》して襟元《えりもと》のあわせを正して、すわり直してしまいました。

出典『史記《しき》』

意味 姿勢《しせい》や服装《ふくそう》、態《たい》度《ど》をきちんと直すこと。また、だらけた気持ちを引きしめてものごとに取り組む態度《たいど》のこと。

解説 漢《かん》の時代には多くの人が、自分の行動を決めるときに占《うらな》いを頼《たよ》りにしていた。占《うらな》いをおこなう人たちは「日者《にっしゃ》」とよばれ、いろいろな相談を受けると、太陽・月・星の動きなどをもとにして問いに答えていた。

使い方 必《かなら》ず成功《せいこう》させなければならない役割《やくわり》を先生から与《あた》えられ、クラス全員の前で、思わず**襟《えり》を正した**。

気持ちを引きしめて試合《しあい》にのぞむぞ！

燕《えん》雀《じゃく》安《いず》くんぞ鴻鵠《こうこく》の志《こころざし》を知らんや

・故事成語のお話・

秦《しん》の国に、❶小作人として働《はたら》く陳渉《ちんしょう》という男がいました。

ある日、ほかの小作人に、「私《わたし》がえらくなっても、あなたたちのことはわすれないよ。」と言うと、みんなは小作人が何を言うのか、と笑《わら》いました。

陳渉《ちんしょう》は、「小鳥に大きな鳥の考えが理解《りかい》できないのと同じように、この志《こころざし》は伝《つた》わらないんだな。」とため息をつきました。

出典『史記《しき》』

❶小作人……雇《やと》われて畑で農作業をする者。

意味 つまらない人間には、大人物の気持ちや志《こころざし》はわからない。

解説 「燕雀《えんじゃく》」はツバメとスズメ、「鴻鵠《こうこく》」はオオトリ（コウノトリ）とクグイという大きな鳥。才能《さいのう》や能力《のうりょく》のある人のことはそうでない人には理解《りかい》できない、ということをたとえた言葉。

使い方 悪口なんか気にするな、**燕雀安《えんじゃくいず》くんぞ鴻鵠《こうこく》の志《こころざし》を知らんや**だよ。

ツバメ

スズメ

クグイ（ハクチョウ）
ツバメやスズメみたいな小さい鳥には、どうせ私《わたし》たちの気持ちは伝《つた》わらないわ……。
オオトリ（コウノトリ）

お

勉強に集中しすぎて食事をするのもわすれてしまった。

老《お》いの将《まさ》に至《いた》らんとするを知らず

・故事成語のお話・

楚《そ》の国の葉公《しょうこう》が、孔子《こうし》の弟子である子路《しろ》に孔子《こうし》の人柄《ひとがら》をたずねましたが、子路《しろ》は答えませんでした。それを知った孔子《こうし》は言いました。「どうしておまえは言わなかったのだ。その人は学問に熱心《ねっしん》で食事をわすれ、またその境地《きょうち》を楽しんで心配事をわすれ、老《お》いがやってきていることをわすれるほどです、と。」

出典『論語《ろんご》』

意味 年をとっていることに気がつかないほど、熱中《ねっちゅう》するようす。

解説 孔子《こうし》が、晩年《ばんねん》まで学問に熱中《ねっちゅう》した話から。

使い方 退職《たいしょく》してからも図書館に通う先生を見ていると、**老《お》いの将《まさ》に至《いた》らんとするを知らず**という言葉を実感する。

王《おう》侯《こう》将《しょう》相《しょう》、いずくんぞ種《しゅ》あらんや

・故事成語のお話・

陳渉《ちんしょう》が徴兵《ちょうへい》された農民《のうみん》たちを任地《にんち》に連《つ》れて行く途中《とちゅう》、大雨がふりました。道はとざされ、決められた日までに任地《にんち》に着くことはもうできません。おくれると死刑《しけい》になってしまいます。そこで陳渉《ちんしょう》は、「どうせ死ななければならないのなら、今、声をあげるべきだ。王や諸侯《しょこう》、将軍《しょうぐん》、宰相《さいしょう》のような権力者《けんりょくしゃ》になるのに家柄《いえがら》なんて関係《かんけい》あるものか。だれにだってえらくなるチャンスはあるんだ。」と人びとによびかけ、反乱《はんらん》をおこしました。

出典『史記《しき》』

だれだって、リーダーになれるチャンスはある！

意味 人は努力《どりょく》次第で出世できる。

解説 「王侯《おうこう》」は王と諸侯《しょこう》、「将相《しょうしょう》」は将軍《しょうぐん》と宰相《さいしょう》（大臣《だいじん》）のこと。「種《しゅ》」は家柄《いえがら》や血すじのこと。陳渉《ちんしょう》はもともと小作人だった↓32ページがのちに秦滅《しんめつ》亡《ぼう》のきっかけとなる反乱《はんらん》をおこした。

使い方 今、勉強が苦手なぼくだって、がんばれば総《そう》理大臣《りだいじん》になるチャンスがあるかもしれない。**王侯《おうこう》将相《しょうしょう》、いずくんぞ種《しゅ》あらんや**だ。

温《おん》故《こ》知《ち》新《しん》

・故事成語のお話・

あるとき、孔子《こうし》が弟子に、次のように話しました。

「先人の思想や学問、受けつがれてきた伝統《でんとう》などを、古いものとしてすててしまうのではなく、よく研究して学び、さらにそこから現代《げんだい》にも通じる新しい知識《ちしき》や価値《かち》を発見していくことができれば、すぐれた師《し》になれるのです。」

出典『論語《ろんご》』

意味 昔のことや以前《いぜん》学んだことを大切に研究することで、新しい知識《ちしき》や新しいものごとの見方を見つけだす。

解説 孔子《こうし》が弟子に、人の師《し》となる資格《しかく》について教えた話から生まれた言葉。ここで「師《し》」は、先生という意味だけでなく、人の手本となれる人をいう。「故《ふる》きを温《たず》ねて新しきを知る」ともいう。

使い方 科学の進歩にも**温《おん》故《こ》知《ち》新《しん》**の精神《せいしん》は欠《か》かせない。

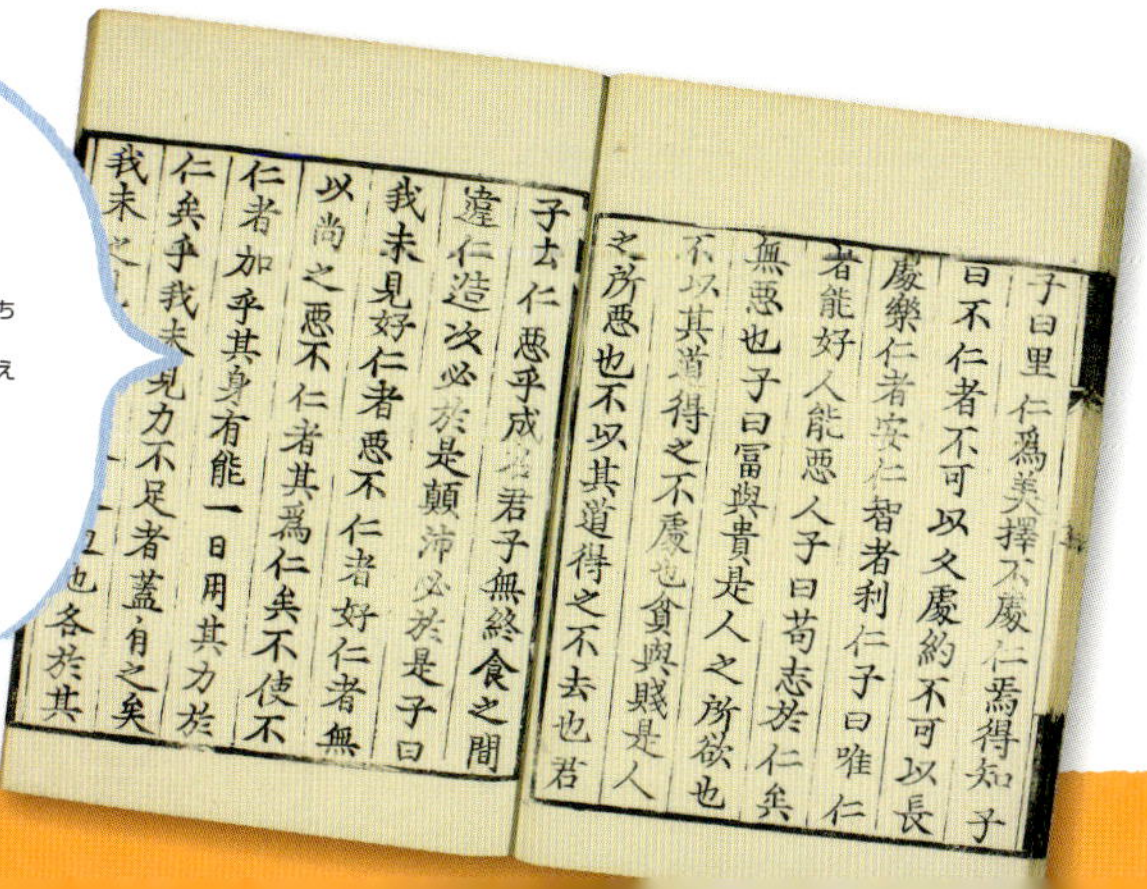
この知恵《ちえ》は現代《げんだい》にも生かせそうだ！

広い宇宙《うちゅう》と
くらべたら、
人間の世界なんて
ちっぽけなもんだ。

❶蝸《か》牛《ぎゅう》角《かく》上《じょう》の争《あらそ》い

12ページ

故事成語のお話

戦国時代《せんごくじだい》、魏《ぎ》の王が斉《せい》の国を攻《せ》めようとしていました。それを心配した魏《ぎ》の大臣《だいじん》は戴晋人《たいしんじん》という人を王のもとに行かせて、次のような話をさせました。

「カタツムリの左の角には触氏《しょくし》という者の国があり、また右の角の上には蛮氏《ばんし》という者の国があります。

あるとき、この二氏《し》が領地《りょうち》をめぐる争《あらそ》いをはじめました。戦死者《せんししゃ》は数万人にのぼり、さらに、にげる者を十五日間も追《お》い続《つづ》けたあと、ようやく争《あらそ》いをやめてそれぞれの国に引きあげました。」

王は、

「それはただのつくり話だろう。」

と言いました。戴晋人《たいしんじん》は答えて言いました。

「考えてみてください。宇宙《うちゅう》はたいへん広く、そのなかで見れば魏《ぎ》の国はたいへん小さなものにすぎません。王が斉《せい》を攻《せ》めることは、お話したカタツムリの角の上の争《あらそ》いと大きなちがいはありません。」

話を聞いて王は納得《なっとく》し、戦《いくさ》をやめることにしました。

出典『荘子《そうじ》』

❶蝸牛《かぎゅう》……カタツムリ。

意味 つまらない争《あらそ》い。ささいなことを争《あらそ》う。また、人間の世界が小さなものであることのたとえ。

解説 カタツムリの角の上で争《あらそ》うということから、せまい世界での小さな争《あらそ》いをたとえていう。そこから、ものごとの大小は見方によること、無限《むげん》の宇宙《うちゅう》にくらべて人間世界が小さいことのたとえにも使われる。

使い方 イチゴの大きさでけんかをするなんて、そんな**蝸牛角上《かぎゅうかくじょう》の争《あらそ》い**みたいな言《い》い争《あらそ》いをしていないで、少しはおとなになりなさい。

チャレンジ 漢文を音読してみよう

蝸《か》の左《ひだり》の角《つの》に国《くに》する者有《ものあ》りて、
触氏《しょくし》と曰《い》ひ、
蝸《か》の右《みぎ》の角《つの》に
国《くに》する者有《ものあ》りて、
蛮氏《ばんし》と曰《い》ふ。
時《とき》に相《あい》ともに地《ち》を争《あらそ》ひて戦《たたか》ひ、
伏尸数万《ふくしすうまん》。
にぐるを逐《お》ひ、
旬有五日《じゅんゆうごにち》にして
しかる後《のち》にかへ《え》れり。
君曰《きみいわ》く、
「ああ、それ虚言《きょげん》ならん」と。

現代語訳

カタツムリの左の角の上に国をつくった者がいて、
その一族は触氏《しょくし》とよばれ、
同じくカタツムリの右の角の上に
国をつくった者がいて、
こちらの一族は蛮氏《ばんし》とよばれた。
あるとき、たがいに領地《りょうち》を争《あらそ》って戦《たたか》って
死者を何万人も出した。
にげる者を
十五日も追いかけまわしてから
戦《たたか》いをやめて国へもどっていった。
王はその話を聞いて
「ああ、それはつくり話だ。」と言った。

快刀乱麻《かいとうらんま》を断《た》つ

12ページ

・故事成語のお話・

北斉《ほくせい》の王がある日、子どもたちの資質《ししつ》を確《たし》かめようと、それぞれにもつれた糸のかたまりをわたして、もとにもどすように言いました。

ほかのきょうだいは糸をほぐそうとしましたが、高洋《こうよう》だけが刀をぬき、もつれた糸を切ってしまいました。そして、「秩序《ちつじょ》を乱《みだ》したものは、切らねばなりません。」と言いました。王は、これを「かしこい。」とほめました。高洋《こうよう》は、のちに北斉《ほくせい》の初代《しょだい》の皇帝《こうてい》となりました。

出典 『北斉書《ほくせいしょ》』

意味 もつれたり、ごたごたしている問題を、いっきょに解決《かいけつ》する。

解説 「快刀《かいとう》」はよく切れる刀、「乱麻《らんま》」はもつれた麻糸《あさいと》のこと。もつれた糸をほぐすのではなく、刀でいっぺんに切ってしまうということから、こじれた問題をあざやかに解決《かいけつ》することをたとえていう。

使い方 クラスで話し合いをしたら、みんながいろいろな意見を言うのでなかなか結論《けつろん》が出なかったが、学級委員の三上《みかみ》くんが**快刀乱《かいとうらん》麻《ま》を断《た》つ**ように、みごとにみんなの意見をまとめた。

【似た意味の故事成語】 一刀両断《いっとうりょうだん》

隗《かい》よりはじめよ

・故事成語のお話・

燕《えん》の国に、郭隗《かくかい》という人がいました。王がすぐれた人を集めたいと考えているのを知り、次のように言いました。

「もし王がすぐれた人間を集めたいのなら、まず、この私《わたし》を大事にあつかってみてください。私《わたし》のような、たいしてとりえのない人間を大事にするという評判《ひょうばん》が立てば、きっと国中からすぐれた人たちが集まってきます。」

出典『戦国策《せんごくさく》』

意味 ものごとをはじめるには、言い出した人からやり出さなければならない。また、大きなことを起こすには、目の前のことからはじめなければならない。

解説 「隗《かい》」は人の名前。もとは、大きなことを成《な》しとげようとする前に身近なことから手をつけよ、という意味だったが、今では、言い出した人からはじめるという意味で使われることが多い。「先《ま》ず隗《かい》よりはじめよ」ともいう。

使い方 **隗《かい》よりはじめよ**と言うから、順《じゅん》番制《ばんせい》を言い出したぼくが、最初の当番をやるよ。

臥《が》薪《しん》嘗《しょう》胆《たん》

・故事成語のお話・

春秋《しゅんじゅう》時代、隣国《りんごく》であった呉《ご》の国と越《えつ》の国は仲《なか》が悪く、戦《たたか》いを続《つづ》けていました。あるとき、ついに越《えつ》の王・勾践《こうせん》は呉《ご》を破《やぶ》り、呉《ご》の王・闔閭《こうりょ》は負傷《ふしょう》して、命を落としました。

死ぬ間際《まぎわ》、闔閭《こうりょ》は息子の夫差《ふさ》をよび、

「このうらみをわすれるな。」

と言《い》い残《のこ》しました。

夫差《ふさ》はそれから毎晩《まいばん》、かたいたきぎの上でねて、いたい思いにたえながら、父のうらみをわすれないようにしました。

三年後、夫差《ふさ》は勾践《こうせん》を会稽山《かいけいざん》で破《やぶ》り、父のうらみを晴らしました。

負けた勾践《こうせん》は、国をほろぼさないために死なずに降伏《こうふく》し、国へ帰りました。そして、呉《ご》をほろぼすことをちかい、動物の肝《きも》を身近においてこれを毎日なめて苦さを味わい、会《かい》稽山《けいざん》でのはじをわすれないようにしました。

その十数年後、勾践《こうせん》はちかいどおり、夫差《ふさ》を破《やぶ》り、ほろぼしました。

出典『十八史略《じゅうはっしりゃく》』

ついに父のかたきをとったぞー！
会稽山《かいけいざん》
戦《いくさ》で負けた恥《はじ》をわすれまい……。

意味 大きな目的《もくてき》を果《は》たすために、長いあいだがまんして苦労《くろう》する。かたきをうつために苦難《くなん》にたえる。

解説 「臥薪《がしん》」とは、たきぎの上にねること、「嘗胆《しょうたん》」とは、苦い動物の肝《きも》をなめることで、苦しいことをたとえていう言葉。

使い方 **臥薪嘗胆《がしんしょうたん》**の三年間を過《す》ごして、全国大会への出場を勝ちとった。

【似た意味の故事成語】会稽《かいけい》の恥《はじ》を雪《そそ》ぐ

渇《かっ》しても盗泉《とうせん》の水を飲まず

・故事成語のお話・

　三国時代の末《すえ》、自分の母国である呉《ご》をほろぼした晋《しん》という国につかえることとなった陸機《りくき》という人が、「猛虎《もうこ》行《こう》」という詩をつくり、敵《てき》だった人たちといっしょに仕事をする気持ちを次のように歌いました。

「聖人《せいじん》とたたえられている孔子《こうし》は、どんなにのどが渇《かわ》いても『盗泉《とうせん》』と名づけられた泉《いずみ》の水は飲まなかったそうですし、どんなに暑い日でも『悪木』という名前の木のかげで日ざしを避《さ》けることもしなかったそうです。『悪木』に日よけとなる枝がないわけではありません。しかし、自分の目標《もくひょう》を実現《じつげん》しようとしてがんばっている人は、そのためにいろいろと心をくだいて苦しみ考えるものなのです。それなのに私《わたし》はいったい何をしているのでしょうか。ふと気づくと一年がもう終わろうとしています。」

出典『文選《もんぜん》』

意味 どんなに苦しいときでも悪事には近づかないこと。

解説 もともとは『尸子《しし》』という書物に記されていた孔子《こうし》の伝説《でんせつ》だったが、これをもとにして陸機《りくき》が志《こころざし》とことなる日々《ひび》を送る自分を悲しんでつくった歌。「悪木盗泉《あくぼくとうせん》」ともいう。

使い方 どんなにこまっても、**渇《かっ》しても盗泉《とうせん》の水を飲まず**、あの評判《ひょうばん》の悪い人に助けを求《もと》めるつもりはない。

隔《かっ》靴《か》掻《そう》痒《よう》

・故事成語のお話・

　南宋《なんそう》の僧侶《そうりょ》・慧開《えかい》が禅《ぜん》を学びはじめる人のために言いました。「仏《ほとけ》の道を理解《りかい》するためには、まず先《せん》輩《ぱい》たちの言葉を学ばなければいけないのですが、それだけでは靴《くつ》の上からかゆいところをかいたりするようなもので、真理にはたどり着けません。しかし、本気で学びたいのならまず先輩《せんぱい》の言葉を学ぶしかありません。」

出典『無門関《むもんかん》』

意味 もの足りなくて、歯がゆい。思うようにならずに、もどかしい。

解説 くつの上からでは、いくらかいてもかゆみはおさまらないことから、思ったことが十分に伝《つた》わらない、思ったようにことが進まないことをたとえていう。

使い方 あの人の説明《せつめい》はポイントがはっきりしないので、**隔靴掻痒《かっかそうよう》**の感が強い。

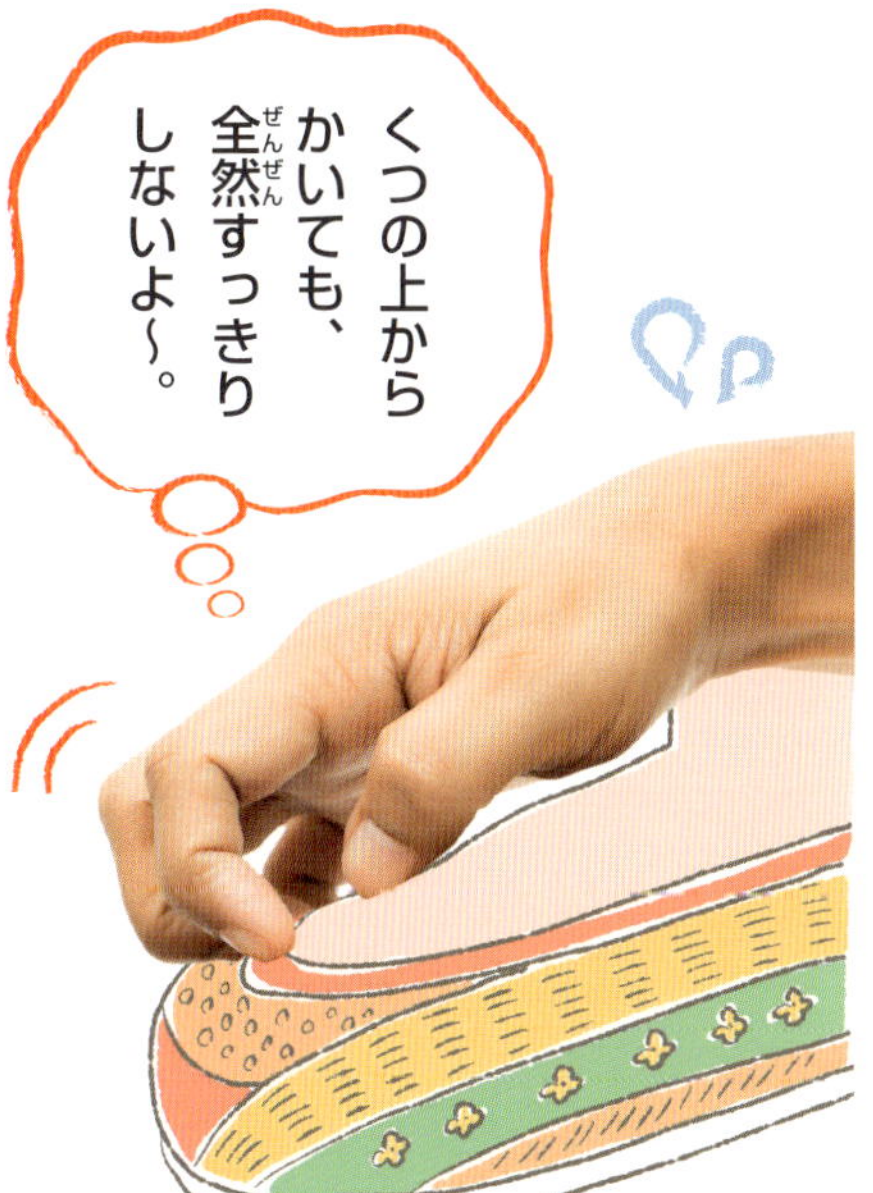

合《がっ》従《しょう》連《れん》衡《こう》

↓13ページ

・故事成語のお話・

戦国《せんごく》時代、中国は七つの強国がそれぞれの支配地《しはいち》を拡大《かくだい》させるために、戦《たたか》いをくり返していました。そのようななかで燕《えん》につかえていた政治家《せいじか》の蘇秦《そしん》が韓《かん》・魏《ぎ》・趙《ちょう》・燕《えん》・楚《そ》・斉《せい》の王を説得《せっとく》し、六国が南北で手を結《むす》んで西の大国である秦《しん》に対抗《たいこう》しようとしました。この政策《せいさく》を「合従《がっしょう》」といいます。この包囲作《ほういさく》戦《せん》に対して、秦《しん》につかえていた政治家《せいじか》の張儀《ちょうぎ》は、秦《しん》が六つの国と東西に個別《こべつ》に同盟《どうめい》を結《むす》ぶことによって生《い》き残《のこ》りをはかりました。その後、結《むす》びつきが弱まった六つの国は、しだいに秦《しん》の勢力《せいりょく》に飲みこまれていったのです。

出典 『史記《しき》』

意味 そのときそのときの利害損得《りがいそんとく》で、仲間《なかま》になったり敵《てき》になったりすること。

解説 「従《しょう》」はもともと「縦《しょう》」と記され、「南北」の意味。「合従《がっしょう》」とは「南北を合わせる」という意味。「衡《こう》」はもともと「横」と記され、「東西」の意味。「連衡《れんこう》」とは「東西を連《つら》ねる」という意味。

使い方 利益《りえき》に目がくらんで**合従連衡**《がっしょうれんこう》をくり返すと、人から信用《しんよう》されなくなるよ。

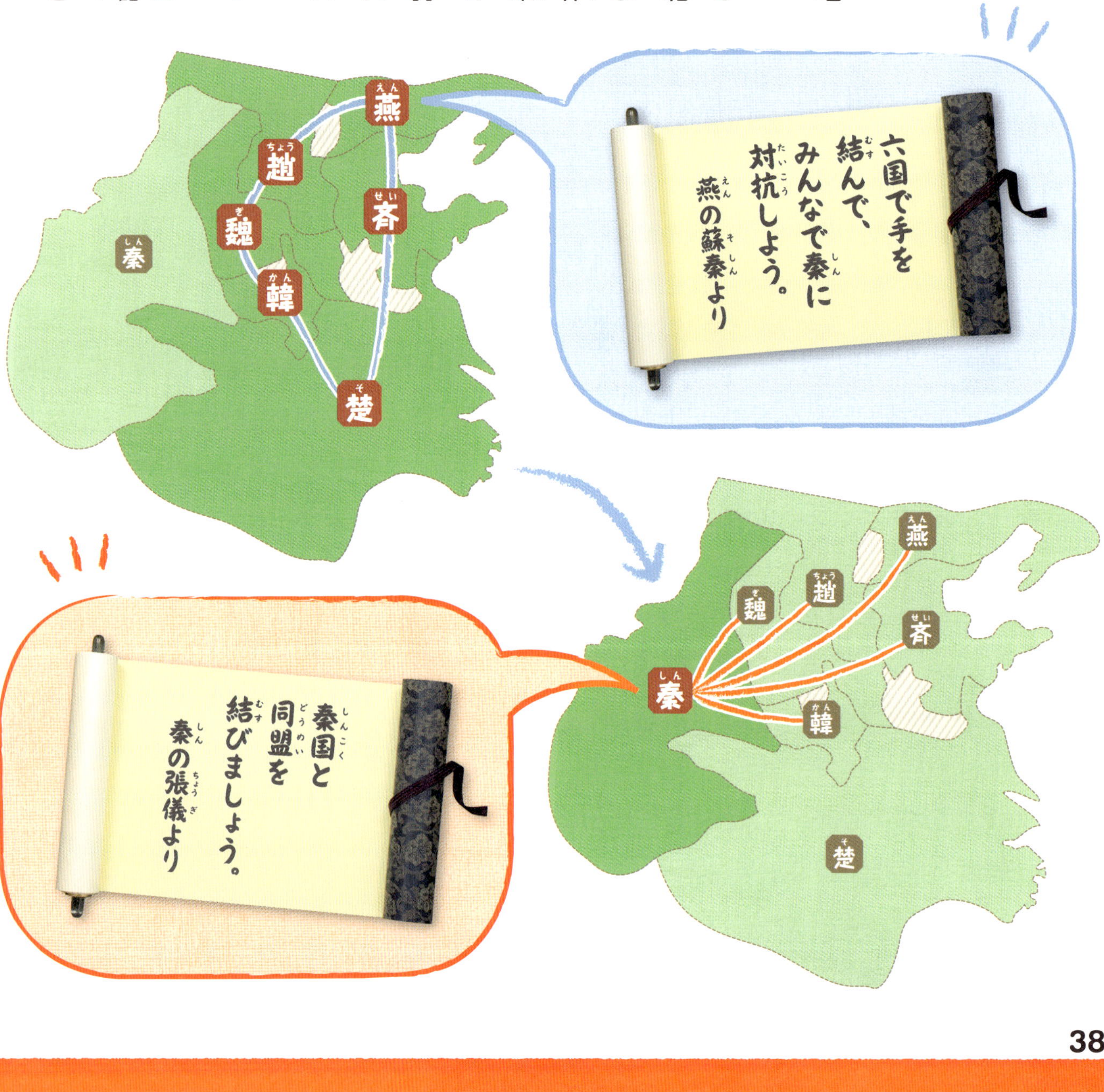
燕《えん》
趙《ちょう》
魏《ぎ》
斉《せい》
秦《しん》
韓《かん》
楚《そ》
六国で手を結《むす》んで、みんなで秦《しん》に対抗《たいこう》しよう。
燕《えん》の蘇秦《そしん》より
秦国《しんこく》と同盟《どうめい》を結《むす》びましょう。
秦《しん》の張儀《ちょうぎ》より

瓜田《かでん》にくつを納《い》れず 李下《りか》に冠《かんむり》を正さず

・故事成語のお話・

立派《りっぱ》な人は、疑《うたが》いをかけられるようなことはしないものです。そのため、ウリ畑で身をかがめてくつをはき直さず、スモモの木の下で冠《かんむり》の位置《いち》を直したりしないのです。

出典 『古楽府《こがふ》』

意味 人から疑《うたが》いをかけられるような行動は避《さ》けるべきである。

解説 「瓜田《かでん》」はウリ畑、「李下《りか》」はスモモの木の下のこと。畑でかがんでくつをはいたり、木の下で冠《かんむり》を直したりすると、どろぼうとまちがわれることがあるため、そのような行動はするべきでないということ。詩の一節《いっせつ》から出た言葉。「瓜田《かでん》にくつを納《い》れず」、「李下《りか》に冠《かんむり》を正さず」と、別べつにいうこともある。

使い方 本屋では、自分の本はバッグにしまうようにしたほうがいいよ。**瓜田《かでん》にくつを納《い》れず李下《りか》に冠《かんむり》を正さず**、だ。

スモモの木

ウリ畑

鼎《かなえ》の軽重を問う

・故事成語のお話・

春秋《しゅんじゅう》時代、楚《そ》の国の王が、当時の王朝であった周《しゅう》の国の国境《こっきょう》まで進軍《しんぐん》し、その兵力《へいりょく》を見せつけました。そして、周《しゅう》の王の使いである王孫満《おうそんまん》に、王朝の宝《たから》である鼎《かなえ》の大きさや重さをたずねました。

王孫満《おうそんまん》は、「鼎《かなえ》は王位《おうい》の象徴《しょうちょう》であり、他人が問題にすべきことではありません。王位《おうい》は天命で決まっており、いまだ天命は周《しゅう》にあります。鼎《かなえ》の重さを問い、王位《おうい》を得《え》ようなどという野心は、まだもってはなりません。」と答えました。

出典 『春秋左氏伝《しゅんじゅうさしでん》』

意味 相手の実力を疑《うたが》う。また、その実力者などの地位《ちい》をうばおうとする。

解説 王位《おうい》の象徴《しょうちょう》である鼎《かなえ》の重さをわざわざ聞くということから、相手の権威《けんい》を疑《うたが》う、権力《けんりょく》の正当性《せいとうせい》を問《と》う、というかたちで使われる。

使い方 今こそ、総理大臣《そうりだいじん》としての**鼎《かなえ》の軽重が問われて**います。

「鼎《かなえ》」とは、金属《きんぞく》でできた三本足の大きなうつわで、古代中国では王位《おうい》の象徴《しょうちょう》とされていたよ。

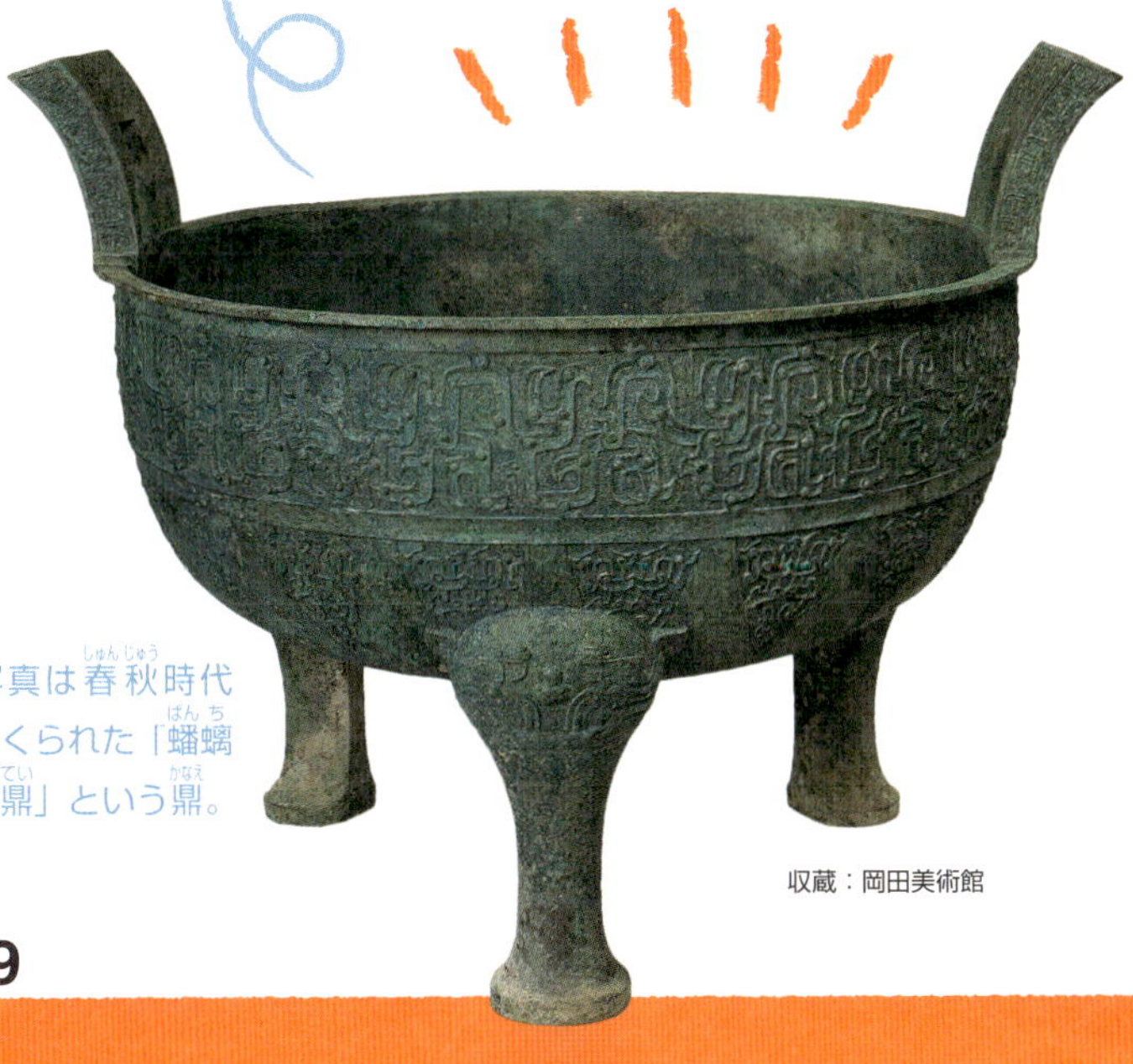
▶写真は春秋《しゅんじゅう》時代につくられた「蟠螭《ばんち》文大鼎《もんだいてい》」という鼎《かなえ》。

収蔵：岡田美術館

画《が》餅《べい》に帰《き》す

故事成語のお話

三国《さんごく》時代の魏《ぎ》の国で、王が有用な人材《じんざい》をさがし出《だ》すにあたって、その仕事をまかせた盧毓《ろいく》に言いました。

「人を選《えら》ぶときには、その人が有名かどうかということに左右されてはいけない。有名などという世間の評判《ひょうばん》は、地面にかいたもちの絵のようなもので、一見うまそうに見えるが、実際《じっさい》には食べることもできず、役に立たない。無名《むめい》であっても有用な人をさがし出《だ》すように心がけなければいけない。」

王は人を選《えら》ぶ際《さい》に実力主義《じつりょくしゅぎ》を取り入れ、評判《ひょうばん》のみで高い地位《ちい》をあたえることはしなかったといいます。

出典 『三国志《さんごくし》』

意味 力をつくしたことがむだになる、計画がむだに終わる。

解説 「画餅《がべい》」は絵にかいたもち。食べることができず、おなかを満《み》たすことはないことから、実際《じっさい》に役に立たないもののたとえ。「画餅《がべい》に帰《き》す」は、ものごとが絵にかいたもちになってしまうという意味で、骨折《ほねお》りぞんになってしまうこと。

使い方 状況《じょうきょう》が変《か》わり、計画はすべて**画餅《がべい》に帰《き》して**しまった。

【似た意味の故事成語】机上《きじょう》の空論《くうろん》

地面にまるい
もちの絵を
かいてみても
もちは
食べれないよ。

中国のもち

中国のもちは、小麦粉《こむぎこ》などを練って平たくのばし、焼《や》いたり、蒸《む》したり、油であげたりしたものをいい、「ピン（餅）」とよびます。後漢《ごかん》の時代ごろから主食として食べられるようになりました。もち米を使ったものもありますが、これは「ニェンガオ（年糕）」とよばれ、ピンとは区別《くべつ》されます。お正月などに食べられます。

中国の焼餅《シャオピン》

画《が》竜《りょう》点《てん》睛《せい》

↓10ページ

故事成語のお話

南北朝《なんぼくちょう》時代、梁《りょう》の国に張僧繇《ちょうそうよう》という有名な画家がいました。

張僧繇《ちょうそうよう》は、あるとき、安楽寺《あんらくじ》という寺の壁《かべ》に立派《りっぱ》な四ひきの竜《りゅう》の絵をかきましたが、なぜかどの竜《りゅう》にも、目がかかれていませんでした。人びとに理由を聞かれては、

「目をかくと、竜《りゅう》たちが飛《と》んでいってしまうから。」

と答えていました。

しかし、みなは張僧繇《ちょうそうよう》がでたらめを言っていると思い、信用《しんよう》しませんでした。そこで、でたらめをみとめさせようと、ぜひとも目をかいてくれるように頼《たの》みました。

張僧繇《ちょうそうよう》はうなずいて筆をとり、二ひきの竜《りゅう》に目をかき入れました。すると、目を入れられた竜《りゅう》はたちまち壁《かべ》を破《やぶ》り、雲に乗って天へと飛《と》び去《さ》ってしまいました。あとには、目の入っていない二ひきの竜《りゅう》だけが残《のこ》ったということです。

出典 『歴代名画記《れきだいめいがき》』

目をかき入れたら竜《りゅう》は天にのぼっていくだろう。

意味 最後《さいご》の大切なところに手を加《くわ》えて、完成《かんせい》させる。また、わずかなことで全体が引き立つ。

解説 「睛《せい》」は瞳《ひとみ》のことで、目の中心にある瞳孔《どうこう》、あるいは目そのものをさす。「画竜点睛《がりょうてんせい》を欠《か》く」という使い方をされることが多く、その場合は、かんじんなしあげをしなかったために、ものごとが不完全《ふかんぜん》になってしまうことを意味する。

使い方 ここでがんばらないと、今までの努力《どりょく》がそれこそ**画竜点睛《がりょうてんせい》**を欠《か》くことになる。

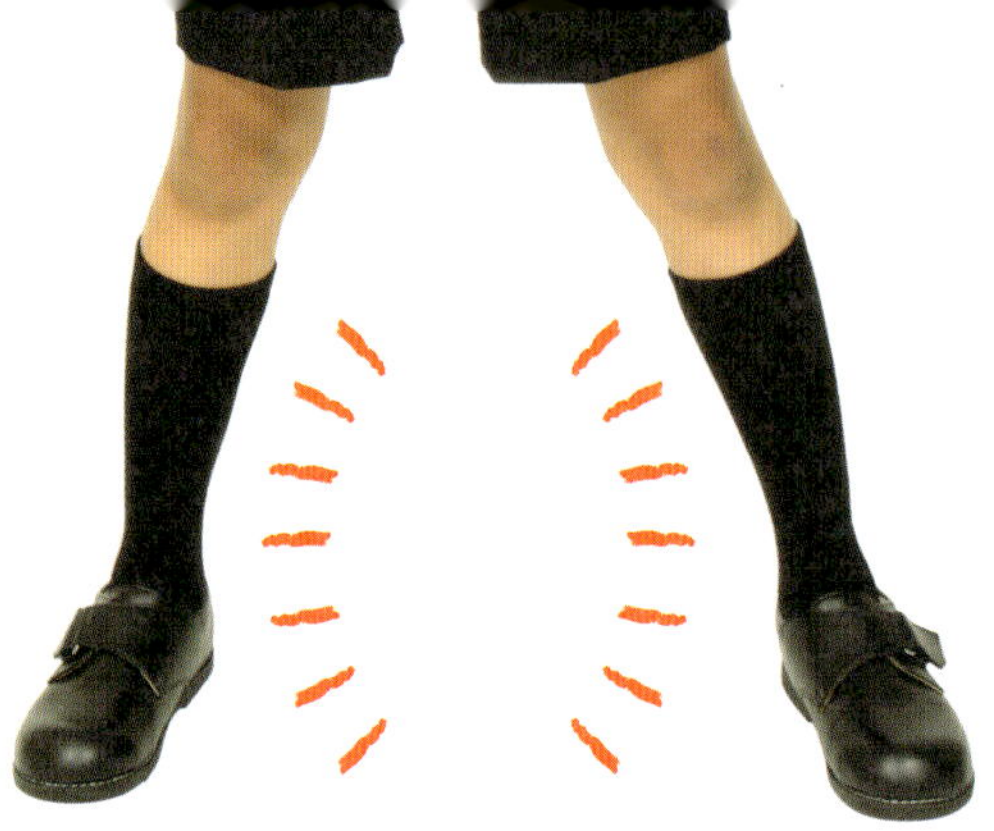

夏炉冬扇《かろとうせん》

・故事成語のお話・

何の使い道もない才能《さいのう》を働《はたら》かせ、何の足しにもならない意見を聞かせるのは、まるで夏にいろりをすすめて、冬にうちわを差《さ》し出《だ》すようなものです。君主がのぞんでもいないことをやって、聞きたくもない意見を出しているのでは、不幸《ふこう》に出会わないだけでも幸せなことで、いいことなんて起こるはずもありません。

出典『後漢書《ごかんじょ》』

意味 時期が外れていて、まったく役に立たないもの。また、使い道がなくむだな意見や才能《さいのう》のたとえ。

解説 暑い夏に「炉《ろ》」、寒い冬に「扇《せん》（うちわ）」は必要《ひつよう》がないことから。「冬扇夏炉《とうせんかろ》」ともいう。

使い方 年末《ねんまつ》、大そうじをしていたら、夏のあいださがしていた麦わらぼうしが見つかった。もう、**夏炉冬扇《かろとうせん》**だよ。

うちわ

炉《ろ》
（写真は日本のもの）

韓信《かんしん》の股《また》くぐり

・故事成語のお話・

韓信《かんしん》をバカにしている若者《わかもの》がいて、韓信《かんしん》に言いました。

「お前は体が大きくて、いつも剣《けん》を身につけているけれど、本当はおくびょう者だろう。」

さらに、大勢《おおぜい》の前でからかいます。

「死ぬ覚悟《かくご》でオレをさしてみな。できないんだったら、オレの股《また》をくぐれよ。」

韓信《かんしん》はじっとその若者《わかもの》を見つめると、腹《はら》ばいになり、股《また》をくぐりました。まちの人たちはみんな韓信《かんしん》をおくびょう者と言って笑《わら》いました。

出典『史記《しき》』

意味 大きな夢《ゆめ》のために、目の前の恥《はじ》にたえること。

解説 のちに漢《かん》の有名な武将《ぶしょう》になる韓信《かんしん》がまだ若《わか》いとき、からかわれてもがまんし、人の股《また》をくぐって争《あらそ》いを避《さ》けたという話から。「韓信匍匐《かんしんほふく》」「韓信匍匐《かんしんほふく》して股下《またした》より出《い》ず」ともいう。

使い方 頭にくるけれど、今はじっとがまんしよう。**韓信《かんしん》の股《また》くぐり**だ。

肝胆相照《かんたんあいて》らす

・故事成語のお話・

この故事成語《こじせいご》は、長い時間のなかで「肝胆《かんたん》」という言葉の使われ方が変化《へんか》して生まれた表現《ひょうげん》です。前漢《ぜんかん》には「ごまかしようのない本心」、五百年後の晋《しん》代には「相手に対する真心」、さらに五百年後の唐《とう》代の中ごろには「自分の真心を相手に示《しめ》す」という意味で「肝胆《かんたん》を照《て》らす」が使われるようになります。そしてその四百年後、宋《そう》代になると親しい人同士が相手に誠意《せいい》を示《しめ》すことを「肝胆相照《かんたんあいて》らす」というようになりました。

出典『史記《しき》』『晋書《しんじょ》』『呂衡州集《ろこうしゅうしゅう》』『後山集《こうざんしゅう》』より

意味 たがいに心の底《そこ》まで打ち明けあい、とても親しくつきあう。

解説 「肝胆《かんたん》」は肝《かん》ぞうと胆《たん》のうのことで、心のなかや真心という意味でも使われる。たがいに心のなかを照《て》らし合《あ》ってつきあうということ。

使い方 幼稚園《ようちえん》のころから友だちである田中《たなか》くんとは、**肝胆相照《かんたんあいて》らす**仲《なか》だ。

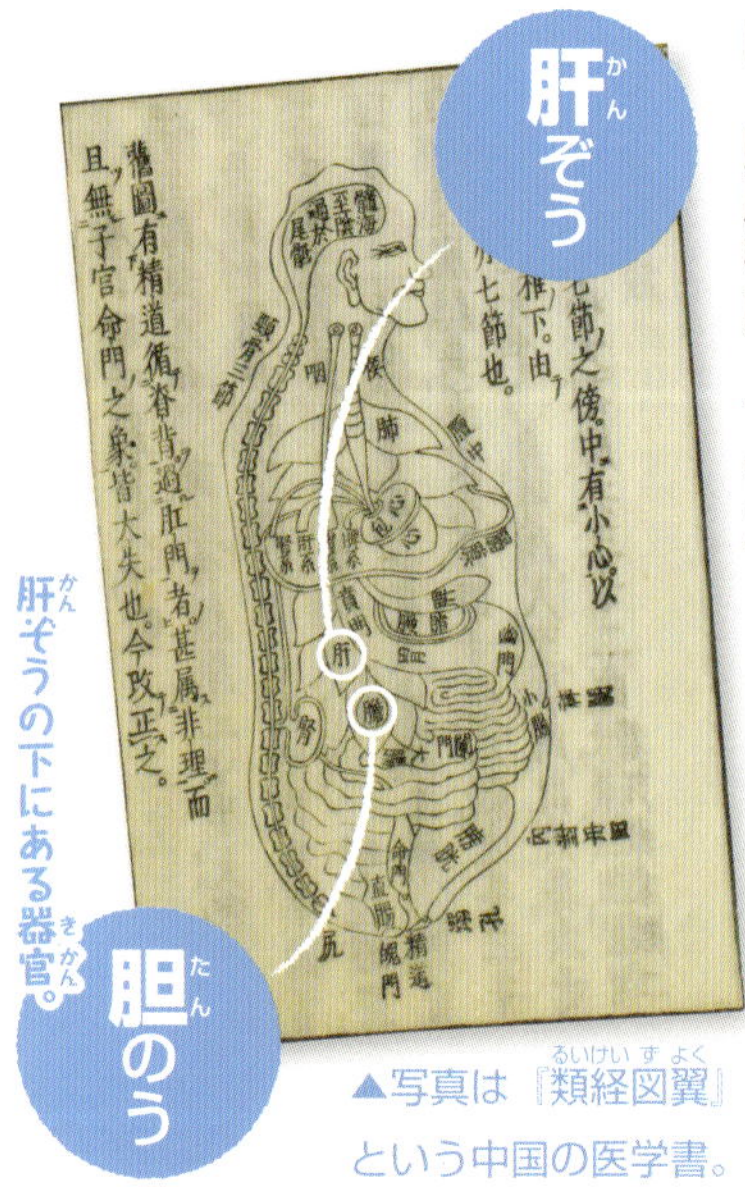
肝《かん》ぞう
胆《たん》のう
肝《かん》ぞうの下にある器官《きかん》。

▲写真は『類経図翼《るいけいずよく》』という中国の医学書。

か

「邯鄲《かんたん》」は趙《ちょう》の都の名前で、現在《げんざい》の河北省邯《かほくしょうかん》鄲市《たんし》。邯鄲《かんたん》は、中国統《とう》一《いつ》を成しとげた始皇帝《しこうてい》の出身地でもあるよ。

邯《かん》鄲《たん》の歩み

・故事成語のお話・

あなたは、寿陵《じゅりょう》の若者《わかもの》が邯鄲《かんたん》まで行って、歩き方を学んだという話を聞いたことがありませんか。その若者《わかもの》は、都のきれいな歩き方を身につけられないうちに、故郷《こきょう》で身につけた、もともとの歩き方までわすれてしまって、四つんばいになって帰るしかなかったのです。

出典 『荘子《そうじ》』

意味 やたらに人のまねをしていると、自分が本来もっていたものもわすれて、どちらもものにならず、すべてだめになってしまうことのたとえ。

解説 都の優雅《ゆうが》な歩き方をまねようとした田舎《いなか》の若者《わかもの》が、歩き方を覚《おぼ》えられなかったばかりか、自分の歩き方までわすれてしまった話から。

使い方 人に勉強のやり方を聞いては、まねばかりしているけれど、**邯鄲《かんたん》の歩み**にならないように気をつけてよ。

邯《かん》鄲《たん》の夢《ゆめ》

・故事成語のお話・

貧《まず》しい青年・盧生《ろせい》は邯鄲《かんたん》の宿で呂翁《りょおう》という道士《どうし》（道教の修行《しゅぎょう》者《しゃ》）に出会い、出世ののぞみがないことをなげきました。すると呂翁《りょおう》はまくらをかしてくれました。そのまくらでうたた寝《ね》をはじめた盧生《ろせい》は出世を続《つづ》ける夢《ゆめ》を見ます。成功《せいこう》をおさめ、大臣《だいじん》となる五十年の人生を過《す》ごし目をさますと、宿の主人がたいていた黄粱《こうりょう》（アワ）もまだたけていません。あたりはねむる前と何も変《か》わっていないのです。「なんだ夢《ゆめ》だったのか。」と盧生《ろせい》がつぶやくと、呂翁《りょおう》は笑《わら》いながら「人の世というのはそのようなものですよ。」と言いました。

出典 『枕中記《ちんちゅうき》』

意味 人の一生は、夢《ゆめ》のようにはかないものだということ。

解説 「邯鄲《かんたん》のまくら」「黄粱一炊《こうりょういっすい》の夢《ゆめ》」「盧生《ろせい》の夢《ゆめ》」などともいう。

使い方 長いあいだ、会社の経営《けいえい》で活やくした祖父《そふ》が、「えらくなったことも大もうけしたことも、今となっては**邯鄲《かんたん》の夢《ゆめ》**だったよ。」としみじみと話していた。

汗《かん》馬《ば》の労《ろう》

・故事成語のお話・

中国全土を統一《とういつ》して漢《かん》を建国《けんこく》した劉邦《りゅうほう》が、戦《たたか》いに一度も出なかった蕭何《しょうか》という大臣《だいじん》が一番の手柄《てがら》をあげた人物だとほめたとき、家来たちは「馬に汗《あせ》をかかせて戦《たたか》った私《わたし》たちよりどうして蕭何《しょうか》がほめられるのですか。」と不満《ふまん》を口にしました。これを聞いた劉邦《りゅうほう》は「その君たちをまとめあげて戦《たたか》わせ、立派《りっぱ》な功績《こうせき》をあげたからだ。」と答えたのです。

出典 『史記《しき》』

意味 目的を達成《たっせい》するためにかけまわって働《はたら》くこと。

解説 戦《たたか》いの場で活やくして功績《こうせき》をあげるという話から。現代《げんだい》では、自分が汗《あせ》を流して働《はたら》くことの意味で使われることが多い。

使い方 この仕事を成功《せいこう》させるためなら、**汗《かん》馬《ば》の労《ろう》**をいやがるつもりはありません。

【似た意味の故事成語】犬馬の労《ろう》

馬はあわだった白い汗《あせ》をかくんだよ。

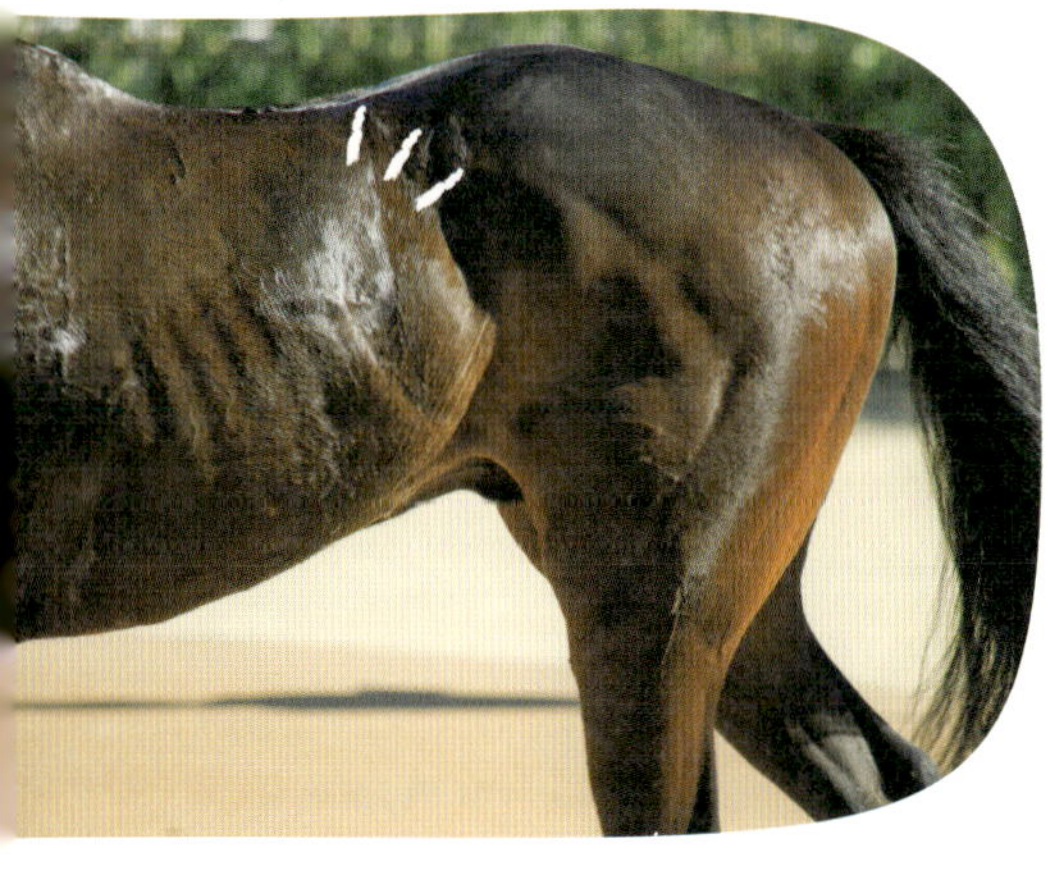

完《かん》璧《ぺき》

・故事成語のお話・

戦国《せんごく》時代、趙《ちょう》の王は、「[1]和氏《かし》の璧《へき》」というたいへんめずらしい宝物《たからもの》を持っていました。

強国である秦《しん》の王は、この璧《へき》を欲《ほ》しがり、十五のまちと交換《こうかん》してくれるように、申し入れました。

趙《ちょう》の王は、秦《しん》が信用《しんよう》できるかどうか心配しましたが、強国である秦《しん》の申し入れを無視《むし》することもできません。そのとき、藺相如《りんしょうじょ》という者が王に言いました。

「私《わたし》を使いとして、秦《しん》へ行かせてください。もし、秦《しん》の王が約束《やくそく》どおりにまちをわたしたら、璧《へき》を秦《しん》においてきます。しかし、秦《しん》の王が約束《やくそく》を果《は》たさず、まちをわたそうとしなければ、私《わたし》は璧《へき》を守り、持ち帰ってきます。」

藺相如《りんしょうじょ》は秦《しん》に向かい、約束《やくそく》を破《やぶ》ろうとした秦《しん》の王を、知恵《ちえ》をしぼってあざむき、璧《へき》を無事《ぶじ》に趙《ちょう》へと持ち帰ったということです。

出典『史記《しき》』

[1] 和氏《かし》の璧《へき》……もともとは楚《そ》の国の卞和《べんか》という人が山のなかで玉《ぎょく》（宝石《ほうせき》）を発見し、楚《そ》の国の王に献上《けんじょう》したもので、のちに、趙《ちょう》の国の王の手にわたった。

意味 完全《かんぜん》で、欠点《けってん》がないこと。

解説 もとは、「璧《へき》」を「まっとうする」と読み、大切なものを傷《きず》つけずに無事《ぶじ》に持ち帰るという意味から、かりたものを無傷《むきず》で返すことをいった。

使い方 発表会の準備《じゅんび》は**完璧《かんぺき》**だ。

「璧《へき》」は古代中国の宝物《たからもの》で、まるくて平らで、中央にあながあいている玉《ぎょく》だよ。

管《かん》鮑《ぽう》の交わり

・故事成語のお話・

春秋《しゅんじゅう》時代、斉《せい》の国に管仲《かんちゅう》と鮑叔牙《ほうしゅくが》という人がいました。ふたりは少年時代からたいへん仲《なか》がよく、おとなになっても、その友情《ゆうじょう》は変《か》わりませんでした。

あるとき、管仲《かんちゅう》が言いました。

「私《わたし》が若《わか》いとき、鮑叔《ほうしゅく》といっしょに商売をしたが、分け前は私《わたし》が多くもらった。私《わたし》が貧《まず》しいことを知っていた鮑叔《ほうしゅく》は何も文句《もんく》を言わなかった。私《わたし》が計画したことに失敗《しっぱい》しても、鮑叔《ほうしゅく》は私《わたし》を笑《わら》わなかった。ものごとには時機《じき》が大事だということをよく知っていたからだ。

また、私《わたし》は三度主君につかえ、三度ともくびになってしまったが、鮑叔《ほうしゅく》は私《わたし》を非難《ひなん》しなかった。ふさわしい時節《じせつ》でなかったと知っていたからだ。私《わたし》は三度戦《たたか》いに出て、三度ともにげて帰ってきたが、鮑叔《ほうしゅく》は私《わたし》をひきょう者とよばなかった。私《わたし》には年をとった母親がいることを知っていたからだ。

考えてみると、私《わたし》を生んでくれたのは父と母だが、本当に私《わたし》のことをよく知り、理解《りかい》してくれているのは鮑叔《ほうしゅく》だ。」

このふたりの友情《ゆうじょう》を、世の中の人は「管鮑《かんぽう》の交わり」とたたえました。

出典『史記《しき》』

管仲《かんちゅう》
鮑叔牙《ほうしゅくが》
鮑叔牙《ほうしゅくが》はどんなときも私《わたし》の味方でいてくれた親友だ。

意味 たいへん仲《なか》のいい友人とのつきあい。深い友情《ゆうじょう》で結《むす》ばれた関係《かんけい》。

解説 「管鮑《かんぽう》」とは、管仲《かんちゅう》と鮑叔牙《ほうしゅくが》のふたりのこと。ふたりが、おたがいに相手を理解《りかい》し、利害《りがい》と関係《かんけい》のない親密《しんみつ》な友人関係《ゆうじんかんけい》を続《つづ》けたことから、そのような友人関係《ゆうじんかんけい》をたとえていう。

使い方 父は、学生時代の登山仲間《なかま》と、**管鮑《かんぽう》の交わり**を続《つづ》けている。

【似た意味の故事成語】金石《きんせき》の交わり ⬇53ページ・水魚の交わり ⬇85ページ

き

奇《き》貨《か》居《お》くべし

・故事成語のお話・

秦《しん》の太子《たいし》（王の世継《よつ》ぎ）の子楚《しそ》は、趙《ちょう》の国に人質《ひとじち》に出されていました。子楚《しそ》はそこで冷《つめ》たいあつかいを受け、毎日の生活もままなりません。

趙《ちょう》にやってきた商人の呂不《りょふ》韋《い》は、子楚《しそ》を品物に見立て「これはめずらしいほり出し物だから買っておこう。」と言い、子楚《しそ》に近づき手助けをはじめます。やがて子楚《しそ》は秦《しん》にもどって王となり、呂不韋《りょふい》は取り立てられて大きな権力《けんりょく》を手に入れました。

出典『史記《しき》』

子楚《しそ》はのちに始皇帝《しこうてい》の父となり、呂不韋《りょふい》はその大臣《だいじん》に出世したよ。

意味 貴重《きちょう》な機会《きかい》をのがしてはいけない。

解説 「奇貨《きか》」はめずらしい品物。なかなか手に入れられないめずらしいものは、あとで大きな利益《りえき》を生むかもしれないので今買っておこうというたとえから。

使い方 おじいちゃんが古い雑《ざっ》誌《し》を処分《しょぶん》しようとしていたけれど、**奇貨居《きかお》くべし**だと思って、ゆずりうけた。

危《き》機《き》一《いっ》髪《ぱつ》

⬇21ページ

・故事成語のお話・

唐《とう》の時代、昔から伝《つた》わっている学問が大切にされていないことをなげいた韓愈《かんゆ》が大臣《だいじん》の孟簡《もうかん》へ手紙を出して「昔から伝《つた》わる学問は、いろいろな学者がこれを守ろうと努力《どりょく》はしてきましたが、今や傷《きず》だらけであちらこちらにあなが開いてくずれかかっています。その危《あや》うさをたとえて言えば、一本の髪《かみ》の毛《け》で百鈞《きん》（約一・八トン）の重さのものを引《ひ》っぱるようなもので、いつ切れてしまっても不思議《ふしぎ》ではないのと同じです。」と言いました。

出典「孟尚書《もうしょうしょ》に与《あた》うる書《しょ》」

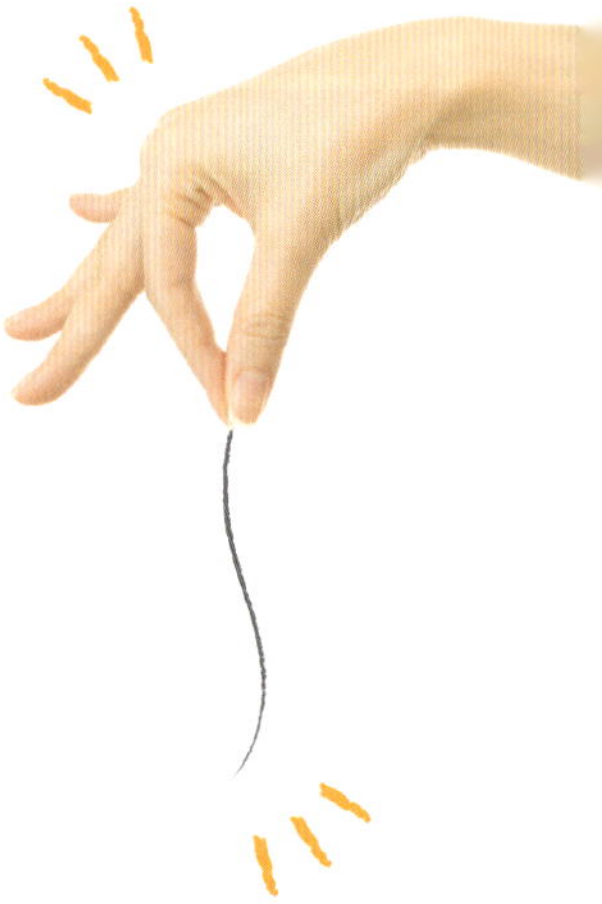

意味 重大な危機《きき》、生死の瀬戸際《せとぎわ》にさらされていること。

解説 鈞《きん》は重さの単位。一鈞《きん》は三十斤《きん》。一斤《きん》は約六百グラム。

使い方 相手チームの攻撃《こうげき》を**危機一髪《ききいっぱつ》**でかわし、私《わたし》たちはパスをつないで得点《とくてん》をあげた。

日本では、芥川龍《あくたがわりゅう》之介《のすけ》が『河童《かっぱ》』という小説《しょうせつ》のなかで「危機一髪《ききいっぱつ》」という言葉を使ってから、広く使用されるようになったといわれているよ。

疑《ぎ》心《しん》暗《あん》鬼《き》を生《しょう》ず

16ページ

・故事成語のお話・

ある人がおのをなくし、となりの家の子がぬすんだのではないかと疑《うたが》いました。ようすを見ていると、動作も態度《たいど》も、みんなおのをぬすんだ者のようにしか見えません。ところがしばらくして、谷間をほりかえしてみると、ぬすまれたと思っていたおのが出てきました。

後日、となりの家の子に会いましたが、その動作も態度《たいど》も、どう見てもおのをぬすんだ者とは思えないものでした。

出典 『列子《れっし》』

意味 疑《うたが》い出《だ》すと、なんでもないものまでおそろしく見えてくる。

解説 疑《うたが》い出《だ》すと、暗やみのなかにいるはずのない鬼《おに》が見えるように、何でもないことに対して不安《ふあん》を引き起こすこと。

使い方 おばけ話を聞かされたせいで、**疑《ぎ》心《しん》暗《あん》鬼《き》を生《しょう》ず**、ススキの穂《ほ》が幽霊《ゆうれい》に見えてしまったよ。

【似た意味の故事成語】杯中《はいちゅう》の蛇影《だえい》

おのがない!!
あの子が
あやしいぞ。
きっとあの子に
ぬすまれたに
ちがいない!
しかし
後日、
谷間で
おのを
発見!!
あやしいと
思ったのは
気のせい
だったのか……。

木によりて魚《うお》を求《もと》む

故事成語のお話

斉《せい》の王は、天下を武力《ぶりょく》で統一《とういつ》しようと思っていました。それを聞いた孟子《もうし》は、次のように言いました。

「王のご希望《きぼう》はわかりました。しかし、武力《ぶりょく》で天下をおさめるようなやり方は、木によじ登って魚をとろうとするようなもので、できることではありません。やはり、天下は❶仁道《じんどう》によっておさめるべきです。」

出典 『孟子《もうし》』

❶仁道《じんどう》……権力《けんりょく》による支配《しはい》ではなく、人に対する慈《いつく》しみや愛情《あいじょう》をそなえて生きていく道。

意味 まちがった方法《ほうほう》では目的《もくてき》が果《は》たせない。

解説 木に登って魚を探《さが》すという意味で、方法《ほう》がまちがっていること。あるいは、不可能《ふかのう》なことをたとえていう言葉。

使い方 不器用《ぶきよう》な父に頼《たの》んでかわいい犬小屋をつくってもらおうなんて、**木によりて魚《うお》を求《もと》めるようなものだ。**

【似た意味の故事成語】天をさして魚《うお》を射《い》る

その木を
てっぺんまで
登ったって
魚は手に
入らないよ!
にゃんだと!

脚力《きゃくりょく》尽《つ》くるとき山さらによし

14ページ

故事成語のお話

三休亭《さんきゅうてい》の上には見事な月がのぼり、九折巌《きゅうせつがん》の前を心地よい風が吹《ふ》きぬけます。歩きつかれて足に力が入らなくなったときこそ山はいっそう美しく見えるものです。きりがないものを無理《むり》を重ねて追いかける必要《ひつよう》はないのです。

出典 蘇軾《そしょく》の詩より

意味 全力をつくしたとき、そこにたとえようもない喜《よろこ》びがあること。

解説 宋《そう》の政治家《せいじか》、詩人である蘇軾《そしょく》がつくった詩のなかにある言葉。人が一生懸命《いっしょうけんめい》にがんばるとき勝ち負けや結果《けっか》をこえた美しさが生まれることをたとえている。

使い方 **脚力《きゃくりょく》尽《つ》くるとき山さらによし**で、へとへとになるまで練習したあとに飲んだ水のおいしさがのどにしみた。

美しいながめだ。
苦労《くろう》してのぼった
かいがあったなあ。

杞《き》憂《ゆう》

・故事成語のお話・

昔ほろぼされた国の子孫《しそん》が住みついた「杞《き》」という国がありました。杞《き》の国の人は、一度国がほろびた経験《けいけん》があるので、小さなことでも心配しがちでした。

なかでも、ある人は、

「もし、天が落ちて、地がくずれたら、いったいどうすればいいのか、どこに住めばいいのか。」

と心配して、夜もねむれず、食事もとれないという状態《じょうたい》になってしまいました。それを気にかけたある人が、その人のところへ行き、言い聞かせました。

「天は大気が積《つ》み重《かさ》なったもので、大気はどこにでもある。人はその大気のなかで一日中動いているから、天が落ちてくることなどありえない。また、地は土のかたまりで、土のない場所はない。人は一日中、地面を歩いたり、ふみつけたりしてくらしているのだから、地がくずれることを心配することもない。」

心配していた人はこれを聞き、すっかり心が晴れました。言い聞かせた人も安心して、喜《よろこ》びました。

出典『列子《れっし》』

天が落ちて、地がくずれるかもしれない……。
杞《き》の国の人

意味 心配する必要《ひつよう》がないことを気にかける。

解説 「杞《き》」は国の名前、「憂《ゆう》」は憂《うれ》える、心配するという意味。「杞人《きじん》の憂《うれ》い」「杞人《きじん》天を憂《うれ》う」ともいう。

使い方 このところの地震《じしん》の多さをみると、首都圏《しゅとけん》に大地震《おおじしん》が起こるといううわさも**杞憂《きゆう》**とはいえない。

九死に一生をえる

・故事成語のお話・

気苦労《きぐろう》が大きすぎると内臓《ないぞう》の動きが悪くなり薬がききません。こうなるとその人の命を助けることができません。もしその人が自分のなやみから解放《かいほう》されて内臓《ないぞう》がしっかりと動き出したならば、脈《みゃく》をしっかりと調べて薬を調合して飲ませましょう。そうすれば九死に一生をえることができるのです。

出典『證類本草《しょうるいほんぞう》』

意味 ほとんど助かる見こみがない状態《じょうたい》から、なんとか助かること。

解説 出典《しゅってん》の『證類本草《しょうるいほんぞう》』は宋《そう》の時代に書かれた薬の使用法《しようほう》について説明《せつめい》した書物。血と気の流れを重んじた中国の医学にもとづいて書かれており、日本の医学にも大きな影響《えいきょう》を与《あた》えた。

使い方 ぼくは幼《おさな》いころに、岸壁《がんぺき》から海に落ちておぼれているところを近くにいた人が見つけてくれて、**九死に一生をえた**んだ。

症状《しょうじょう》に合った薬を調合してもらって元気になるぞ！

▲写真は生薬《しょうやく》を売っている市場。

牛耳《ぎゅうじ》
牛の耳の血
昔の中国では、各国《かっこく》が同盟《どうめい》を結《むす》ぶときにみんなで牛の耳の血をすする儀式《ぎしき》があったよ。

牛耳《ぎゅうじ》を執《と》る

→8ページ

・故事成語のお話・

春秋《しゅんじゅう》時代、衛《えい》の国を中心に各国《かっこく》が同盟《どうめい》を結《むす》ぶことになりました。このとき、衛《えい》の人が言いました。

「この同盟《どうめい》では、衛の王がまず牛の耳の血をすすります。すなわち、衛《えい》の王を盟主《めいしゅ》として同盟《どうめい》を結《むす》ぶということです。ですから、❶上座《かみざ》には衛《えい》の王をすわらせてください。」

出典『春秋左氏伝《しゅんじゅうさしでん》』

❶上座《かみざ》……えらい人がすわる席《せき》。

意味 なかまのリーダーになる。また、主導権《しゅどうけん》をにぎる。

解説 「牛耳《ぎゅうじ》」は牛の耳。昔、国どうしが同盟《どうめい》を結《むす》ぶとき、いけにえの牛の耳を切り、その血をすすってちかいを立てた。最初《さいしょ》に血をすするのが、同盟《どうめい》の中心となる者（盟主《めいしゅ》）の役割《やくわり》だったことからいう。グループなどを自分の思いどおりに動かすことをいう「牛耳《ぎゅうじ》る」という言葉は、ここからきている。

使い方 生徒会《せいとかい》の**牛耳《ぎゅうじ》を執《と》っている**のは、会長ではなくて彼《かれ》のようだ。

窮《きゅう》鼠《そ》猫《ねこ》をかむ

9ページ

・故事成語のお話・

漢《かん》の時代、刑罰《けいばつ》を重視《じゅうし》する政治《せいじ》について、ある人が次のように言いました。

「追いつめられたネズミが、死んだら生き返ることはできないと考えてネコにかみつくように、身分の低《ひく》い者が君主にはむかったり、家来が主人を殺《ころ》したりする。今の反乱《はんらん》はこれと同じです。」

出典『塩鉄論《えんてつろん》』

意味 弱い者でも、追いつめられれば、強い者に立ちむかう。

解説 「窮《きゅう》」は行きづまって身動きができないこと、「鼠《そ》」はネズミ。にげる場所をなくしたネズミがネコにかみつくということから、ふだんは、にげるだけの弱い者であっても、どうしようもなくなれば、必《ひっ》死《し》になって戦《たたか》うというたとえ。

使い方 対戦《たいせん》相手が全敗《ぜんぱい》の選手《せんしゅ》だからといって油断《ゆだん》してはいけないよ。**窮《きゅう》鼠《そ》猫《ねこ》をかむ**ということもある。

【似た意味の故事成語】困獣《こんじゅう》もなお闘《たたか》う

いつもやられて
ばかりじゃないぞ!!
びくっ

曲《きょく》学《がく》阿《あ》世《せい》

・故事成語のお話・

漢《かん》の武帝《ぶてい》に尊敬《そんけい》されていた学者の轅固《えんこ》が、彼《かれ》をうらやんでにくんでいた後輩《こうはい》の公孫弘《こうそんこう》に言いました。「公孫《こうそん》さん、まわりの人びとからほめてもらえなくても学んだことをまっすぐに伝《つた》えなければなりません。みとめてもらおうとして学んだことをねじ曲げ、まわりの人びとの機嫌《きげん》をとろうとしてはいけませんよ。」

出典『史記《しき》』

意味 学問の真理を曲げ、人の気に入るような説《せつ》をとなえる。

解説 「曲学《きょくがく》」は学問を曲げることで、「阿《あ》」はおもねる、きげんをとるの意味。正しい考えを、世間に受けそうな学説《がくせつ》に変《か》えてしまうこと。「曲学阿世《きょくがくあせい》の徒《と》」とは、そのような学者をののしっていう言葉。

使い方 部員みんなに気に入られようと、コーチの言葉を都合よく変《か》えて話すのは**曲学阿世《きょくがくあせい》**というものだよ。

みんなにきらわれたく
ないから、みんなに
合わせておこう……。

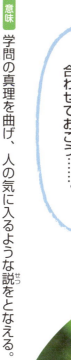

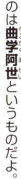

漁《ぎょ》夫《ふ》の利《り》

・故事成語のお話・

趙《ちょう》の国が燕《えん》の国を攻《せ》めようとしていたとき、外交家の蘇代《そだい》が戦《いくさ》をやめさせようとして、趙《ちょう》の王に次のように言いました。

「私《わたし》がこの国へ来るとき、川のほとりでドブガイが口をあけていました。そこへシギがドブガイを食べようとくちばしをつっこむと、ドブガイは口をとじて、シギのくちばしをはさみました。シギはドブガイに『このまま離《はな》さなければかわいて死んでしまうぞ。』と言い、ドブガイはシギに『このまま離《はな》さなければそちらこそ死んでしまうぞ。』と言い、どちらも意地になって離《はな》さないでいました。すると、漁師《りょうし》が通りかかり、シギとドブガイの両方をつかまえてしまいました。

今、趙《ちょう》は燕《えん》を攻《せ》めようとしていますが、戦《いくさ》が長びけば、どちらの国もつかれて力がおとろえてしまいます。そのすきに、強国の秦《しん》がこの漁師《りょうし》のように利益《りえき》を得《え》てしまうのではないかと、心配です。」

話を聞いた趙《ちょう》の王は、

「確《たし》かに、言うとおりにちがいない。」

と言って、燕《えん》を攻《せ》めるのを中止しました。

出典 『戦国策《せんごくさく》』

おっ、うまそうな貝がいるぞ。
シギ
ドブガイ
離《はな》せ！このままだとおまえはかわいて死んでしまうぞ！
パクッ
おまえこそ、このまま離《はな》さなければ死んでしまうぞ！
漁師《りょうし》のあみ
しまった……
ラッキー♪ えものをふたつもつかまえたぞ。

意味 人が争《あらそ》っているすきに、関係《かんけい》のない人が利益《りえき》を横取りする。

解説 「漁夫《ぎょふ》」は漁業《ぎょぎょう》をする人、漁師《りょうし》のこと。漁師《りょうし》が利益《りえき》を得《え》るという意味で、本人たちが争《あらそ》っているときに、第三者が苦労《くろう》せずに利益《りえき》を得《え》ることをいう。「鷸蚌《いつぼう》の争《あらそ》い」ともいう。

使い方 リレーでびりを走っていたのに、一位と二位のチームが相手を気にしすぎてバトンパスを失敗《しっぱい》したすきに**漁夫《ぎょふ》の利《り》**を得《え》て先頭にぬけだし、一等でゴールした。

チャレンジ　漢文を音読してみよう

いま、臣来《しんき》たりて
易水《えきすい》を過《す》ぐるに、
蚌《ぼう》まさに出《い》でてさらす。
しかして鷸《いつ》その肉《にく》をついばむ。
蚌合《ぼうがっ》して
そのくちばしをはさむ。
鷸《いつ》曰《い》は《わ》く、
「今日雨《こんにちあめ》ふらず。明日雨《みょうにちあめ》ふらずんば、
即《すなわ》ち死蚌《しぼう》有《あ》らん。」と。
蚌《ぼう》もまた鷸《いつ》に謂《い》ひ《い》て曰《い》は《わ》く、
「今日出《こんにちい》ださず。
明日出《みょうにちい》ださずんば、
即《すなわ》ち死鷸《しいつ》有《あ》らん。」と。
両者相《りょうしゃあい》捨《す》つるを肯《がえん》ぜず。
漁者得《ぎょしゃえ》て
これをあは《わ》せとらふ《う》。

現代語訳

今、私《わたし》がここに参上《さんじょう》しようとして
易水《えきすい》を通りかかったところ、
ドブ貝が口を開けて日光浴《にっこうよく》をしていました。
そこへシギが来てドブ貝の肉をついばみました。
ドブ貝はおどろいて貝がらをとじ、
シギのくちばしをはさみました。
シギは
「今日も明日も雨が降《ふ》らなければ、
おまえはひからびるぞ。」と言いました。
ドブ貝も負けずに
「今日も
明日もくちばしをはさんでいれば
おまえは死ぬぞ。」と言いました。
おたがいに相手を離《はな》そうとしません。
すると、やってきた漁師《りょうし》が
二ひきともつかまえてしまいました。

金石《きんせき》の交わり

18ページ

・故事成語のお話・

漢《かん》の王である劉邦《りゅうほう》と楚《そ》の王である項羽《こうう》が中国の覇権《はけん》を争《あらそ》って戦《たたか》いをくり返しているとき、項羽《こうう》は劉邦《りゅうほう》の部下で名将《めいしょう》である韓信《かんしん》を味方に引き入れようとして「今、あなたは劉邦《りゅうほう》と金属《きんぞく》や石のようにかたい親交を結《むす》んでいますが、劉邦《りゅうほう》が私《わたし》をたおせば必要《ひつよう》とされなくなり、あなたの力を恐《おそ》れて処罰《しょばつ》するでしょう。あなたは私《わたし》の味方になった方が長生きできますよ。」と言いました。韓信《かんしん》は、このさそいを断《ことわ》りました。

出典『隋唐嘉話《ずいとうかわ》』

意味 けっして心変《こころが》わりしないかたい交際《こうさい》。

解説 中国では春秋戦国《しゅんじゅうせんごく》時代には、かんたんに変《か》わったりしないかたさをあらわす比喩《ひゆ》として「金石《きんせき》」という表現《ひょうげん》が使われていた。

使い方 どんなに相手がこまったときでも、おたがいに見放さない友情《ゆうじょう》があった。思えばこれを**金石《きんせき》の交わり**というのだろう。

愚公山《ぐこうやま》を移《うつ》す

・故事成語のお話・

昔、愚公《ぐこう》という老人《ろうじん》がいて、家の前のじゃまなふたつの山をけずり、平らにしようと考えました。「そんなことは無理《むり》だ。やめた方がいい。」と言う人がいましたが、愚公《ぐこう》は「私《わたし》が死んでも、子どもがいるし孫《まご》もいる。孫《まご》がまた子を産《う》み、絶《た》えることがない。しかし山は大きくなったりしないのだから、どうして平らにできないことがあるだろう。」と言いました。

愚公《ぐこう》の話に感心した天帝《てんてい》（神様）が、ふたつの山をほかにうつしてあげたため、じゃまな山はなくなりました。

出典『列子《れっし》』

意味 しんぼう強く努力《どりょく》すれば、どんなに難《むずか》しいことでもやがては、成《な》しとげることができる。

解説 「愚公《ぐこう》」とは、おろかに見えるほどまっすぐにおこなう人をあらわす言葉。

使い方 どんなに大きな目標《もくひょう》だって**愚公山《ぐこうやま》を移《うつ》す**の意気ごみで努力《どりょく》を続《つづ》ければ、必《かなら》ず実現《じつげん》することができるよ。

唇《くちびる》ほろびて歯寒し

14ページ

・故事成語のお話・

晋《しん》が、虢《かく》を攻《せ》めるために虞《ぐ》を通らせてほしいと言ってきました。虞《ぐ》の家来・宮之奇《きゅうしき》は、虞《ぐ》の王に忠告《ちゅうこく》をしました。

「虢《かく》は虞《ぐ》の柱や壁《かべ》のようなもの。虢《かく》がほろびれば虞《ぐ》もほろびてしまうでしょう。晋《しん》の手引きをしてはいけません。虢《かく》を攻《せ》めさせてはいけません。以《い》前《ぜん》に一度通したことでさえひどいことなのに、二度もするなどあってはならないことです。『ほおとあごの骨《ほね》はたがいに助け合い、唇《くちびる》がなくなれば、歯は寒くなる。』ということわざがありますが、これはまさに虞《ぐ》と虢《かく》の関係《かんけい》を言ったものです。」

出典『春秋左氏伝《しゅんじゅうさしでん》』

意味 深く関《かか》わり合い助け合っていたもののいっぽうがほろびると、もういっぽうも危《あぶ》なくなる。

解説 唇《くちびる》がなくなると、歯がむき出しになって寒くなるということから。「唇歯補車《しんしほしゃ》」ともいう。

使い方 いつもしかられている君がいないと**唇《くちびる》ほろびて歯寒し**で、今度はぼくがしかられることになるよ。

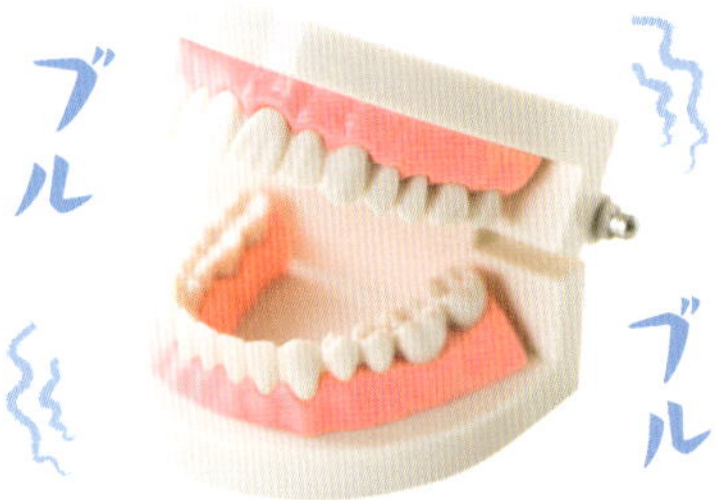

歯がむき出しで寒いよ!

苦肉の計

・故事成語のお話・

三国《さんごく》時代、呉《ご》の軍師《ぐんし》・周瑜《しゅうゆ》は魏《ぎ》を攻《せ》め落《お》とすために、武将《ぶしょう》の黄蓋《こうがい》をスパイとして魏《ぎ》に送りこもうと考えました。そこである日、大勢《おおぜい》の前で黄蓋《こうがい》に激怒《げきど》し、ぼうたたきの刑《けい》を与《あた》えます。こうして、呉《ご》にうらみをもつ者と見せかけて魏《ぎ》の陣《じん》に入った黄蓋《こうがい》は、火攻《ぜ》めの作戦《さくせん》を成功《せいこう》させ、呉《ご》は魏《ぎ》に勝利《しょうり》をおさめました。

黄蓋《こうがい》は自分の身を苦しめることで、疑《うたが》い深《ぶか》い魏《ぎ》の武将《ぶしょう》・曹操《そうそう》まであざむき、呉《ご》の勝利《しょうり》に貢献《こうけん》したのです。

出典『三国志《さんごくし》』

意味 こまったあげく、苦しまぎれに考えた手段《しゅだん》、方法《ほうほう》。

解説 「肉」（身体）を苦しめてまで敵《てき》をだまそうとする計略《けいりゃく》という意味から。「苦肉の策《さく》」ともいう。

使い方 夏休みに友だちと海に遊びにいく約束《やくそく》をして水着を着ることになったので、**苦肉の計**で、お菓子《かし》を食べるのをがまんしてダイエットをしている。

お話に出てくる火攻《ぜ》めの作戦《さくせん》は「赤壁《せきへき》の戦《たたか》い」で実行されたよ。写真は、赤《せき》壁《へき》の戦《たたか》いの戦場《せんじょう》とされた場所。

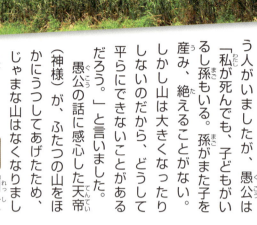

ウシのしり
（牛後《ぎゅうご》）

ニワトリの口
（鶏口《けいこう》）

鶏口牛後《けいこうぎゅうご》

・故事成語のお話・

戦国時代《せんごくじだい》、外交の専門家《せんもんか》として各地《かくち》をまわっていた蘇秦《そしん》は、韓《かん》の王を説得《せっとく》して、言いました。

「秦《しん》の国の要求《ようきゅう》に応《おう》じていれば、民《たみ》のうらみをかい、領地《りょうち》はけずられていくばかりです。『ニワトリの口になってもウシのしりにはなるな』ということわざがありますが、このままでは、ウシのしりになっているのと同じことです。」

そこで、韓《かん》の王はほかの国と同盟《どうめい》を結《むす》び、秦《しん》に対抗《たいこう》する策《さく》をとることにしました。

出典『史記《しき》』

意味 大きな集団《しゅうだん》のうしろにつくよりも、小さな集団《しゅうだん》のリーダーになったほうがよい。

解説 「鶏口《けいこう》となるも牛後《ぎゅうご》となるなかれ」がもとの言葉。勢力《せいりょく》あるものに従《したが》うよりも、小さくても独立《どくりつ》したほうがよいということをたとえていう。

使い方 確《たし》かにあのグループは最大勢力《さいだいせいりょく》だが、ここは**鶏口牛後**《けいこうぎゅうご》で、自分たちのグループをつくりたい。

鶏犬《けいけん》の声相聞《あいき》こゆ

➡9ページ

・故事成語のお話・

老子《ろうし》という古代の思想家は、幸福にくらすことができる社会を次のように説明《せつめい》しました。

「小さな国で人口は少なく、べんりな道具を使わずに、武器《ぶき》を持たないことがよいのです。自分たちがつくった食べものや衣《い》服《ふく》、建物《たてもの》に満足《まんぞく》し、鶏《にわとり》や犬の鳴き声が聞こえてくるほどすぐ近くの国とも行き来をしないで自分たちだけでくらすのです。」

出典『老子《ろうし》』

意味 こぢんまりとしてのどかなようす。

解説 もともとは、鶏《にわとり》や犬の鳴き声が聞こえてくるほど近く、という意味だったが、のちに、そのようなのどかなくらしや環境《かんきょう》をいう表現《ひょうげん》として使われるようになった。

使い方 先生は、「退職後《たいしょくご》は**鶏犬《けいけん》の声相《あい》聞こえる**ような土地で過《す》ごしたいと思います。」とおっしゃっていた。

コケッコー！

ワン！

傾国《けいこく》

・故事成語のお話・

漢《かん》の時代、武帝《ぶてい》という王が、非常《ひじょう》にかわいがった李夫人《りふじん》という女性《じょせい》がいました。たいへんな美人であり、その美しさは次のように歌われました。

「北方に美人がいる。世にもまれな美しさで、その人がひとめ見れば城《しろ》はかたむき、もうひとめ見れば国がかたむく。城《しろ》や国を危《あや》うくするのは、よろしくないとわかっているが、しかしこんな美人は二度と手に入らない。」

出典『漢書《かんじょ》』

意味 たいへんな美人。

解説 「傾国《けいこく》」とは、国を危《あや》うくするという意味。王の心をうばい、国がどうなってもかまわないと思わせるほどの美人をいう。「傾城《けいせい》」ともいう。

使い方 彼女《かのじょ》のきれいなことといったら、昔なら**傾国**《けいこく》というところです。

蛍《けい》雪《せつ》

・故事成語のお話・

晋《しん》の国に車胤《しゃいん》という、たいへん勤勉《きんべん》で、学問をすることが大好《だいす》きな人がいました。しかし、車胤《しゃいん》の家は貧《まず》しく、明かりをつけるための油も満足《まんぞく》に買うことができませんでした。これでは、夜に勉強することができません。そこで車胤《しゃいん》は、ホタルに目をつけました。ホタルをたくさんつかまえて、布《ぬの》のふくろに入れ、その明かりで本を照《て》らすことで、夜も勉強を続《つづ》けることができました。

また、同じ晋《しん》の国に、孫康《そんこう》という人がいました。心が清《きよ》らかでよい友人とつきあい、熱心《ねっしん》に勉強にはげんでいましたが、孫康《そんこう》の家も貧《まず》しく、十分に油を使うことができません。孫康《そんこう》は、まどに積《つ》もった雪が明るいことを利用《りよう》して本を読むことで、車胤《しゃいん》と同じように勉強を続《つづ》けることができました。

車胤《しゃいん》も孫康《そんこう》もこのように苦労《くろう》して勉強を続《つづ》けた結果《けっか》、高い役職《やくしょく》につくことができました。のちの人たちは、このふたりの学問への熱《ねっ》心《しん》さを、「蛍雪《けいせつ》の功《こう》」とたたえました。

出典 『晋書《しんじょ》』

ホタルは仲間《なかま》に
自分の居場所《いばしょ》を
知らせるために、
おしりを光らせるよ。

雪明かりで一生けんめい勉強するぞ。

意味 苦労《くろう》をしながら勉強にはげむこと。たんに勉強するという意味もある。

解説 明かりがなくても、ホタルの光や雪明かりで勉強するという意味で、熱心《ねっしん》に勉強すること。特《とく》に、貧《まず》しいなかでがんばって学問にはげむことをいう。「蛍雪《けいせつ》の功《こう》」ともいう。

使い方 中学受験《じゅけん》で志望校《しぼうこう》に合格できたのは、**蛍雪《けいせつ》の功《こう》**によるものだ。

【似た意味の故事成語】壁《かべ》をうがって光りを盗《ぬす》む

け

鶏鳴狗盗《けいめいくとう》

・故事成語のお話・

斉《せい》の孟嘗君《もうしょうくん》が秦《しん》の王につかまり、殺《ころ》されそうになったときのことです。秦《しん》の王の夫人《ふじん》に助けを求《もと》めると、引きかえに秦《しん》の王におくったキツネの毛皮でつくった白のコートがほしいと言われました。孟嘗君《もうしょうくん》は部下のひとりでぬすみのうまい者を使い、コートをぬすませて夫人《ふじん》におくり、無事《ぶじ》に釈放《しゃくほう》されました。しかし、函谷関《かんこくかん》という関所《せきしょ》まで来ると、門は閉《し》められ、夜明けにならないと開かないといいます。そのとき、ニワトリの鳴きまねがうまい者が鳴きまねをすると、あたりのニワトリがいっせいに鳴きだし、夜明けとまちがえて関所《せきしょ》は開かれ、孟嘗君《もうしょうくん》たちは無事《ぶじ》ににげ出すことができました。

出典『史記《しき》』

コケッコー―！
（夜が明けたぞ！）

こっそりしのびこむなんて、お手のものさ。

意味 くだらない人間。ちっぽけな才能《さいのう》がある者。

解説 ニワトリの鳴き声をまねたり、イヌのようにしのびこんでぬすんだりするという意味で、くだらない才能《さいのう》があることのたとえにいう。そのような才能《さいのう》もときには役に立つという意味でも使う。

使い方 弟はスイカの種飛《たねと》ばしをじまんするが、それは**鶏鳴狗盗**《けいめいくとう》のような技《わざ》だ。

鶏肋《けいろく》

・故事成語のお話・

魏《ぎ》の曹操《そうそう》が蜀《しょく》の劉備《りゅうび》と戦《たたか》ったとき、進むことも退《ひ》くこともできなくなったことがありました。そのとき、曹操《そうそう》はひとこと、「鶏肋《けいろく》のみ」とつぶやきました。部下たちは何のことかわかりませんでしたが、楊修《ようしゅう》という部下だけは、「ニワトリのあばらぼねは食べるほど肉がない、かといってしゃぶれば肉の味はするから、すててしまうのはおしい。この戦《たたか》いもすてるにはおしいが、続《つづ》けてもたいして益《えき》はない。」と言い、引き上げの準備《じゅんび》をはじめました。

出典『後漢書《ごかんじょ》』

引き上げるぞ！

意味 たいして役には立たないが、すてるにはもったいないもの。

解説 「鶏肋《けいろく》」はニワトリのあばらぼねのこと。簡単《かんたん》にすててしまうにはおしいものをたとえていう。また、弱くてやせている体をさしていうこともある。

使い方 **鶏肋**《けいろく》のようなコレクションだけど、ぼくにとっては宝物《たからもの》だ。

中華料理《ちゅうかりょうり》では鶏《にわとり》のあばらぼねなどからとっただし（鶏《とり》がら）をスープのもととして使っているよ。

逆鱗《げきりん》に触《ふ》れる

11ページ

竜《りゅう》のあごの下には直径《ちょっけい》二十センチメートルほどの逆《さか》さに生えたうろこがあるといわれていて、それを「逆鱗《げきりん》」というよ。

・故事成語のお話・

戦国《せんごく》時代の韓非《かんぴ》という学者が、えらい人に対して意見をのべるときの心得《こころえ》として、次のようなことを言いました。

「竜《りゅう》のあごの下にある逆鱗《げきりん》にふれると、竜《りゅう》がたいへん怒《おこ》り、さわった人を必《かなら》ず殺《ころ》してしまうという伝説《でんせつ》があります。❶天子《てんし》にも、竜《りゅう》の逆鱗《げきりん》のように、そのことに触《ふ》れるとたいへんきげんが悪くなり、怒《いか》りをまねくこと、いわば天子《てんし》の逆鱗《げきりん》があります。❷臣下《しんか》が天子《てんし》に意見を言うときには、その天子《てんし》の逆鱗《げきりん》に触《ふ》れないように気をつけなければなりません。そうすれば、いい結果《けっか》が望《のぞ》めるものです。」

出典『韓非子《かんぴし》』

け

意味 国の王など、一国の長の怒《いか》りをかう。目上の人にひどくしかられる。

解説 竜《りゅう》は天子《てんし》の象徴《しょうちょう》とされたことから、えらい人、目上の人の怒《いか》りをかうことをいう。

使い方 その話がたまたま先生の**逆鱗《げきりん》に触《ふ》れて**しまい、ひどくしかられた。

❶天子《てんし》……君主（国をおさめる権力者《けんりょくしゃ》）の称号《しょうごう》。
❷臣下《しんか》……天子《てんし》につかえる者。

中華街《ちゅうかがい》のお祭り

中国では、旧暦《きゅうれき》の正月（一月後半から二月ごろ）を春節《しゅんせつ》といい、盛大《せいだい》にお祝《いわ》いをします。中華街《ちゅうかがい》では、十一月ごろから竜《りゅう》のランタンや赤い提灯《ちょうちん》が飾《かざ》られ、正月当日には獅子舞《ししまい》や竜舞《りゅうまい》、中国舞踊《ぶよう》などがにぎやかにおこなわれます。中華人民共和国《ちゅうかじんみんきょうわこく》の建国記念日《けんこくきねんび》にあたる国慶節《こっけいせつ》（十月一日）には、華《はな》やかなパレードやお祝《いわ》いの獅子舞《ししまい》がおこなわれます。ほかにも、関帝《かんてい》の誕生《たんじょう》を祝《いわ》う関帝誕《かんていたん》、十五夜に月餅《げっぺい》を食べる中秋節《ちゅうしゅうせつ》などがあります。

チャレンジ 漢文を音読してみよう

それ竜《りゅう》の虫《ちゅう》たるや、
柔狎《じゅうおう》して騎《の》るべきなり。
しかれどもその喉下《こうか》に
逆鱗《げきりん》の径尺《けいしゃく》なる有《あ》り。
もし人《ひと》これにふるる者《もの》有《あ》らば、
則《すなわ》ち必ず人《ひと》を殺《ころ》す。
人主《じんしゅ》もまた逆鱗《げきりん》有《あ》り。
説者《ぜいしゃ》よく人主《じんしゅ》の逆鱗《げきりん》に
ふるること無《な》くんば、
則《すなわ》ち幾《ちか》からん。

現代語訳

そもそも竜《りゅう》という生き物は、
飼《か》い慣《な》らして乗ることができます。
しかしのどの下に直径《ちょっけい》一尺《しゃく》（約《やく》二十三センチ）ほどの
逆《さか》さまに生えているうろこがあります。
もしも人がこれに触《ふ》れると、
竜《りゅう》は必《かなら》ずその人を殺《ころ》してしまいます。
君主にもこの逆《さか》さうろこがあります。
君主に意見をのべる人は、じょうずに逆《さか》さうろこに
触《ふ》れずにいられれば、
説得《せっとく》の極意《ごくい》を手にしている状態《じょうたい》に近いといえます。

砂《すな》ぼこりを巻《ま》きあげることを「捲土《けんど》」といって、勢《いきお》いがはげしいようすをあらわしているよ。

捲《けん》土《ど》重《ちょう》来《らい》

21ページ

・故事成語のお話・

秦《しん》の時代の末期《まっき》、漢《かん》の劉邦《りゅうほう》と楚《そ》の項羽《こうう》は、天下をとるためのはげしい戦《たたか》いを何度もくり返しましたが、最後《さいご》は項羽《こうう》が負け、みずから命を絶《た》ちました。劉邦《りゅうほう》、項羽《こうう》ともに伝説的《でんせつてき》な英雄《えいゆう》として有名です。

唐《とう》の時代の詩人である杜牧《とぼく》は、項羽《こうう》の死をおしみ、次のような気持ちを詩によみました。

「勝敗《しょうはい》は時の運もあり、予期することは難《むずか》しい。

たとえ負けたとしても、恥《はじ》をしのんで次の機会《きかい》をねらうのが真の男児《だんじ》というものだ。

（項羽《こうう》の本拠地《ほんきょち》である）江東《こうとう》にはすぐれた若者《わかもの》も多くいることだし、（もし命を絶《た》たずに生きて江東《こうとう》へ帰っていれば）巻《ま》き返すことができたかもしれないのに。」

出典　杜牧《とぼく》の詩より

戦《たたか》いの最後《さいご》では項羽《こうう》ひとりで数百人の敵《てき》を相手にしたといわれているよ。

意味 前に失敗《しっぱい》した者が、ふたたび力をつけて盛《も》り返すこと。

解説 「捲土《けんど》」は「巻土《けんど》」とも書く。「捲《けん》土《ど》重来《ちょうらい》」で、勢《いきお》いよく砂《すな》ぼこりをあげながら、ふたたびおしよせるということ。杜《と》牧《ぼく》の詩の一節《いっせつ》から生まれた言葉。

使い方 昨年《さくねん》は予選《よせん》落ちしたあの国が、今年は**捲《けん》土《ど》重来《ちょうらい》**でワールドカップ出場を果《は》たした。

チャレンジ 漢文を音読してみよう

勝敗《しょうはい》は兵家《へいか》も期《き》せず
羞《はじ》を包《つつ》み恥《はじ》を忍《しの》ぶは是《こ》れ男児《だんじ》
江東《こうとう》の子弟《してい》　才俊《さいしゅん》多《おお》し
捲《けん》土《ど》重来《ちょうらい》　未《いま》だ知《し》るべからず

現代語訳
勝敗《しょうはい》は兵家《へいか》の常《つね》であり前もって予測《よそく》することはできない。
恥《はじ》を包《つつ》みかくしてしのびたえることこそ立派《りっぱ》な男のすることだ。
（項羽《こうう》の本拠地《ほんきょち》である）江東《こうとう》の若者《わかもの》には才能《さいのう》あふれる者が多いのだから、
砂《すな》ぼこりを巻《ま》きあげて攻《せ》めあがることができたかもしれないのに。

犬馬の心

↓9ページ

・故事成語のお話・

漢の時代、大臣《だいじん》をしていた霍去病《かくさょへい》が皇帝《こうてい》に跡継《あとつ》ぎを決めてもらおうとして言いました。

「陛下《へいか》。立派《りっぱ》に成長《せいちょう》なさったご自分のお子さまを皇太子《こうたいし》の位《くらい》につけていただきたいと家来の者たちみんなが願《ねが》いながら、恐《おそ》れおおくてだれも言い出せません。私《わたし》は、主人に忠誠《ちゅうせい》をつくしたい犬や馬のような心から、あえてそのことをお願《ねが》い申《もう》し上《あ》げます。」

出典 『史記《しき》』

意味 目上の人やほかの人のために真心をつくそうとする心。

解説 犬や馬は、人とともにくらす動物、人のいうことを素直《すなお》に聞いてくれる動物として、とても信頼《しんらい》されていた。

使い方 **犬馬の心**でつかえていた社長から信頼《しんらい》されていないことがわかって、とても悲しい気持ちです。

紅《こう》一《いっ》点《てん》

・故事成語のお話・

宋《そう》の王安石《おうあんせき》が大臣《だいじん》だったころのことです。役所の庭にザクロの林があり、緑の葉がしげっているなかに紅《くれない》の花が一輪《いちりん》咲《さ》いていました。そこで王《おう》安石《あんせき》は、「濃《こ》い青葉のしげるなか、たった一輪《いちりん》、紅《くれない》の花が咲《さ》いている。人を感動させる春の景色《けしき》に、たくさんのものは必要《ひつよう》ない。この紅《くれない》の花だけでいい。」と詩をよみました。

出典 王安石《おうあんせき》の詩より

意味 たくさんの男性《だんせい》のなかに、ひとりだけ女性《じょせい》がいること。

解説 たくさんのもののなかで、ほかのものとはちがい、特別《とくべつ》に目立つもののことをいう。そこから多くの男性《だんせい》のなかにひとりだけ女《じょ》性《せい》がいることをいうようになった。

使い方 ぼくらのチームで**紅一点**《こういってん》のあやちゃんは、だれよりも野球がうまくてチームのエースだ。

嚆《こう》矢《し》

・故事成語のお話・

曽参《そうしん》や史鰌《ししょう》のように知識《ちしき》があって徳《とく》の高い人でも、それが❶桀《けつ》や盗跖《とうせき》のような悪人のはじまり（嚆矢《こうし》）でないとどうしていえましょう。だから「聖人《せいじん》をなくして、知恵《ちえ》をすててしまえば、天下はとても安定して平和になる。」というのです。

出典 『荘子《そうじ》』

❶桀《けつ》・盗跖《とうせき》……桀《けつ》は夏《か》の王で、ひどいおこないで人びとを苦しめた。盗跖《とうせき》は、伝説的《でんせつてき》な大盗賊《だいとうぞく》。

意味 ものごとのはじまり。起源《きげん》。

解説 「嚆矢《こうし》」は音を立てて飛《と》ぶ「かぶら矢」という矢のこと。昔、中国で戦《たたか》いをはじめる合図にかぶら矢を射《い》たことから。

使い方 この学校行事は、昔、地域《ちいき》でおこなわれていた築城祝《ちくじょういわ》いの祭りを**嚆矢**《こうし》としているらしい。

かぶら矢は、日本では鎌倉《かまくら》時代にすでに使われていて、今では伝統《でんとう》行事などで使用されているよ。

かぶら矢

後《こう》生《せい》おそるべし

・故事成語のお話・

孔子《こうし》は言いました。

「若《わか》い人は努力《どりょく》しだいでどうなるかわからないのですから、おそれるべきです。彼《かれ》らの未来《みらい》が、現在《げんざい》におよばないなどと、どうしていえるでしょうか。」

出典 『論語《ろんご》』

意味 若《わか》い人は努力《どりょく》によって、どのくらいのものを身につけるかわからない。だから見くびってはいけないということ。

解説 「後生《こうせい》」はあとから生まれた人のこと。後輩《こうはい》や若者《わかもの》をさす。

使い方 「弟がまだ何もできないからといってバカにしてはいけない。**後生おそるべし**《こうせい》だ。」とお父さんに言われた。

呉越同舟《ごえつどうしゅう》

・故事成語のお話・

春秋《しゅんじゅう》時代、呉《ご》の国と越《えつ》の国は仲《なか》が悪く、それぞれの国の人たちも、にくみあっていました。あるとき、たまたま呉《ご》の人と越《えつ》の人が同じ舟《ふね》に乗り合わせました。

舟《ふね》は航海中《こうかいちゅう》に暴風《ぼうふう》にあいました。ふだんは口もきかない呉《ご》と越《えつ》の人たちですが、暴風《ぼうふう》のなかで転ぷくしそうな舟《ふね》を守るために、たがいに力を合わせて、右手と左手の関係《かんけい》のように助け合いました。

出典『孫子《そんし》』

意味 仲《なか》の悪い者どうしが、たまたま同じ場所にいる。また、仲《なか》の悪い者どうしが、困難《こんなん》なことにいっしょに立ち向かう。

解説 呉《ご》と越《えつ》は、春秋《しゅんじゅう》時代に中国の南部にとなり合っていた国で、長いあいだ争《あらそ》いを続《つづ》けていた。その二国の人が同じ舟《ふね》に乗り合わせ、助け合ったという故事《こじ》から生まれた言葉。

使い方 電車が止まってしまったため、決勝で戦《たたか》うチームどうしが**呉越同舟**《ごえつどうしゅう》で同じバスに乗り、試合《しあい》会場に向かった。

【似た意味の故事成語】同舟相救《どうしゅうあいすく》う

呉《ご》下《か》の阿《あ》蒙《もう》

・故事成語のお話・

呉《ご》の国の将軍《しょうぐん》だった呂蒙《りょもう》は、主君の孫権《そんけん》に学問にもはげむようにすすめられました。そこで熱心《ねっしん》に学《まな》び続《つづ》けた呂蒙《りょもう》は、のちに、大臣《だいじん》の魯粛《ろしゅく》にこうほめたたえられたのです。

「私はあなたがただ戦術《せんじゅつ》だけにすぐれた人かと思っていましたが、今では、学問や知識《ちしき》にもすぐれ、昔、呉《ご》の国にいたときのおばかな蒙《もう》ちゃんではありませんね。」

出典『三国志《さんごくし》』

意味 いつまでたっても昔のままで学問などの進歩がない人。

解説 魯粛《ろしゅく》が、学問を身につけた呂蒙《りょもう》に会っておどろき「君は昔のままの君ではない。」と言ったことから。この場合の「阿《あ》」は見下して人をよぶときにつける言葉で、「阿蒙《あもう》」で「おばかな蒙《もう》ちゃん」という意味。

使い方 自分の失敗《しっぱい》から学ばずに同じまちがいをくり返すなんで、それでは**呉下《ごか》の阿蒙《あもう》**のままだ。

赤壁《せきへき》の戦《たたか》い 54ページ で大将《たいしょう》をつとめた呂蒙《りょもう》。

国《こく》士《し》無《む》双《そう》

・故事成語のお話・

漢《かん》の劉邦《りゅうほう》が、にげだした韓信《かんしん》を追いかけた大臣《だいじん》の蕭何《しょうか》に言いました。

「今までにげだした者は十数人もいたのに、お前はだれのことも追いかけなかっただろう。それなのに韓信《かんしん》のことは追いかけたとは、うそを言うな！」

すると蕭何《しょうか》はこう答えました。

「今までにがした者たちとちがって、韓信《かんしん》のようにすぐれた者は、国中にふたりといないのです。」

出典『史記《しき》』

意味 国のなかにならぶもののいないほどすぐれた人物。

解説 「国士《こくし》」はその国のなかのすぐれた人物、「無双《むそう》」はふたつとないこと。

使い方 三コースで走る鈴木《すずき》くんはとにかく速い。全国の中学生では**国士無双《こくしむそう》**といわれている。

韓信《かんしん》は「漢《かん》の三傑《さんけつ》（漢《かん》の時代に活やくした三人のすぐれた人物）」のひとりといわれていたよ。

虎《こ》視《し》眈《たん》眈《たん》

・故事成語のお話・

人の世界の変化《へんか》を予測《よそく》する『易《えき》（易経《えききょう》）』という書物に、「立派《りっぱ》な大臣《だいじん》はトラが下をじっと見つめるように部下の行動を見《み》のがさず、部下は大臣《だいじん》の監視《かんし》の下で大臣《だいじん》を補佐《ほさ》する。」と書かれています。昔からトラは、恐《おそ》れられると同時に敬意《けいい》をはらわれる生き物だったのです。

出典『易経《えききょう》』

意味 じっと機会《きかい》をねらっているようす。

解説 虎《とら》がするどい目で獲物《えもの》をねらっているという意味から。「眈眈《たんたん》」はするどい目つきで見下ろし、獲《え》物《もの》をねらうようす。

使い方 今度こそは主役の座《ざ》をうばおうと、**虎視眈眈《こしたんたん》**とドラマ出演《しゅつえん》の出番を待《ま》っている。

虎《こ》穴《けつ》に入らずんば虎《こ》子《じ》を得《え》ず

・故事成語のお話・

後漢《ごかん》の将軍《しょうぐん》・班超《はんちょう》が、鄯善《ぜんぜん》という国へ、同盟《どうめい》を結《むす》ぶための使者として出かけました。

鄯善《ぜんぜん》の王は、班超《はんちょう》たちを歓迎《かんげい》しました。しかし、ちょうどそのころ、後漢《ごかん》の敵国《てきこく》である匈奴《きょうど》の王の使者が鄯善《ぜんぜん》に到着《とうちゃく》し、鄯善《ぜんぜん》の王はどちらの国と手を組むべきか迷《まよ》いはじめ、班超《はんちょう》たちへの態度《たいど》も冷《つめ》たいものになってきました。

班超《はんちょう》は、部下たちに状況《じょうきょう》を伝《つた》えて、言いました。

「このままでは、私《わたし》たちは匈奴《きょうど》にとらえられ、殺《ころ》されてしまうばかりだ。

危険《きけん》をおかしてトラのあなに入らなければトラの子を手に入れることはできない。ここは、夜になったら火をつけて、思いきって匈奴《きょうど》の一行を攻《せ》めよう。私《わたし》たちの人数が少ないことがわからなければ、敵《てき》は恐《おそ》れ、きっと勝つことができる。そうすれば、鄯善《ぜんぜん》の王も私《わたし》たちと同盟《どうめい》を結《むす》ぶだろう。」

そして、計画を実行して匈奴《きょうど》を破《やぶ》り、鄯善《ぜんぜん》の王と同盟《どうめい》を結《むす》びました。

出典『後漢書《ごかんじょ》』

意味 危険《きけん》をおかさなければ、大きな利益《りえき》は得《え》られない。

解説 「虎穴《こけつ》」はトラのすんでいるあな、「虎子《こじ》」はトラの子で、トラのすみかに入らなければトラの子をつかまえることはできないということ。大きな利益《りえき》を得《え》るためには、危険《きけん》な行動も必要《ひつよう》になるというたとえにいう。

使い方 **虎穴《こけつ》に入らずんば虎子《こじ》を得《え》ず**だ。ここはチャレンジをしてみよう。

五十歩百歩

13ページ

故事成語のお話

梁《りょう》の国の恵王《けいおう》が思想家の孟子《もうし》に聞きました。

「私《わたし》は、❶凶作《きょうさく》のとき、人民《じんみん》を豊作《ほうさく》の地に行かせるようにして、いつも人民《じんみん》のことを考えている。それなのに、人民《じんみん》が私《わたし》のもとに集まらないのはなぜだろう……。」

孟子《もうし》は王の質問《しつもん》に答えて言いました。

「戦争《せんそう》のときに、武器《ぶき》をすててにげだす兵士《へいし》がいました。ある兵士《へいし》は五十歩にげて止まり、ある兵士《へいし》は百歩にげて止まりました。このとき、五十歩にげた兵士《へいし》が百歩にげた兵《へい》士《し》をおくびょう者と笑《わら》ったら、どう思われますか?」

王は、

「それはおかしい。五十歩だろうと百歩だろうと、にげたことに変《か》わりはない。」

と答えました。孟子《もうし》は、

「そのとおりです。すなわち、王がいくら人民《じんみん》のことを考えているといっても、人民《じんみん》が苦しむのを凶作《きょうさく》のせいにする

ドドドド

オレよりも遠くににげていくアイツはおくびょう者だ!!

ようでは、人民《じんみん》からみればほかの国とたいして変《か》わらないということです。」と答え、王のとるべき道を教えました。

出典『孟子《もうし》』

❶凶作《きょうさく》……自然災害《しぜんさいがい》や天候不良《てんこうふりょう》のために、作物が実らなかったり、いつもより収穫《しゅうかく》できる量《りょう》が少なくなったりすること。

意味 どちらも似《に》たようなもので大きな差《さ》がない。

解説 五十歩にげようと百歩にげようと、どちらもにげたことに変《か》わりがないということから、大差《たいさ》のないこと、本質的《ほんしつてき》には同じであることをいう。

使い方 算数のテストが返ってきて、となりの席《せき》の山本《やまもと》くんと「三十点と三十五点だからおれの勝ちだね。」とふざけていたら、先生に「ふたりとも**五十歩百歩**なんだから、もっとしっかり勉強しなさい。」と怒《おこ》られた。

【似た意味の故事成語】大同小異《だいどうしょうい》

チャレンジ 漢文を音読してみよう

孟子《もうし》こたへて曰《いわ》はく
「王戦《おうたたか》ひを好《この》む。請《こ》ふ、戦《たたか》ひをもって喩《たと》へん。
塡然《てんぜん》としてこれに鼓《こ》し、兵刃《へいじん》すでに接《せっ》す。
甲《こう》をすて兵《へい》をひいて走《はし》る。
あるひ《い》は《わ》百歩《ひゃっぽ》にして後《のち》止《と》まり、
あるひ《い》は《わ》五十歩《ごじっぽ》にして後《のち》止《と》まる。
五十歩《ごじっぽ》をもって百歩《ひゃっぽ》を笑《わら》は《わ》ば、
則《すなは》ちいかん。」と。
（王《おう》）曰《いわ》はく、「不可《ふか》なり。ただ百歩《ひゃっぽ》ならざるのみ。
これもまた走《はし》る。」と。

現代語訳

孟子《もうし》は答えて言った。
「王は戦争《せんそう》がお好《す》きですので、戦争《せんそう》をたとえにしましょう。
ドンドンと太鼓《たいこ》を鳴らして攻《せ》めかかり、きりあいがはじまっています。
よろいをぬぎすてて武器《ぶき》を引きずってにげだした者たちがいます。
ある者は百歩にげてから止まりました。
またある者は五十歩にげてから止まりました。
五十歩にげた者が百歩にげた者を（おくびょう者だと）と笑《わら》ったならば、
どうでしょうか。」
（王は）答えて言った。「いけない。ただ百歩ではなかっただけだ。
この者もにげたことには変《か》わりない。」と。

胡《こ》蝶《ちょう》の夢《ゆめ》

故事成語のお話

あるとき、思想家の荘子《そうし》が、チョウになった夢《ゆめ》を見ました。花の上をひらひらと飛《と》びまわり、とても楽しく、自分が荘子《そうし》だということもわすれてしまいました。ところが、目をさましてみると、自分はまちがいなく荘子《そうし》でした。

しかし、考えてみると、夢《ゆめ》でチョウになっていたときは自分が荘子《そうし》だということをわすれていました。そうすると、荘子《そうし》だと思っている自分は、実はチョウが見ている夢《ゆめ》であって、自分がチョウであることをわすれているのかもしれません。荘子《そうし》という人間とチョウとでは、はっきり区《く》別《べつ》があるはずなのに、考え方を変《か》えるだけで、その区別《くべつ》はとてもあいまいになってしまいます。

「もしかしたら、人間とチョウの区別《くべつ》、現実《げんじつ》と夢《ゆめ》との区別《くべつ》は絶対的《ぜったいてき》なものではなく、入れかわり、変化《へんか》していくものなのではないだろうか。」

と荘子《そうし》は思いました。

出典 『荘子《そうじ》』

意味 現実《げんじつ》と夢《ゆめ》がまじりあって、区別《くべつ》がつかないこと。また、人生が夢《ゆめ》のようにはかないたとえ。

解説 「胡蝶《こちょう》」はチョウのこと。夢《ゆめ》そのもののたとえにも使われる。

使い方 夢《ゆめ》で見たことのある景色《けしき》と同じ森のなかを歩きながら、ぼくは今が夢《ゆめ》のなかではないかと思い、その話をお母さんにしたら「**胡蝶《こちょう》の夢《ゆめ》**だね。」と笑われた。

チャレンジ 漢文を音読してみよう

むかし荘周夢《そうしゅうゆめ》に胡蝶《こちょう》となる。
詡詡然《くくぜん》として胡蝶《こちょう》なり。
みづ《ず》からたのしみて志《こころざし》に適《かな》へ《え》るかな。
周《しゅう》なるを知《し》らざるなり。
俄然《がぜん》として覚《さ》むれば、蘧蘧然《きょきょぜん》として周《しゅう》なり。
知《し》らず、周《しゅう》の夢《ゆめ》に胡蝶《こちょう》となれるか、
胡蝶《こちょう》の夢《ゆめ》に周《しゅう》となれるかを。
周《しゅう》と胡蝶《こちょう》と、則《すなわ》ち必《かなら》ず分有《ぶんあ》らん。
これをこれ物化《ぶっか》と謂《い》ふ《う》。

現代語訳

いつのことだったか、私《わたし》、荘周《そうしゅう》は夢《ゆめ》でチョウになっていた。
ひらひらと舞《ま》うチョウの身に
気持ちよく満足《まんぞく》し、自分が荘周《そうしゅう》であることを
わすれきっていた。
ふと目がさめれば、まちがいなく、私《わたし》は荘周《そうしゅう》であった。
はてさて、これは荘周《そうしゅう》が夢《ゆめ》でチョウになったのか、
それともチョウが夢《ゆめ》で荘周《そうしゅう》となっているのか。
荘周《そうしゅう》とチョウとはまちがいなく区別《くべつ》があるはずなのだが、どちらが本当の私《わたし》なのか。
これこそが「物化《ぶっか》（すべてのものの変化《へんか》にはかぎりがない）」というものだ。

五《ご》里《り》霧《む》中《ちゅう》

・故事成語のお話・

後漢《ごかん》に張楷《ちょうかい》という人がいました。❶道教の術《じゅつ》を好《この》み、またその術《じゅつ》にすぐれ、五里四方に霧《きり》をおこして自分のすがたをかくす「五里霧《ごりむ》」という術《じゅつ》をよく使いました。

また、同じころ裴優《はいゆう》という人もいて、裴優《はいゆう》は三里四方に霧《きり》をおこすことができました。

出典『後漢書《ごかんじょ》』

❶道教……中国の三大宗教《しゅうきょう》（仏教《ぶっきょう》、儒教《じゅきょう》、道教）のひとつ。自然《しぜん》と一体になって不老長寿《ふろうちょうじゅ》や仙人《せんにん》になる道をめざす。

意味 方角がわからない。また、ものごとの判《はん》断《だん》ができずに、方針《ほうしん》や見こみなどが立たない。

解説 「里」は面積《めんせき》や長さをあらわす単位《たんい》で、昔の中国では約四百メートル。五里四方が霧《きり》におおわれるという意味で、方向に迷うこと。そこから、迷《まよ》って判断《はんだん》ができない、どうしたらいいかわからないというたとえにいう。

使い方 将来《しょうらい》どんな仕事につきたいかと聞かれても、今はまだ**五《ご》里《り》霧《む》中《ちゅう》**です。

霧《きり》がこいと、前がよく見えないね……。霧《きり》のなかのようすをあらわしているから、「霧中《むちゅう》」を「夢中《むちゅう》」と書《か》くのはまちがいだよ。

さ

塞《さい》翁《おう》が馬《うま》

⬇9ページ

不幸《ふこう》
ピュー
待ってー

幸福
おかえりー

・故事成語のお話・

北のとりでの近くに、占《うらな》いのじょうずな老人《ろうじん》が住んでいました。あるとき、老人《ろうじん》の馬が国境《こっきょう》をこえて、遊牧民族《ゆうぼくみんぞく》(胡《こ》)が住む国へにげてしまいました。近所の人たちがなぐさめると、

「いや、これがいずれきっと福になる。」

と老人《ろうじん》は答えました。

数か月たって、にげた馬が胡《こ》の国のよい馬を連《つ》れてもどってきました。近所の人たちがお祝《いわ》いを言うと、

「いや、これがいずれわざわいになるかもしれない。」

と老人《ろうじん》は答えました。

言葉どおり、老人《ろうじん》の子どもがその馬に乗り、馬から落ちて足の骨《ほね》を折《お》ってしまいました。

また近所の人たちがなぐさめると、

「いや、これがいずれ福になるかもしれない。」

と老人《ろうじん》は答えました。

それから一年ほどたったあと、胡《こ》の国との戦《いくさ》が起こりました。若者《わかもの》たちは戦《たたか》い、とりでの近くの人たちが大勢《おおぜい》死にましたが、老人《ろうじん》の子どもは足が悪かったため、兵士《へいし》にとられず、親子ともに無事《ぶじ》に生きのびました。

出典『淮南子《えなんじ》』

意味 人生の幸福や不幸《ふこう》は予測《よそく》ができないし、変《か》わりやすいものなので、むやみに喜《よろこ》んだり、悲しんだりするべきではない。

解説 「塞翁《さいおう》」は、国境《こっきょう》のとりで(塞《さい》)の近くに住む老人《ろうじん》のこと。その老人《ろうじん》の馬がにげたという故《こ》事《じ》にもとづく言葉。「人間万事塞《じんかんばんじさい》翁《おう》が馬《うま》」ともいう。この場合の「人間」は「じんかん」と読み、世の中のことをいう。

使い方 **人間万事塞翁《じんかんばんじさいおう》が馬《うま》**で、悪いことばかりは続《つづ》かないよ。

【似た意味の故事成語】禍福《かふく》はあざなえる縄《なわ》のごとし

先んずれば人を制《せい》す

故事成語のお話

秦《しん》の始皇帝《しこうてい》が死ぬと、それまで秦《しん》の支配《しはい》にあった各地《かくち》で反乱《はんらん》が起こりました。

そのとき、❶会稽郡《かいけいぐん》の長官《ちょうかん》が武将《ぶしょう》の項梁《こうりょう》に、次のように言いました。

「江西《こうせい》地方の人びとが、反乱《はんらん》を起こしました。これは、今までの秦《しん》のひどい政治《せいじ》に対する天のむくいともいえるでしょう。

人より先にことをおこなえば人を支配《しはい》することができ、人よりあとになると人に支配《しはい》されるといいます。今こそ私《わたし》は、あなたと桓楚《かんそ》のふたりの武将《ぶしょう》を将軍《しょうぐん》にして、早急に都に攻《せ》めのぼりたいと思います。」

そして、軍《ぐん》を進めましたが、わずかのところでおくれをとり、真っ先に都に入ることはできませんでした。

出典『史記《しき》』

❶会稽郡《かいけいぐん》……秦《しん》王朝の時代に中国南部に置《お》かれた郡《ぐん》。

意味 何ごとも人より先におこなえば、人より有利《ゆうり》になる。早い者勝ち。

解説 ほかの人より少しでも早く気づき、計画を立ててものごとをはじめれば、人より強い立場に立つことができ、戦《いくさ》や競争《きょうそう》に勝つことができるということ。出典《しゅってん》では、これに続《つづ》けて「後《おく》るれば人に制《せい》せらる（出おくれると人に支配《しはい》される）」とある。

使い方 **先んずれば人を制《せい》す**だ。細かいことを決めるのはあとにして、まず体育館の使用許可《きょか》をとっておこう。

秦《しん》の始皇帝《しこうてい》

中国史上初《しじょうはつ》の天下統一《とういつ》を成《な》しとげたのが始皇帝《しこうてい》です。貨幣《かへい》や度量衡《どりょうこう》（量《りょう》や重さをはかるためのますやはかり）、文字を中国全土で統一《とういつ》する制度《せいど》などをつくりあげ、権力《けんりょく》をにぎりました。

左《さ》袒《たん》

↓18ページ

・故事成語のお話・

前漢《ぜんかん》の初代皇帝《しょだいこうてい》である劉邦《りゅうほう》が死んだのち、皇后《こうごう》の一族であった呂氏《りょし》が力をふるい、天下をうばおうとしました。そのとき、劉邦《りゅうほう》の家臣《かしん》である周勃《しゅうぼつ》は、全軍《ぜんぐん》に対して、「呂氏《りょし》に味方しようと思う者は右のそでをぬげ、劉氏《りゅうし》（劉邦《りゅうほう》の一族）に味方しようと思う者は左のそでをぬげ。」と言いました。すると、全員が左のそでをぬぎ、劉氏《りゅうし》に味方することを示《しめ》しました。 出典『史記《しき》』

意味 味方をする。意見に賛成《さんせい》する。

解説 「袒《たん》」は、着物のそでをぬいでかたを出すこと。「左袒《さたん》」で、左のそでをぬいで左かたを出すという意味になる。

使い方 その主張《しゅちょう》に**左袒《さたん》**する人は多い。

さ

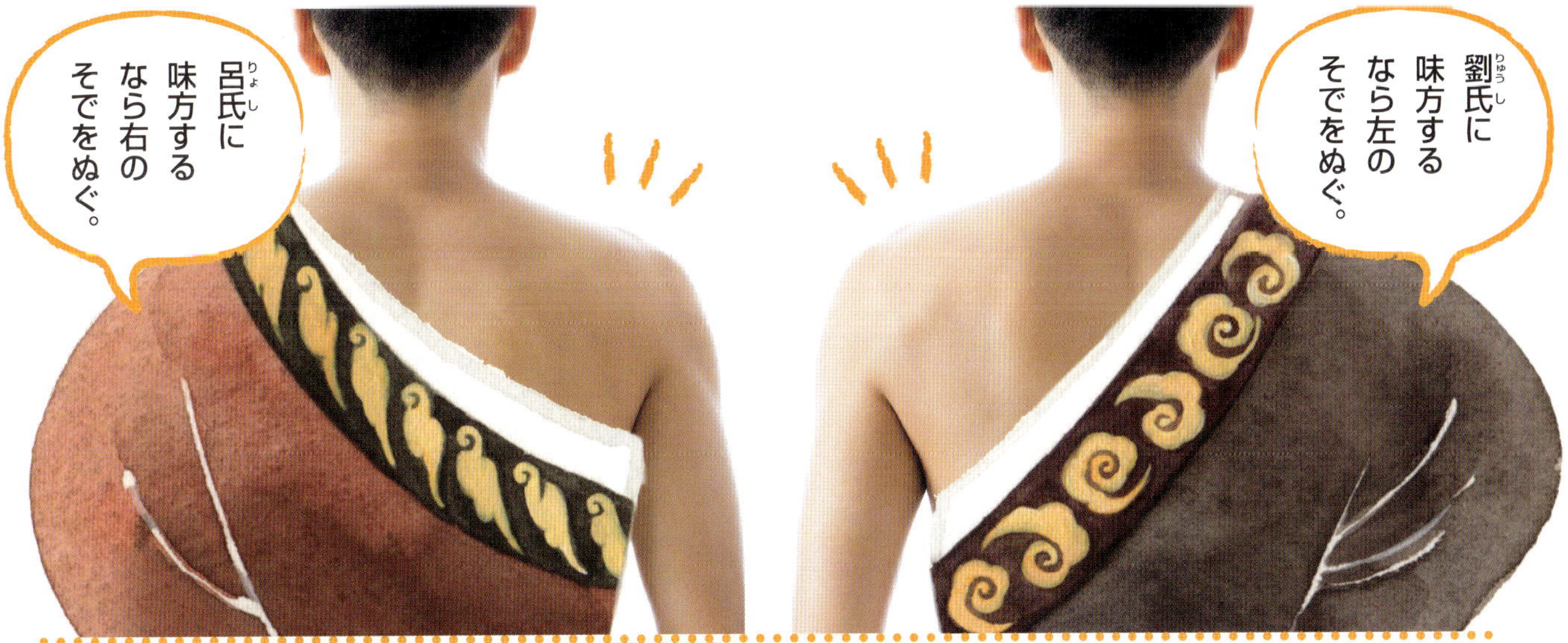

呂氏《りょし》に味方するなら右のそでをぬぐ。
劉氏《りゅうし》に味方するなら左のそでをぬぐ。

猿《さる》も木から落ちる

↓9ページ

・故事成語のお話・

「陰陽《いんよう》」という自然《しぜん》の法則《ほうそく》が乱《みだ》れてしまうと、ヘビやワニはどろのなかから出てきてしまい、クマは山で腹《はら》ばいになってしまい、トラやヒョウは岩穴《いわあな》にこもってほえようとはしなくなり、サルは枝《えだ》をつかまえそこなって木から落ちてしまいます。自然《しぜん》の法則《ほうそく》が乱《みだ》れるとふだん起こらないことが起こります。 出典『淮南子《えなんじ》』

ズルッ
木登りが得意《とくい》なぼくが落ちるとは……。

意味 その分野の名人といわれる人でも、ときには失敗《しっぱい》することがある。

解説 木登りが得意《とくい》なサルでも、木から落ちることがあるということから、どんな名人でも失敗《しっぱい》はあるというたとえにいう。

使い方 水泳部の子が海水浴《かいすいよく》でおぼれそうになったんだって。**猿《さる》も木から落ちる**だね。

【似た意味の故事成語】千慮《せんりょ》の一失《いっしつ》

三《さん》顧《こ》の礼

・故事成語のお話・

三国《さんごく》時代、蜀《しょく》の王・劉備《りゅうび》は、王となる前に、よい軍師《ぐんし》❶を探《さが》していました。

ある人から、諸葛亮《しょかつりょう》（孔明《こうめい》）のうわさを聞いた劉備《りゅうび》は、会ってみたいと思い、孔明《こうめい》の家をたずねました。しかし、一度目は留守《るす》、二度目も弟はいたものの孔明《こうめい》には会えませんでした。三度たずねて、ようやく会うことができました。

孔明《こうめい》はまだ無名《むめい》の若者《わかもの》でした。その若者《わかもの》に対して、すでに天下に名をあげていた劉備《りゅうび》が礼をつくして、頭を低《ひく》くして軍師《ぐんし》となることを願《ねが》ったのです。

劉備《りゅうび》のふるまいに感激《かんげき》した孔明《こうめい》は、軍師《ぐんし》となることを承《しょう》知《ち》し、のちのちまで蜀《しょく》のために力をつくしました。

孔明《こうめい》はのちに、

「先の王（劉備《りゅうび》）は、私《わたし》のような身分の低《ひく》い者に、礼儀《れいぎ》をつくされ、三度までも草ぶきのあばらやにたずねてくださり、天下のことをいろいろとご相談なさいました。」

と語っています。

出典『前出師表《ぜんすいしのひょう》』

諸葛亮《しょかつりょう》に会うために、粗末《そまつ》な家に何度も足を運んだものだなあ。
あの劉備《りゅうび》さまが三回もたずねてきてくださるなんて!!

❶軍師《ぐんし》……戦《たたか》いのときに戦略《せんりゃく》や戦術《せんじゅつ》を指導《しどう》する人。

意味 地位《ちい》のある人が礼儀《れいぎ》をつくし、ものごとをたのむ。また、目上の人から特別《とくべつ》の信用《しんよう》やあつかいを受ける。

解説 この場合の「三」は、単《たん》に三回ということではなく、何度もという意味。「顧《こ》」はたずねること。何度も訪問《ほうもん》して、真心をこめてその人を求《もと》めるということ。

使い方 新しい野球部の監督《かんとく》は、校長先生が**三顧《さんこ》の礼**でよんできたらしい。

三十六計にぐるにしかず

↓13ページ

・故事成語のお話・

南北朝《なんぼくちょう》時代、南朝《なんちょう》の王敬則《おうけいそく》が王に対して反乱《はんらん》を起こしました。王たちがようすを見ると、すでに近くで火の手があがっています。「これは王《おう》敬則《けいそく》がすぐそばにせまっている。」と大あわてでにげようとしました。

そのうわさを聞いた王敬則《おうけいそく》は、「かつての名将《めいしょう》・檀将軍《たんしょうぐん》の戦略《せんりゃく》は三十六もあったが、そのなかでもにげるのが最上《さいじょう》の策《さく》だったそうだ。王たちもさっさとにげればいい。」と、あざけって言いました。

出典『南斉書《なんせいしょ》』

意味 考えてもどうにもならないなら、にげるのがいちばんだ。

解説 「三十六計」は「三十六策《さく》」と同じ意味で、戦《たたか》いのための三十六の計画・策略《さくりゃく》。さまざまな計画を立てるより、にげて命を救《すく》うのが最上《さいじょう》の策《さく》だということ。また、めんどうなことをさける、という意味で使うこともある。

使い方 心配しなくてだいじょうぶ。失敗《しっぱい》したら、**三十六計にぐるにしかず**で相手の悪口のとどかないところへ行こう。

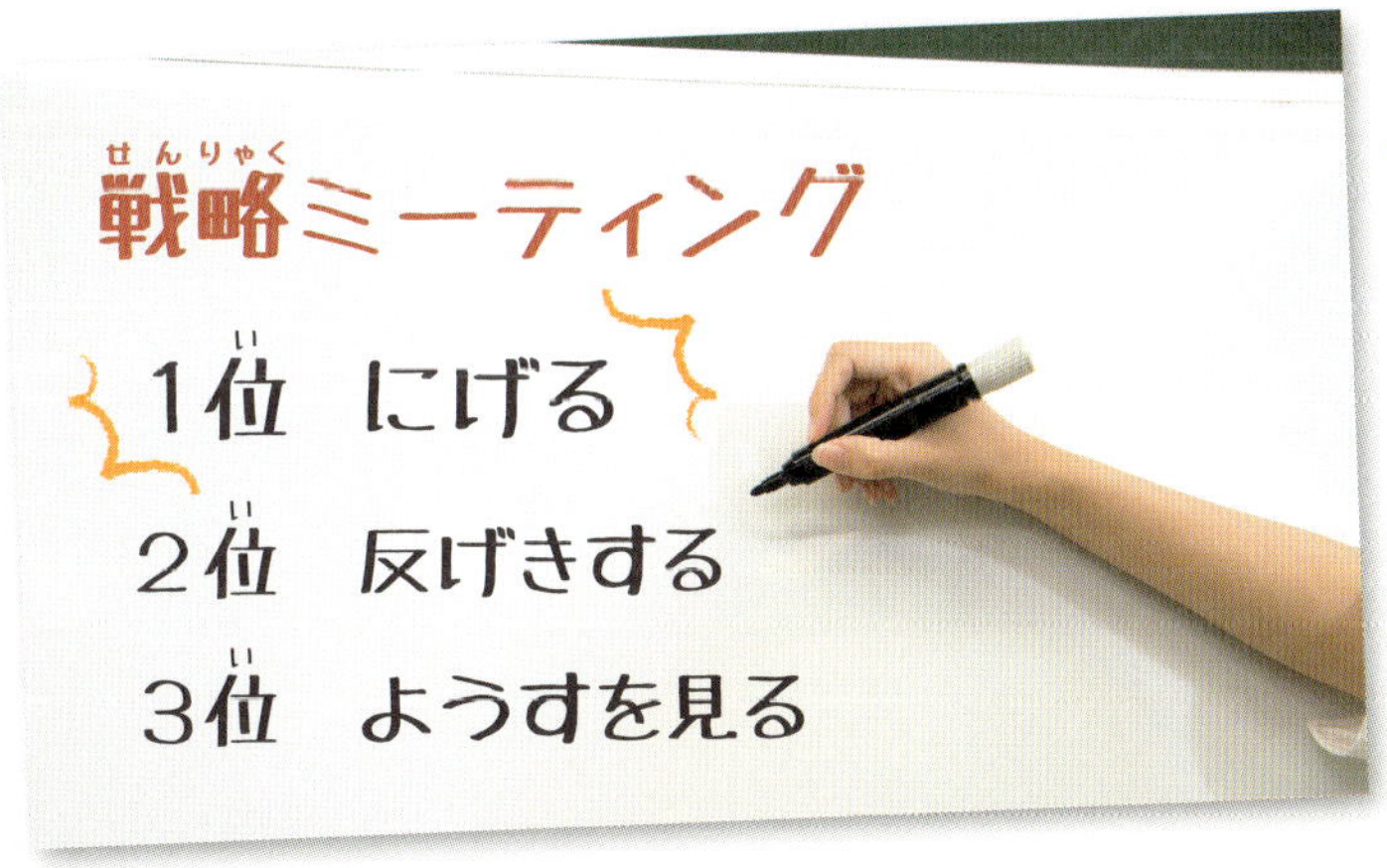
戦略《せんりゃく》ミーティング
1位《い》　にげる
2位《い》　反げきする
3位《い》　ようすを見る

にげるに決まり！

三年飛《と》ばず鳴かず

・故事成語のお話・

春秋《しゅんじゅう》時代、楚《そ》の王が、即位《そくい》してから三年のあいだ何もしないでいることを心配した部下の伍挙《ごきょ》が、王に言いました。「三年間飛《と》びも鳴きもしない鳥がいます。何という鳥でしょう。」

王は「鳥がとまったままなのは、準備《じゅんび》をしているからだ。ひとたび飛《と》べば天までのぼり、鳴けば人をおどろかすだろう。」と答えました。その後、王は国のことに専念《せんねん》し、やがて楚《そ》の国は大国をもおびやかすようになりました。

出典『史記《しき》』

意味 将来《しょうらい》の機会《きかい》をじっと待つこと。また、長いあいだ何もしない。

解説 三年間、飛《と》ぶことも鳴くこともしない鳥にたとえて、王をいさめたという話から出た言葉。何もしないでいるのは、いずれよい機会《きかい》にめぐりあうのを待っているからだという王の答えから、将来《しょうらい》の機会《きかい》を待つたとえに使う。

使い方 この選手《せんしゅ》は、**三年飛《と》ばず鳴かず**だったが、所属《しょぞく》チームを変《か》えたことで活やくが期待されている。

じーー
チャンスを待っトリます。

し

四《し》面《めん》楚《そ》歌《か》

12ページ

故事成語のお話

秦《しん》がほろびたあと、楚《そ》の国の王の項羽《こうう》と漢《かん》の国の王の劉邦《りゅうほう》が天下を争《あらそ》い、長い戦《いくさ》が続《つづ》きました。

やがて、項羽《こうう》の軍《ぐん》はしだいに追いつめられ、垓下《がいか》というまちに立てこもりました。兵力《へいりょく》は減《へ》り、食料《しょくりょう》も少なくなっていきましたが、項羽《こうう》の軍《ぐん》はまだ戦《いくさ》をあきらめていませんでした。

ところがある夜、まちをかこんでいた劉邦《りゅうほう》の軍《ぐん》の兵士《へいし》たちが、四方で楚《そ》の歌を歌いだしました。これを聞いた項羽《こうう》は、おどろいて言いました。

「劉邦《りゅうほう》はすでに私《わたし》のふるさとである楚《そ》の地を手に入れてしまったのか。漢軍《かんぐん》のなかに、楚《そ》の人間がなんと多くいることか。」

故郷《こきょう》がすでに漢軍《かんぐん》の支配下《しはいか》にあると思った項羽《こうう》たちは、すっかり気力を失《うしな》い、❶垓下《がいか》の戦《たたか》いに負けてしまいました。

出典『史記《しき》』

❶垓下《がいか》の戦《たたか》い……劉邦《りゅうほう》が項羽《こうう》の軍《ぐん》を垓下《がいか》という場所に追いつめ、包囲《ほうい》した戦《たたか》い。

漢《かん》の軍《ぐん》
楚《そ》の軍《ぐん》
故郷《こきょう》はすでに敵《てき》の手にわたったか……。

意味 まわりをすべて敵《てき》にかこまれている。周囲《しゅうい》が反対者ばかりで、味方がいない。

解説 「楚歌《そか》」は楚《そ》の国の歌の意味。四方から楚《そ》の歌が聞こえ、まわりがすべて敵《てき》であると思いこんだというお話から、味方がだれもいなくて、自分がひとりきりでいることをたとえていう。

使い方 学級会で意見を言ったら、だれも賛成《さんせい》してくれず、まるで**四面楚歌《しめんそか》**の状態《じょうたい》だった。

チャレンジ 漢文を音読してみよう

四面楚歌《しめんそか》の状態《じょうたい》になった項羽《こうう》は、いつも大切にして側《そば》においていた女性《じょせい》・虞美人《ぐびじん》や部下に別《わか》れの歌をよんだあと、包囲網《ほういもう》を突破《とっぱ》して垓下《がいか》からのがれました。

力《ちから》は山《やま》をぬき、
気《き》は世《よ》を蓋《おお》ふ
時《とき》 利《り》有《あ》らず
騅《すい》 逝《ゆ》かず
騅《すい》 逝《ゆ》かざるは奈何《いかん》すべき
虞《ぐ》や虞《ぐ》や
若《なんじ》を奈何《いかん》せん

現代語訳

わが力は山をも動かし、
心意気は天下をおおいつくしてしまう。
しかし世の流れは私《わたし》に不利《ふり》となり、
愛馬《あいば》の騅《すい》は前に進もうとしてくれない。
騅《すい》が進んでくれなくなって私《わたし》がどうすればよいのだ。
愛する虞《ぐ》よ、虞《ぐ》よ、
そなたにどうしてあげたらよいのだろう。

項羽《こうう》がよんだ別《わか》れの歌には、彼《かれ》のほこり高さと失意《しつい》の悲しみがあらわれているよ。

豕突《しとつ》

↓9ページ

・故事成語のお話・

戦《たたか》いがくり返されていた後漢《ごかん》の終わりごろ、都の長官《ちょうかん》をしていた劉陶《りゅうとう》は、あちらこちらに軍隊《ぐんたい》を派遣《はけん》しようとする皇帝《こうてい》に「反乱《はんらん》が起きている土地に軍隊《ぐんたい》を向けると、そのすきにイノシシがまっすぐにつき進んでくるように、別《べつ》の反乱軍《はんらんぐん》が都を攻撃《こうげき》しますよ。」と忠告《ちゅうこく》しました。 **出典** 『後漢書《ごかんじょ》』

意味 向こう見ずにまっしぐらにつき進むこと。

解説 「豕《いのこ》」は「猪《いのしし》」と同じ意味。何も恐《おそ》れずまっすぐにつき進む動物とされていた。

使い方 **豕突《しとつ》**だと言われようが、目標達成《もくひょうたっせい》につき進んだ。

【似た意味の故事成語】猪突猛進《ちょとつもうしん》

柔《じゅう》よく剛《ごう》を制《せい》す

・故事成語のお話・

老子《ろうし》が言いました。

「世の中でもっともやわらかく弱いものは水である。しかし、かたくて強いものを攻《せ》めるのに、水よりもすぐれたものを私《わたし》は知らない。水にかわるものなどありはしない。弱いものが強いものに勝ち、やわらかいものがかたいものに勝つ、ということはみな知っているが、それを実行できる人はいない。」

出典『老子《ろうし》』

水の力は
ときには、
かたい電柱も
なぎたおす!

意味 しなやかでやわらかいもののほうが、かえって力だけでくるものを制《せい》することができる。

解説 「柔《じゅう》」は柔軟《じゅうなん》でやわらか、「剛《ごう》」はかたくて強いこと。弱いものが強いものに勝つたとえにも使われる。

使い方 先生はどんなに乱《らん》暴《ぼう》なことを言われても、いつもおだやかで、いつのまにか相手を説得《せっとく》してしまう。まさに、**柔《じゅう》よく剛《ごう》を制《せい》す**だ。

【似た意味の故事成語】木強ければ折《お》る

雌《し》雄《ゆう》を決する

・故事成語のお話・

楚《そ》の国の王である項羽《こうう》が、漢《かん》の王である劉邦《りゅうほう》に言いました。

「何年も戦《たたか》いが続《つづ》いているのは、私《わたし》たちふたりのせいだ。勝《しょう》敗《はい》をはっきりさせるために私《わたし》は、あなたに戦《たたか》いをいどむ。」

しかし、劉邦《りゅうほう》はこの申し出を受けませんでした。

出典『史記《しき》』

意味 勝ち負けを決める。決《けっ》戦《せん》する。

解説 「雌《めす》」はメス、「雄《おす》」はオス。一般《いっぱん》に動物のオスとメスは、同じ種類《しゅるい》でありながら別《べつ》のものであり、オスが強く、メスが弱い。どちらがオスかメスかを決めるということから、戦《たたか》いのけじめをつける意味にたとえていう。

使い方 両チーム、**雌《し》雄《ゆう》を決する**最後《さいご》の一戦《いっせん》です。

項羽《こうう》
今こそ決着をつけるぞ。
うう……、あまり気がすすまないな……。
劉邦《りゅうほう》

酒《しゅ》池《ち》肉《にく》林《りん》

・故事成語のお話・

殷《いん》の紂王《ちゅうおう》は、頭もよく、力も強く、またたいへんな美男でしたが、そのため、しだいにわがままとなり、ぜいたくなふるまいをするようになりました。酒で池をいっぱいにし、肉を木にかけて林のようにし、そのなかではだかの男女に鬼《おに》ごっこをさせるなど、勝手きままな遊びにふけったということです。

出典『史記《しき》』

意味 非常《ひじょう》にぜいたくな遊び。ぜいたくな酒宴《しゅえん》。

解説 酒は池のように、肉は林のようにあるという意味で、このうえなくぜいたくな遊びをたとえていう。酒や料理《りょうり》がたくさんある宴会《えんかい》をさしていうこともある。

使い方 試合《しあい》に勝ったあとの保護者《ほごしゃ》の打ち上げは、たいへん豪華《ごうか》で、まるで**酒池肉林《しゅちにくりん》**のようでした。

守株《しゅしゅ》

8ページ（株《かぶ》を守りて兎《うさぎ》を待つ）

・故事成語のお話・

昔、宋《そう》の国に❶農夫《のうふ》がいました。ある日、農夫《のうふ》が畑をたがやしていたところへ、一ぴきのウサギが走ってきて、畑のなかの切りかぶに頭をぶつけて死んでしまいました。

何もせずにウサギをつかまえることができた農夫《のうふ》は、「これは畑をたがやすよりも、ウサギを待つほうがずっといい。」と考え、道具をすて、畑をたがやすのをやめて、ウサギを待つことにしました。

毎日、切りかぶの番をして、ウサギを待っていましたが、二度とウサギを手に入れることはできませんでした。

大切な仕事をやめて、ぐうぜんの幸運を待《ま》ち続《つづ》けた農夫《のうふ》は、やがて国中の笑《わら》い者《もの》になったということです。

出典『韓非子《かんびし》』

❶農夫《のうふ》……農業の仕事をしている男の人。

意味 古い習慣《しゅうかん》や方法《ほうほう》にこだわって、時代の変化《へんか》に対応《たいおう》できない。ゆうずうがきかない。

解説 「株《しゅ》」は木の切りかぶ。切りかぶにつまずくものを待《ま》ち続《つづ》けるという話から、いつまでも昔の習慣《しゅうかん》を守り進歩がないこと、していることを変《か》えられないことをいう。「株《かぶ》を守りて兎《うさぎ》を待つ」ともいう。なお、北原白秋《きたはらはくしゅう》作詞《さくし》・山田耕筰《やまだこうさく》作曲の「待ちぼうけ」という童謡《どうよう》は、中国の東北部に伝《つた》わる同じような伝説《でんせつ》を歌にしたものといわれる。

使い方 父さんは自分が昔やっていた練習方法《ほうほう》にこだわるが、それは**守株《しゅしゅ》**というものだ。

むむっ
あっちに
ごちそうが
あるぞ。
ピク
ピク

食《しょく》指《し》が動く

故事成語のお話

春秋《しゅんじゅう》時代、公子宋《こうしそう》と公子家《こうしか》という人が、鄭《てい》の王に会おうと出かけたとき、子宋《しそう》の人差《ひとさ》し指《ゆび》がぴくぴくと動きました。子宋《しそう》はそれを見せて、言いました。

「これまで、指がこんなふうに動くと、必《かなら》ずごちそうにありついたものだ。」

王宮に行くと、ちょうど料理人《りょうりにん》がごちそうの用意をしていたので、ふたりは思わず笑《わら》いだしました。

出典 『春秋左氏伝《しゅんじゅうさしでん》』

意味 食欲《しょくよく》がわく。興味《きょうみ》や関心《かんしん》がわく。

解説 「食指《しょくし》」とは人差《ひとさ》し指《ゆび》のこと。ごちそうを前にすると人《ひと》差《さ》し指《ゆび》が動く、という人の話から出た言葉。ものごとを求《もと》める気持ちが起こることにも使う。

使い方 先輩《せんぱい》の話が楽しそうで、その部活動に思わず**食《しょく》指《し》が動いた。**

助《じょ》長《ちょう》

故事成語のお話

宋《そう》の国に、自分の畑の苗《なえ》がのびないことを心配している人がいました。あまりにも気にしすぎたために、畑のすべての苗《なえ》がのびるのを手助けしようとして、苗《なえ》の幹《くき》をひとつひとつ引っぱりあげました。その人は家に帰って言いました。

「ああ、今日はつかれた。おれは畑中の苗《なえ》の成長《せいちょう》を

なかなか
のびないなぁ。よし、
引っぱってみよう。
やめてー!!

し

手伝《つだ》って引っぱってやったからな。」

これを聞いて息子が畑に走っていってみると、苗《なえ》はもうしおれてかれてしまっていました。

世の中にはこれと同じように、苗《なえ》を助けるつもりで無理《むり》やり引っぱってからせてしまう人がなんと多いことだろう。

出典『孟子《もうし》』

意味 助けようとして力を加《くわ》え、逆《ぎゃく》にだめにしてしまうこと。

解説 成長《せいちょう》を助けること、という意味でまちがって使う人が多い故事《こじ》成語《せいご》。正しくは、目先の結果《けっか》や成果《せいか》ばかりを気にして全部をだめにしてしまうことをいう。

使い方 まちがっている人をほめるのは、その人を助長《じょちょう》していることになるよ。

チャレンジ 漢文を音読してみよう

宋人《そうひと》に其《そ》の苗《なえ》の長《ちょう》ぜざるを閔《うれ》へ《え》て之《これ》を揠《ひ》く者《もの》あり。

茫茫然《ぼうぼうぜん》として帰《かえ》り、その人《ひと》に謂《い》ひて曰《いわ》はく、

「今日《こんにち》はつかれたり。予《よ》、苗《なえ》を助《たす》けて長《ちょう》ぜしむ」と。

その子、趨《はし》りて往《い》きて之《これ》を視《み》れば、苗《なえ》は則《すなわ》ち槁《か》れたり。

天下《てんか》の苗《なえ》を助《たす》けて長《ちょう》ぜしめざる者《もの》、寡《すくな》し。

現代語訳

宋《そう》の国に、畑の苗《なえ》がのびないことを心配して苗《なえ》の幹《くき》を引っぱりあげた者がいた。

いそがしく働《はたら》いてつかれきり、家に帰って家族に言った。

「今日はつかれた。苗《なえ》の成長《せいちょう》を手伝《てつだ》ってのばしてやったからな。」

息子が畑に走っていってみると、苗《なえ》はかれてしまっていた。

世の中の人で、苗《なえ》を助けるつもりで無理《むり》やり引っぱってからせてしまわずにいられる人のなんと少ないことよ。

人口に膾炙《かいしゃ》する

故事成語のお話

唐《とう》の詩人・林嵩《りんすう》の詩集の序文《じょぶん》に、次のようなことが書かれています。

「どの詩も、どの歌も、まるでなますやあぶり肉のように、口あたりがよく、人びとに好《この》まれ、もてはやされている。」

出典 『周朴詩集序《しゅうぼくししゅうじょ》』

意味 世の中に広く知れわたる。多くの人びとにほめたたえられる。

解説 「人口」は人の口、また人の言葉やうわさ。「膾《かい》」は生肉を細く切ったもの、「炙《しゃ》」はあぶった肉のことで、どちらも人がおいしいと思い、好《この》むもの。そこから、多くの人たちがよいと思うもの、ほめるものをたとえていう。

使い方 あの小説《しょうせつ》は、明治《めいじ》時代の代表作として、よく**人口に膾炙《かいしゃ》して**いる。

ジュー
肉を火で
あぶって
食べると
おいしいね。

心《しん》頭《とう》滅《めっ》却《きゃく》すれば火もまた涼《すず》し

故事成語のお話

唐《とう》の時代の末期《まっき》に、詩人の杜荀鶴《とじゅんかく》が次のような意味の詩をつくりま

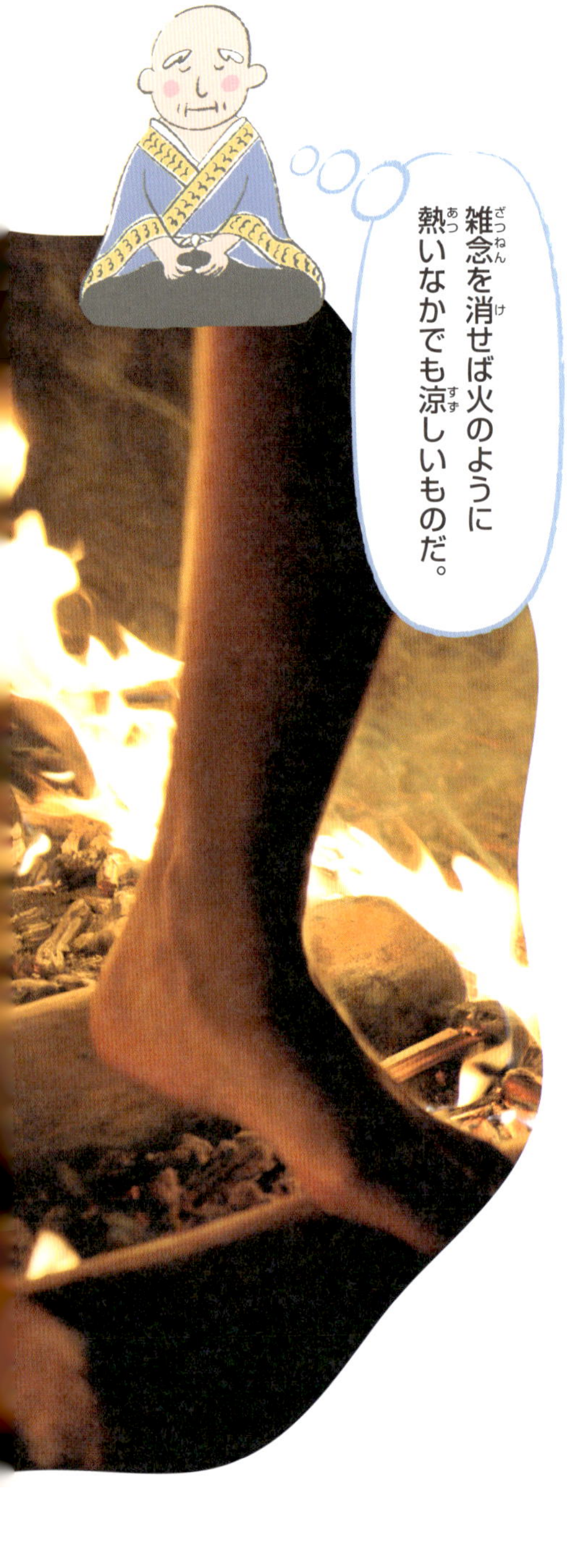
雑念《ざつねん》を消《け》せば火のように
熱《あつ》いなかでも涼《すず》しいものだ。

した。

「夏のもっとも暑いころには、門を閉《し》め、僧衣《そうい》を身にまとう。

ここには建物《たてもの》を日かげにしてくれる松《まつ》や竹もない。

しかし、やすらかに座禅《ざぜん》をおこなうのに、静《しず》かで涼《すず》しい山水が必《かなら》ずしも必要《ひつよう》というわけではない。

心から雑念《ざつねん》を消してしまえば、火のように熱《あつ》いなかでも、涼《すず》しさを感じていられるのだ。」

出典 杜荀鶴《とじゅんかく》の詩より

これは修行《しゅぎょう》でおこなっているものだから、絶対《ぜったい》にまねしないでね！

し

意味 どのようにつらく苦しいことであっても、心のもちかたしだいで苦しさを感じないでいられる。

解説 「心頭《しんとう》」は、心のうちの意味で、心に生まれる雑念《ざつねん》のこと。その雑念《ざつねん》を消してしまえば、熱《あつ》い火のなかでも涼《すず》しく感じられるということ。

使い方 不満《ふまん》ばかり言わずに集中しましょう。**心頭滅却《しんとうめっきゃく》すれば火もまた涼《すず》し**です。

チャレンジ 漢文を音読してみよう

三伏《さんぷく》に閉門《へいもん》し一衲《いちどう》を披《はお》る
兼《か》ねて松竹《しょうちく》の房廊《ほうろう》をおおふ無《うな》し
安禅《あんぜん》は必《かなら》ずしも山水《さんすい》を須《もちい》ひず
心中《しんちゅう》を滅得《めっとく》すれば火自《ひおの》ずから涼《すず》し

現代語訳
悟空上人《ごくうしょうにん》は夏の暑い盛《さか》りに門を閉《と》ざして僧衣《そうい》を身にまとわれていらっしゃる。
僧院《そういん》は松《まつ》の木や竹におおわれて日かげになっているわけではない。
禅《ぜん》の修行《しゅぎょう》は山のなか、川のほとりでするものとはかぎらない。
心のなかを空《から》にすれば火さえもむしろ涼《すず》しく感じるものなのだ。

トントン
たたいて
開けるか……。
おして
開けるか……。

推敲《すいこう》

「敲《たた》く」に一票《いっぴょう》！

韓愈《かんゆ》
敲

故事成語のお話

唐《とう》の時代、賈島《かとう》というお坊《ぼう》さんが、役人になるため、❶科挙《かきょ》という試験《しけん》を受けに都にやってきました。ロバに乗って進みながら、詩をつくっていました。詩の一節《いっせつ》として、

「僧《そう》は推《お》す月下の門」

という句《く》をつくりましたが、どうもしっくりきません。これは「推《お》す」より「敲《たた》く」としたほうがいいのかもしれないと、手をのばして門をおす動作やたたく動作をしてみましたが、なかなか決めることができません。

詩に気をとられていた賈島《かとう》は、うっかり知事の韓愈《かんゆ》の行列にぶつかってしまいました。

賈島《かとう》が事情《じじょう》を話すと、当時の大作家でもあった韓愈《かんゆ》は、

「それは敲《たた》くのほうがよい。」

と言いました。すっかり気のあったふたりは、馬をならべて、長いあいだ詩の話を続《つづ》けました。

この出会いをきっかけに、賈島《かとう》は韓愈《かんゆ》の弟子となり、のちにお坊《ぼう》さんをやめて詩人になったということです。

出典『唐詩紀事《とうしきじ》』

❶科挙《かきょ》……昔の中国でおこなわれていた役人の採用試験《さいようしけん》。 ↓24ページ

意味 文章や詩をよいものにするために、何度も考え、直していく。

解説 「推《すい》」はおす、「敲《こう》」はたたくという意味。詩に使う文字を「推《すい》」にするか、「敲《こう》」にするか迷《まよ》ったという話から出た言葉。単《たん》にまちがいを直すのではなく、よい表現《ひょうげん》やふさわしい語句《ごく》を探《さが》し、文章を立派《りっぱ》なものにしあげていくことをいう。

使い方 みなさんの書いている作文は卒業《そつぎょう》文集にのせるので、しっかり**推敲**《すいこう》してください。

チャレンジ 漢文を音読してみよう

賈島挙《かとうきょ》に赴《おもむ》きて京《けい》に至《いた》り、
驢《ろ》に騎《の》りて詩《し》を賦《ふ》し、
僧《そう》は推《お》す月下《げっか》の門《もん》の
句《く》を得《え》たり。
推《すい》を改《あらた》めて敲《こう》と作《な》さんと欲《ほ》す。
手《て》を引《ひ》きて推敲《すいこう》の勢《せい》を作《な》すも、
未《いま》だ決《けっ》せず。
覚《おぼ》えず、
大尹韓愈《たいいんかんゆ》に衝《あ》たる。
乃《すなわ》ち具《つぶさ》に言《い》ふ《う》。
愈曰《ゆいわ》はく、「敲《こう》の字《じ》佳《よ》し」と。
遂《つい》に轡《くつわ》を並《なら》べて詩《し》を論《ろん》ず。

現代語訳

賈島《かとう》が役人になるための試験《しけん》を受けに都へやってきて、
ロバに乗りながら詩をつくっていると、
「お坊《ぼう》さんが静《しず》かにおしている月に照《て》らされた山寺の門」という
句《く》が頭にうかんだ。
しかし「推《お》す」よりも「敲《たた》く」のほうがふさわしいのではないかと思った。
そこで手をのばして「推《お》す」しぐさや「敲《たた》く」しぐさを試《ため》してみたが
決められずになやんでいた。
そうこうするうちに、
ふと気づくと都の長官《ちょうかん》である韓愈《かんゆ》の行列にぶつかっていた。
そこでことの次第をくわしく申しあげ、お詫《わ》びした。
韓愈《かんゆ》は「敲《たた》く、の字の方がよい。」と言った。
ふたりはそのまま手綱《たづな》をならべて進みながら詩について語り合った。

水魚の交わり

・故事成語のお話・

三国《さんごく》時代、蜀《しょく》の王・劉備《りゅうび》は、軍師《ぐんし》にむかえた諸葛亮《しょかつりょう》（孔明《こうめい》）と、たいへん親しくつきあっていました。劉備《りゅうび》と義《ぎ》きょうだいの杯《さかずき》を交わした関羽《かんう》と張飛《ちょうひ》は、これがおもしろくありません。劉備《りゅうび》は、ふたりに説明《せつめい》して、

「私《わたし》にとって孔明《こうめい》は、魚にとっての水と同じで、なくてはならないものだ。どうか、そこをわかってくれ。」

と話しました。

出典 『三国志《さんごくし》』

意味 友人や夫婦《ふうふ》、主従関係《しゅじゅうかんけい》などで、離《はな》れることができないほど親密《しんみつ》である。

解説 水と魚のような関係《かんけい》である、という意味。魚は水がなければ生きていけないことから、離《はな》れることができないほどの親しい交際《こうさい》をたとえていう。「魚《うお》の水を得《え》たるがごとし」ともいう。

使い方 あのふたりは、本当に仲《なか》がいいね。ああいうつきあいを、**水魚の交わり**というんだろうね。

【似た意味の故事成語】 管鮑《かんぽう》の交わり

⬇45ページ

過《す》ぎたるはなお及《およ》ばざるがごとし

故事成語のお話

孔子《こうし》の弟子の子貢《しこう》が、後輩《こうはい》について孔子《こうし》に聞きました。

「子張《しちょう》と子夏《しか》ではどちらが優《ゆう》秀《しゅう》ですか。」

孔子《こうし》は答えました。

「子張《しちょう》はやりすぎるし、子夏《しか》はもの足りない。」

そこで子貢《しこう》が

「それならば子張《しちょう》のほうが優《ゆう》秀《しゅう》なのですか。」

とたずねると、孔子《こうし》は

「やりすぎることは足りないことと同じようなもので、適《てき》切《せつ》であることがいちばん大切なのだよ。」

とさとしました。

出典『論語《ろんご》』

意味 人の行動や言葉は、適切《てきせつ》でちょうどよいことが大切である。

解説 孔子《こうし》の思想にもとづく儒教《じゅきょう》の教えでは、ちょうどよい加減《かげん》であることを「中庸《ちゅうよう》」という。

使い方 あとでおなかが空くといけないからって、そんなにたくさんごはんを食べるのは**過《す》ぎたるはなお及《およ》ばざるがごとし**だよ。

ごはんも食べすぎず、ちょうどよい量《りょう》を食べるのが健康《けんこう》にいいよ。

杜撰《ずさん》

いいかげんだなあ。

故事成語のお話

宋《そう》時代の詩人・杜黙《ともく》という人の詩は、定型詩《ていけいし》をつくるための規《き》則《そく》にあっていないものが、たくさんありました。

そのため、ものごとが規則《きそく》にあわないことを、「杜黙《ともく》のつくったもの」「杜黙《ともく》の編集《へんしゅう》したもの」というようになったということです。

出典『野客叢書《やかくそうしょ》』

意味 いいかげんで、ずさんである。また、詩や文章、本などに誤《あやま》りが多い。

解説 「杜《ず》」は、宋《そう》時代の詩人・杜黙《ともく》のことをさす。また、「撰《さん》」は、詩や文章をつくること。「杜撰《ずさん》」で、杜黙《ともく》のつくったものという意味。なお、「杜《ず》」は「仮《かり》」の意味をあらわすとする説《せつ》もある。

使い方 なんて**杜撰《ずさん》**な計画だろう。

せ

ゴロゴロ

青天の霹靂《へきれき》

⬇20ページ

故事成語のお話

南宋《なんそう》の陸游《りくゆう》が病気でふせていた秋のある日、とつぜん起きあがって次のような詩をつくりました。「とつぜん起きあがり、酔《よ》いにまかせて筆を走らせ詩をつくった。そのときの筆の走る勢《いきお》いは、まるですがたをかくしていた竜《りゅう》が、青空にかみなりをとどろかせ飛《と》びあがるようだった。」

出典 陸游《りくゆう》の詩より

意味 急に起こった大事件《だいじけん》、予期しないできごと。

解説 「青天」は晴れた青空、「霹靂《へきれき》」はかみなりの音が急にとどろくこと。晴れた空にとつぜんかみなりの音がひびくということから、とつぜんの大事《だいじ》件《けん》やできごとにたとえていう。もとの意味は、筆の勢《いきお》いがよいことのたとえ。

使い方 変《か》わったこともない毎日のなかで、それは**青天の霹靂《へきれき》**のような大ニュースだった。

切磋琢磨《せっさたくま》

⬇19ページ

故事成語のお話

衛《えい》の王をたたえた古い詩に、次のような句《く》があります。「淇水《きすい》のほとりの美しい竹のように、あざやかで美しい王よ。ほねや玉《ぎょく》を切り、かたちをととのえ、みがきあげるように、あなたは、おごそかであり、寛大《かんだい》であり、かがやくばかりに立派《りっぱ》である。」

出典 『詩経《しきょう》』

石をけずるとつやが出てきてピカピカになるよ。

意味 学問などにはげんで、自分をみがく。また、友人どうしではげましあい、競《きそ》いあって、ともに向上する。

解説 「切《せつ》」はほねや象牙《ぞうげ》を切る、「磋《さ》」はやすりでみがく、「琢《たく》」は玉《ぎょく》（宝石《ほうせき》）のかたちを整える、「磨《ま》」は石でみがくこと。ほねや玉《ぎょく》の加工《かこう》の段階《だんかい》を、学問などを向上させていくことにたとえていった言葉。

使い方 友人と**切磋琢磨《せっさたくま》**しながら、レギュラーのポジションをめざした。

せ

切歯扼腕《せっしやくわん》

⬇14ページ

故事成語のお話

春秋《しゅんじゅう》時代、燕《えん》の荊軻《けいか》という人が、親友の頼《たの》みを聞いて秦《しん》の王を殺《ころ》す計画を立てました。王にうらみをもつ将軍《しょうぐん》に、「あなたの首を王にわたして、そのすきに王を殺《ころ》す計画だ。」と話したところ、将軍《しょうぐん》は、歯ぎしりしてうでをにぎり、「それこそ、私《わたし》が日ごろから望《のぞ》んでいることだ。」と言い、自分で自分の首をはねて死んで、首をささげました。

出典 『史記《しき》』

意味 たいへん残念《ざんねん》に思う。はげしく怒《おこ》る。

解説 「切歯」は歯ぎしりをすること、「扼腕《やくわん》」は左手で右うでをにぎりしめること。どちらも、はげしく興奮《こうふん》したり、怒《おこ》ったりするようすをあらわす。

使い方 **切歯扼腕《せっしやくわん》**してくやしがる。

ぎりぎり
ぎりぎり

千《せん》載《ざい》一《いち》遇《ぐう》

・故事成語のお話・

袁宏《えんこう》は、めぐりあいについて、次のように言っています。

「本当《ほんとう》によいめぐりあいというものは、めったにありません。孟子《もうし》などは才能《さいのう》がありながら、名君にはめぐりあえなかったといいます。ですから、千年に一度であっても、賢者《けんじゃ》と聖者《せいじゃ》がめぐりあうことはたいへん幸せな出会いです。」

出典 『三国名臣序賛《さんごくめいしんじょさん》』

意味 めったにめぐりあうことがない、よいチャンス。絶好《ぜっこう》の機会《きかい》。

解説 「千載《せんざい》」は千年、千年に一度めぐりあうという意味で、非常《ひじょう》にまれな出会いをいう。出典《しゅってん》の『三国名臣序賛《さんごくめいしんじょさん》』は、袁宏《えんこう》が三国《さんごく》時代の名《めい》臣《しん》二十人について書いたもの。

使い方 迷《まよ》うことはないさ、これこそ**千載一遇《せんざいいちぐう》**の大チャンスだ。

孟子《もうし》
あ～あ、今日も
いい出会いがなかった！

千秋楽

・故事成語のお話・

玄宗皇帝《げんそうこうてい》の誕生日《たんじょうび》、皇《こう》帝《てい》に会うことを許《ゆる》された詩人は、その光景《こうけい》を次のようにあらわしています。

「皇帝《こうてい》に千秋楽の音楽を献上《けんじょう》されるのを見た。その音楽は、つきることなく続《つづ》いている。」

出典 広宣《こうせん》の詩より

意味 ものごとの最後《さいご》。また、演《えん》劇《げき》や相撲《すもう》などの興行《こうぎょう》の最終日《さいしゅうび》。

解説 唐《とう》の最盛期《さいせいき》の皇帝《こうてい》・玄宗《げんそう》の誕《たん》生日《じょうび》を「千秋節《せんしゅうせつ》」といい、その日に演奏《えんそう》した楽曲の名前を「千秋楽」といった。昔、寺院で雅楽《ががく》を演奏《えんそう》するとき、最後《さいご》にこの曲を演奏《えんそう》する習慣《しゅうかん》があったことから、ものごとの最後《さいご》や最終日《さいしゅうび》をさしていうようになった。

使い方 ロングランを続《つづ》けたミュージカルも、ついに**千秋楽**の日をむかえた。

玄宗皇帝《げんそうこうてい》
誕生日（千秋節《せんしゅうせつ》）
プログラム
・開会の言葉
・●●●●●●
・●●●●●●
～
・千秋楽演奏《えんそう》
・閉会《へいかい》の言葉

バチ
ヒヒン

先《せん》鞭《べん》をつける

・故事成語のお話・

晋《しん》の時代、劉琨《りゅうこん》という人に、祖逖《そてき》という友人がいました。祖逖《そてき》が自分よりも先に役人にとりたてられたことを知り、「私《わたし》はいつも、祖逖《そてき》くんが私《わたし》より先に馬にむちをあて、戦場《せんじょう》で手がらを立てるのではないかと心配していました。」と言いました。

出典 『晋書《しんじょ》』

意味 ほかの人より先に、ものごとをはじめる。

解説 「鞭《べん》」は馬に使うむち。人より先に馬にむちをあてるということで、もとの意味は、先に戦場《せんじょう》に行くことをいう。人より先に進んで、てがらを立てようとする意味にも使う。「先鞭《せんべん》をつく」ともいう。

使い方 パーソナルコンピューターの**先鞭《せんべん》をつけた**のはアメリカだ。

前門の虎《とら》　後門の狼《おおかみ》

・故事成語のお話・

明《みん》の時代の学者・趙弼《ちょうひつ》の本に、次のような一文があります。

「昔からのことわざで、表門にトラが来たのをふせいでいると、裏《うら》門《もん》からオオカミがやってくるという。そのように、ひとつのわざわいをのがれたと思うと、また、次のわざわいに出くわす。」

出典『評史《ひょうし》』

意味 危険《きけん》なことが次つぎに起こる。ひとつの災難《さいなん》をのがれても、次の災難《さいなん》がせまってくる。

解説 「前門に虎《とら》をふせいで、後門に狼《おおかみ》を進む（前から来るトラをふせいでいるすきに、うしろからオオカミが来る）。」を省略《しょうりゃく》して使うようになった言葉。わざわいが連続《れんぞく》して、どうにもならないことをたとえていう。

使い方 レギュラー選手《せんしゅ》がけがをしたうえに、あの強豪校《きょうごうこう》との対戦《たいせん》があたるなんて、これでは、**前門の虎《とら》 後門の狼《おおかみ》**だ。

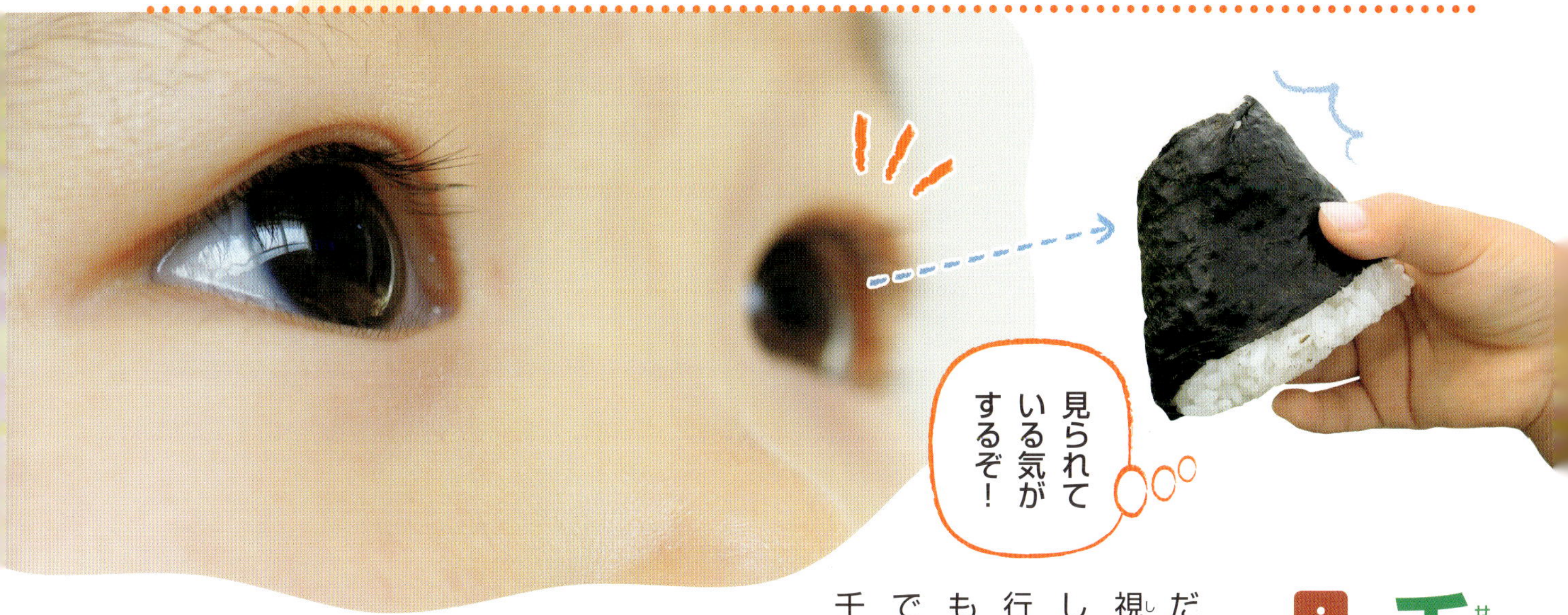

千《せん》里《り》眼《がん》

↓15ページ

・故事成語のお話・

南北朝《なんぼくちょう》時代、北魏《ほくぎ》の地方長官《ちょうかん》だった楊逸《よういつ》は、部下の不正《ふせい》を監《かん》視《し》するために広く情報《じょうほう》を集めました。そのため、部下は地方へ行くときは弁当《べんとう》を持ち、また、もてなしはけっして受けませんでした。部下たちは、「長官《ちょうかん》は千里の遠方もはっきり見通す。とてもごまかすことはできない。」と長官《ちょうかん》をおそれたということです。

出典『魏書《ぎしょ》』

意味 遠くにあって目に見えないことを知る能力《のうりょく》。先のことを予知する能力《のうりょく》。

解説 千里を見る目、という意味で、遠くのものごとを知る能《のう》力《りょく》をたとえていう。また、今では、ものを透視《とうし》する能力《のうりょく》のことも千里眼《せんりがん》とよぶ。

使い方 うちの母親には何もかくしておけない。まるで**千里眼《せんりがん》**だ。

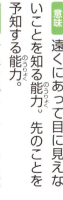

喪《そう》家《か》の狗《いぬ》

ぐったり……

・故事成語のお話・

ある人が孔子《こうし》の弟子の子貢《しこう》に言いました。

「東門の外に人がいたが、そのやせおとろえたようすは、まるで喪中《もちゅう》の家の飼《か》い犬《いぬ》のようだった。」

実はそのやせた人は孔子《こうし》本人で、弟子たちとはぐれて門のところに立っていたのでした。話を聞いた孔子《こうし》は、まさにそのとおりだと大笑《おおわら》いしました。

出典『孔子家語《こうしけご》』

意味 ひどくやせて元気がない人。

解説 「喪家《そうか》」は、死者を出した家のこと。葬式《そうしき》などであわただしいため、その家の犬が世話をされずにすっかりやせてしまったことから、やつれて元気のない人をたとえていう。

使い方 大きな仕事に失敗《しっぱい》した友人が、**喪《そう》家《か》の狗《いぬ》**のようで心配になった。

宋《そう》襄《じょう》の仁《じん》

17ページ

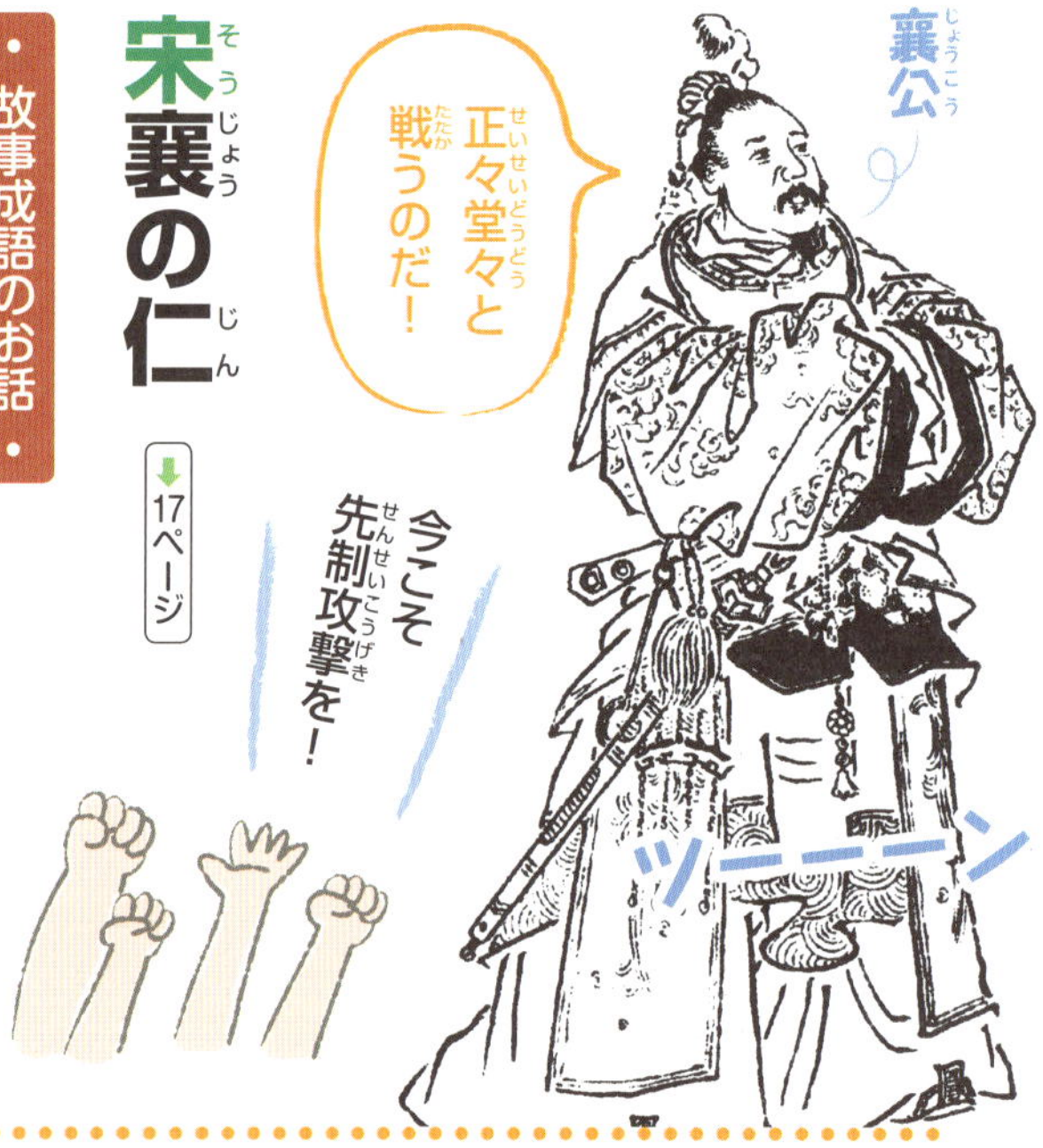
襄公《じょうこう》
正々堂々《せいせいどうどう》と戦《たたか》うのだ！
今こそ先制攻撃《せんせいこうげき》を！
ツーーーン

・故事成語のお話・

春秋《しゅんじゅう》時代、宋《そう》の襄公《じょうこう》は、諸侯《しょこう》の王になろうとして楚《そ》の国と戦《たたか》いました。公《こう》の子どもの目夷《もくい》は、敵《てき》の準備《じゅんび》が整わないうちに攻撃《こうげき》することをすすめました。襄公《じょうこう》は、「君子たるものは、他人の困難《こんなん》につけこむものではない。」と言って、敵《てき》の準備《じゅんび》がすむのを待ち、結局戦《けっきょくたたか》いに負けてしまいました。世の人たちはこれを笑《わら》い、「宋襄《そうじょう》の仁《じん》」と言いました。

出典『春秋左氏伝《しゅんじゅうさしでん》』

意味 無用《むよう》の情《なさ》け、むだな同情《どうじょう》。

解説 「宋襄《そうじょう》」とは、宋《そう》の襄公《じょうこう》のこと。「仁《じん》」は、思いやりの心。宋《そう》の襄公《じょうこう》の思いやりが、むだに終わったというお話から出た言葉。むだな思いやりを示《しめ》す人格者《じんかくしゃ》まがいの人へのからかいの言葉としても使う。

使い方 相手が年下だからといって手かげんをしていては、**宋襄《そうじょう》の仁《じん》**で負けてしまうよ。

双《そう》璧《へき》

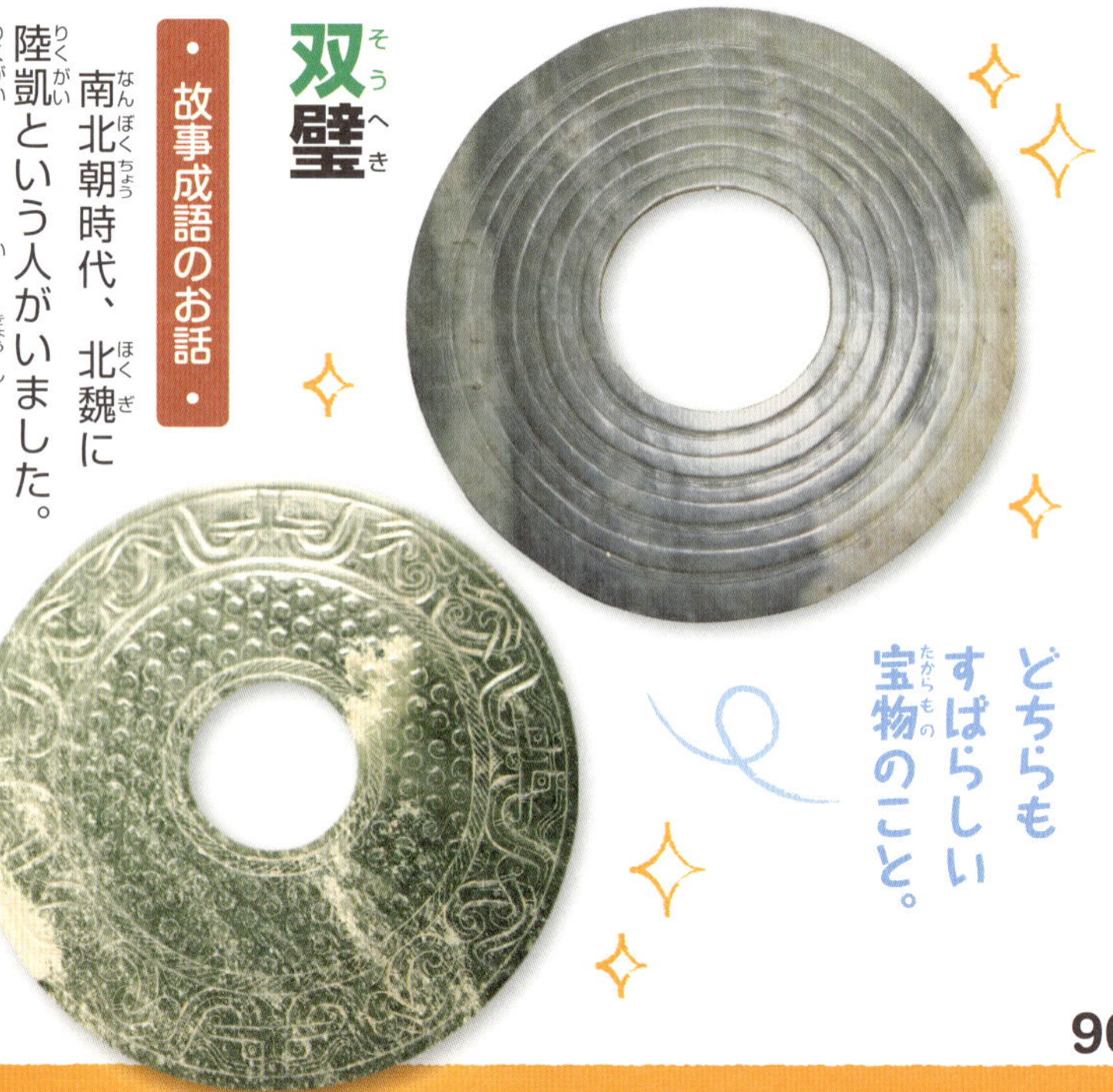
どちらもすばらしい宝物《たからもの》のこと。

・故事成語のお話・

南北朝《なんぼくちょう》時代、北魏《ほくぎ》に陸凱《りくがい》という人がいました。陸凱《りくがい》には、暐《い》と恭之《きょうし》というふたりの子どもがいて、どちらもたいへんな秀才《しゅうさい》として知られていました。洛陽《らくよう》の長官《ちょうかん》があるときこのきょうだいに会い、「私《わたし》は長生きをして、ふたつのりっぱな璧《へき》を見た。」と言いました。

出典『北史《ほくし》』

意味 どちらもすぐれていて、差《さ》がつけられないふたつのもの。ふたりの立派《りっぱ》な人物。

解説 「璧《へき》」は平たい玉《ぎょく》（宝石《ほうせき》）で、古代中国の宝物《たからもの》44ページ 完璧。「双璧《そうへき》」でふたつの璧《へき》をあらわし、優劣《ゆうれつ》がつけられないふたつのもの、あるいは人をたとえていう。

使い方 あのふたりは、日本サッカー界の**双璧《そうへき》**だ。

大器晩成《たいきばんせい》

・故事成語のお話・

本当に偉大《いだい》な人物は自分をよく見せようとしません。だから、内面のすばらしさに気づかれることなく、人生の後半になって、ようやく大人物としてみとめられるようになるのです。

同じように、この世でいちばん大きな音声は、人間の感覚《かんかく》でとらえきれないので、かえって聞きとることができません。この世でいちばん大きなものは、大きすぎて人間の目では全体のかたちをとらえることができません。

出典 『老子《ろうし》』

ゴオオオ
鐘《かね》のように大きなものをつくるのには、完成《かんせい》までに長い時間がかかるんだ。

意味 大人物は若《わか》いときは目立たないが、年をとってから大きな仕事を成《な》しとげる。

解説 「大器《たいき》」は、鐘《かね》や鼎《かなえ》（三本足のうつわ 39ページ）のような大きなものをつくるには時間がかかるという意味で、ここでは大人物のたとえ。「晩成《ばんせい》」は人生の後半になってできあがること。

使い方 あの画家は若《わか》いときはみとめられなかったけれど、年をとってから大きな賞《しょう》をとった。**大器晩成《たいきばんせい》**の人だ。

太公望《たいこうぼう》

・故事成語のお話・

周《しゅう》の文王《ぶんのう》は、天下をとることをめざしていました。あるとき占《うらな》いで「猟《りょう》をしているときに天下とりの補佐《ほさ》となる人物に会うだろう。」とお告《つ》げを受けました。その言葉どおり、渭水《いすい》の北岸で魚釣《さかなつ》りをしている呂尚《りょしょう》という人物に会いました。話してみると、その人物こそがお告《つ》げのあった人物だと確信《かくしん》しました。文王《ぶんのう》は喜《よろこ》んで言いました。

「太公《たいこう》とよばれていた私《わたし》の父が、『必《かなら》ずすぐれた人物が出て、周《しゅう》に来るにちがいない。その人物によって周《しゅう》は栄《さか》えるだろう。』と話していた。あなたはまさしくその人にちがいない。」

そこで文王《ぶんのう》は呂尚《りょしょう》のことを太公《たいこう》が望《のぞ》んでいた人〝太公望《たいこうぼう》〟とよび、自分の車に乗せて、連《つ》れて帰り、政治《せいじ》の師匠《ししょう》としました。

出典 『史記《しき》』

おいしそうな魚がつれたよ。

意味 魚釣《さかなつ》りをする人。

解説 呂尚《りょしょう》は文王《ぶんのう》とその子どもの武王《ぶおう》を助けて、周《しゅう》の国の繁栄《はんえい》を築《きず》いた人物。功績《こうせき》がたたえられて斉《せい》の国を与《あた》えられた。

使い方 毎週釣《つ》りに出かける父親はすっかり**太公望《たいこうぼう》**だ。

多《た》岐《き》亡《ぼう》羊《よう》

⬇9ページ

故事成語のお話

戦国《せんごく》時代の衛《えい》の国に楊朱《ようしゅ》という学者がいました。ある日、楊朱《ようしゅ》のとなりの家で羊がにげました。楊朱《ようしゅ》の家族や近所の人たちがさがしに行きましたが、分かれ道が多かったため、ついに見つけられずに帰ってきました。それを聞いた楊朱《ようしゅ》は学問も同じだとなげきました。

弟子の孟孫陽《もうそんよう》は、楊朱《ようしゅ》がなぜなやんでいるのかわからず、兄弟子の心都子《しんとし》にたずねました。

すると、心都子《しんとし》は言いました。

「大きな道には枝道《えだみち》が多いものです。だから羊がどこへ行ったのかわからなくなります。それと同じで学者の前にも多くの道があります。だから生き方を見失《みうしな》ってしまうことがあるのです。学問はもとは同じであっても、その方法《ほうほう》は細かく枝分《えだわ》かれしています。それぞれの道でことなることをあつかっているように見えます。でも本質《ほんしつ》にかえると、どんな方法《ほうほう》のちがいがあっても同じことで、やっていることに大きなちがいはありません。だからなやむのです。あなたは先生の弟子なのに、そのことが理解《りかい》できないのですか。」

出典『列子《れっし》』

意味　いろいろな方法《ほうほう》があるなかで、どれをとったらいいかわからずなやむこと。

解説　「岐《き》」は分かれ道のことで「亡羊《ぼうよう》」とは羊をなくすことをいう。「亡羊《ぼうよう》の嘆《たん》」「岐路亡羊《きろぼうよう》」ともいう。

使い方　将来《しょうらい》、自分は科学の世界に進みたいのだが分野が**多岐《たき》亡羊《ぼうよう》**としていて迷《まよ》うばかりだ。

他山の石

故事成語のお話

『詩経《しきょう》』という書物のなかに、こんな言葉が書いてあります。

「ほかの山から出た何のねうちのない石であっても、と石❶として使えば、自分の持っている玉《ぎょく》❷をみがく役に立つ。」

出典『詩経《しきょう》』

❶と石……金属《きんぞく》や岩石などをみがくために使う石。
❷玉《ぎょく》……宝石《ほうせき》のこと。

と石は、刃物《はもの》をといで切れ味をよくするための道具だよ。

意味 自分の向上に役立つ、他人の言葉や行動。

解説 他人の言葉や行動は、直接《ちょくせつ》自分に関係《かんけい》のないことでも、また、失敗《しっぱい》やよくない行動であっても、自分のおこないを反省《はんせい》したり正したりする役に立つということ。

使い方 テスト前に遊んでばかりいて成績《せいせき》の悪かったお姉ちゃんを**他山の石**として、私《わたし》はしっかり勉強しよう。

蛇《だ》足《そく》

→8ページ

故事成語のお話

時間があまったらおまけで足もかこう。

あるとき、楚《そ》の国の人が、部下たちに祝《いわ》いの酒をふるまいました。酒は大きな杯《さかずき》に入っており、全員で分けるには少なすぎましたが、ひとりで飲むには十分でした。

そこで、部下のひとりが、

「ヘビの絵をかく競争《きょうそう》をしよう。いちばん早くかけた者が、この酒をひとりで飲むことにしよう。」

と言い、それぞれ絵をかきはじめました。

最初《さいしょ》に絵をかきあげた人が、杯《さかずき》を手元に引《ひ》き寄《よ》せ、自分のかく早さをじまんしながら、

「ほら、私《わたし》はヘビに足をかく時間もあるぞ。」

とヘビの足をかき足していると、そのあいだに絵を完成《かんせい》させた人が、

「ヘビに足なんかあるものか。足があるなら、それはヘビじゃない。」

と言って、酒を飲んでしまいました。よぶんなヘビの足をかいた人は、結局《けっきょく》、酒を飲むことはできませんでした。

出典『戦国策《せんごくさく》』

意味 よぶんなもの、そのためにすべてを台なしにするもの。

解説 「蛇足《だそく》」はヘビの足の意味。ヘビには足がないことから、よけいなもの、無用《むよう》なものをたとえていう。また、ほかの人に助言などをするときの謙遜《けんそん》の言葉としても使う。

使い方 この話の最後《さいご》の文章は**蛇足《だそく》**だ。

ニョロ
ニョロ
ヘビに足はないのになあ……。

断《だん》腸《ちょう》の思い

16ページ

・故事成語のお話・

晋《しん》の国の桓公《かんこう》が蜀《しょく》に攻《せ》め入《い》ろうとしていたときのことです。船で長江《ちょうこう》をわたり、三峡《さんきょう》というところにさしかかったとき、家来のなかに子ザルをつかまえた者がいました。わが子をとられた母親のサルは、岸から悲しそうな声をあげて船を追《お》い続《つづ》けました。百里（約《やく》四百キロメートル）以上《いじょう》進んでも、母親のサルは立ち去ることはなく、最後《さいご》は船に飛《と》びこんできたかと思うと、息絶《いきた》えてしまいました。

母親のサルの腹《はら》を割《さ》いて見ると、悲しみのあまり腸《ちょう》はずたずたにちぎれていました。桓公《かんこう》はこれを聞いてひどく怒《おこ》り、子ザルをつかまえた家来をすぐにやめさせるようにいったということです。

出典『世説新語《せせつしんご》』

意味 腹《はら》わたがちぎれるほどの悲しい思い。はなはだしく心をいためること。

解説 長江《ちょうこう》は中国で一番長い川。三峡《さんきょう》は長江《ちょうこう》の中流にある峡谷《きょうこく》で、サルが多く生息している。

使い方 毎日一生懸命《いっしょうけんめい》に練習してきたのに、大会の前にけがをして出場できなくなってしまった。**断腸《だんちょう》の思い**だ。

ち

知《ち》音《いん》

↓19ページ

故事成語のお話

春秋《しゅんじゅう》時代に、伯《はく》牙《が》という琴《こと》の名手がいました。親友の鍾《しょう》子《し》期《き》はそれをよく聞き、琴《こと》の音色から伯《はく》牙《が》の心境《しんきょう》を理解《りかい》することができました。

あるとき伯《はく》牙《が》が、高い山に登るようすを心に思いうかべながら琴《こと》をひくと、鍾《しょう》子《し》期《き》は「すばらしい。泰山《たいざん》が高々《たかだか》とそびえているようだ。」と感想を言いました。またあるとき、伯《はく》牙《が》が水の流れを思いうかべながら琴《こと》をひくと、「美しい。ゆたかな水が流れる長江《ちょうこう》や黄《こう》河《が》が目にうかぶよ。」と言いました。伯《はく》牙《が》が思うことを鍾《しょう》子《し》期《き》はいつも言い当てることができたのです。伯《はく》牙《が》は喜《よろこ》びのあまり琴《こと》を置《お》いて言いました。

「あなたの耳はなんとすばらしいんだろう。あなたが感じることは私《わたし》の心そのものだ。私《わたし》にはあなたの耳がなくてはならないよ。」

出典『列子《れっし》』

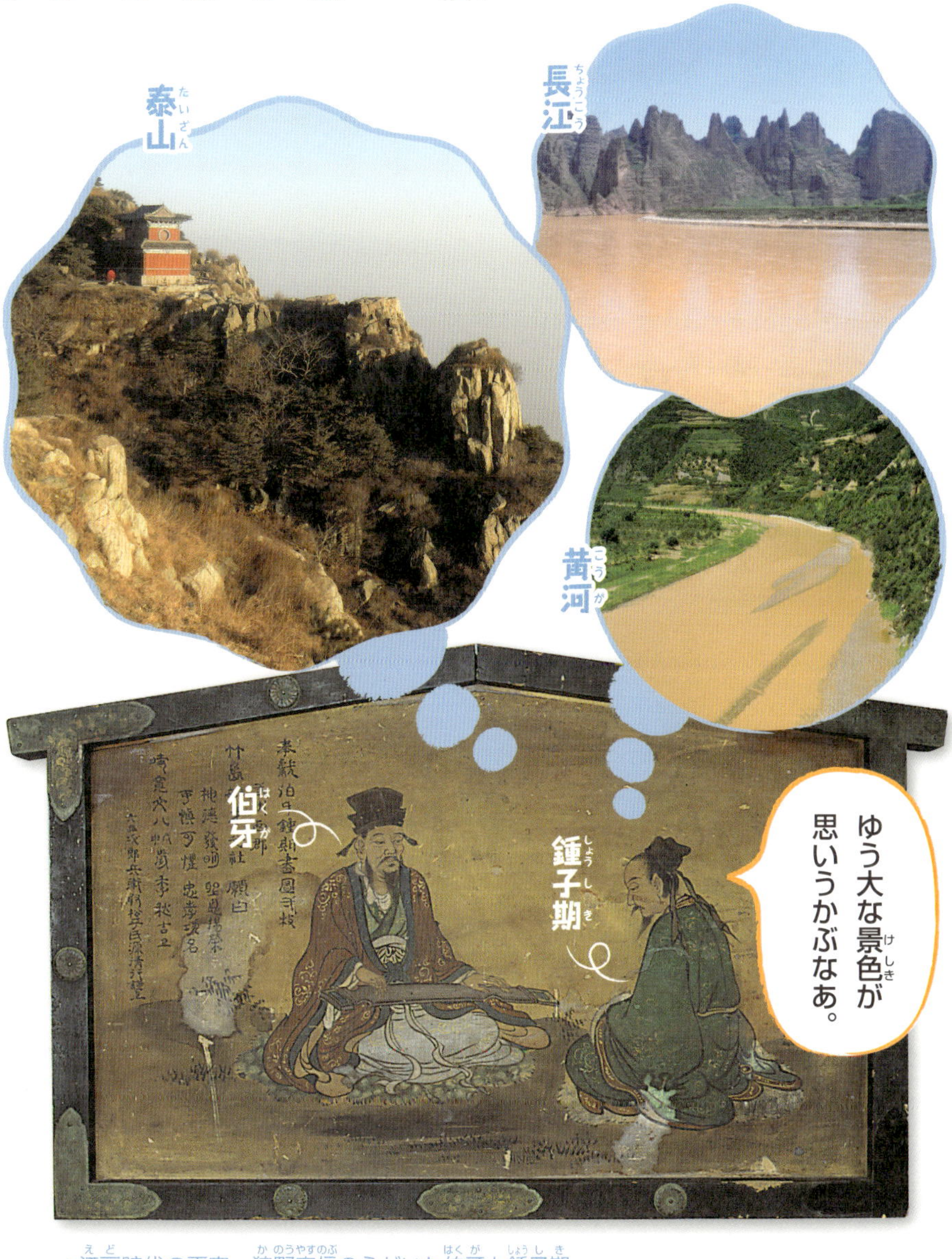
泰山《たいざん》
長江《ちょうこう》
黄河《こうが》
伯牙《はくが》
鍾子期《しょうしき》
ゆう大な景色《けしき》が思いうかぶなあ。

▲江戸《えど》時代の画家・狩野安信《かのうやすのぶ》のえがいた伯牙《はくが》と鍾子期《しょうしき》。

意味 音楽をよく理解《りかい》する人。また、自分のことを深く理解《りかい》してくれる友人。本当の友だち。

解説 琴《こと》の名手である伯《はく》牙《が》にとって鍾《しょう》子《し》期《き》はいちばんの理解者《りかいしゃ》であった。親友の鍾《しょう》子《し》期《き》が亡《な》くなると、「もうこの世に琴《こと》を聞かせる人はいない。」と言って、琴《こと》の弦《げん》を切ったといわれている。このエピソードがもとになって生まれた故事成語《こじせいご》が「伯牙絶弦《はくがぜつげん》」で、「親友の死を悲しむ」という意味。

使い方 中学時代、部活動で長いあいだいっしょに過《す》ごし、ぼくのことを理解《りかい》してくれる彼《かれ》は、ぼくの**知音**《ちいん》といってもよい。

【似た意味の故事成語】高山流水《こうざんりゅうすい》

竹《ちく》馬《ば》の友

→19ページ

故事成語のお話

東晋《とうしん》の軍人である桓温《かんおん》は、若《わか》いときから殷浩《いんこう》とならべて見られることが多く、いつもライバル意識《いしき》がありました。桓温《かんおん》は、自分のほうがすぐれていて、殷浩《いんこう》には負けないと思っていました。殷浩《いんこう》はそれを気にしていませんでしたが、桓《かん》温《おん》は殷浩《いんこう》と同じように見られるのが不満《ふまん》で、人びとに語って言いました。

「子どものとき、私《わたし》は殷浩《いんこう》といっしょに竹馬《たけうま》に乗って遊んでいたけれど、私《わたし》が乗りすてた竹馬《たけうま》をいつも殷浩《いんこう》が拾って遊んでいた。だから殷浩《いんこう》は私《わたし》の下につくべきだよ。」

出典 『晋書《しんじょ》』

中国では一本の竹の上にまたがって遊ぶあそびを「竹馬《たけうま》」というよ。

意味 幼《おさな》なじみ。子どものころの友だち。

解説 殷浩《いんこう》と桓温《かんおん》は不仲《ふなか》だったが、現在《げんざい》では仲《なか》のよい幼《おさな》なじみをあらわす言葉になった。

使い方 先日開かれた同窓会《どうそうかい》で、**竹《ちく》馬《ば》の友**と十年ぶりの再会《さいかい》を果《は》たした。

【似た意味の故事成語】騎竹《きちく》の交わり

朝《ちょう》令《れい》暮《ぼ》改《かい》

余《よ》の命令《めいれい》に従《したが》うように！

故事成語のお話

農民《のうみん》たちの苦しい生活を知った漢《かん》の晁錯《ちょうそ》は、皇帝《こうてい》に対して書いた意見書のなかで、次のようにのべました。

「農民《のうみん》たちの生活は、苦しいものであるうえに、水害《すいがい》や干害《かんがい》にも見《み》舞《ま》われました。それなのに必要《ひつよう》以上《いじょう》の税金《ぜいきん》をとつぜんはらうようにいわれ、朝に決めた法令《ほうれい》が夕方には変更《へんこう》されています。」

出典 『漢書《かんじょ》』

意味 命令《めいれい》や法律《ほうりつ》がたびたび変更《へんこう》されてあてにならないこと。

解説 晁錯《ちょうそ》は漢《かん》の政《せい》治《じ》家《か》。この意見書を書いたあと農民《のうみん》の生活が楽になるような制度《せいど》をつくった。

使い方 塾《じゅく》の先生の言っていることが**朝《ちょう》令《れい》暮《ぼ》改《かい》**で、生徒《せいと》たちは混乱《こんらん》してしまった。

朝と言ってることがちがう…。

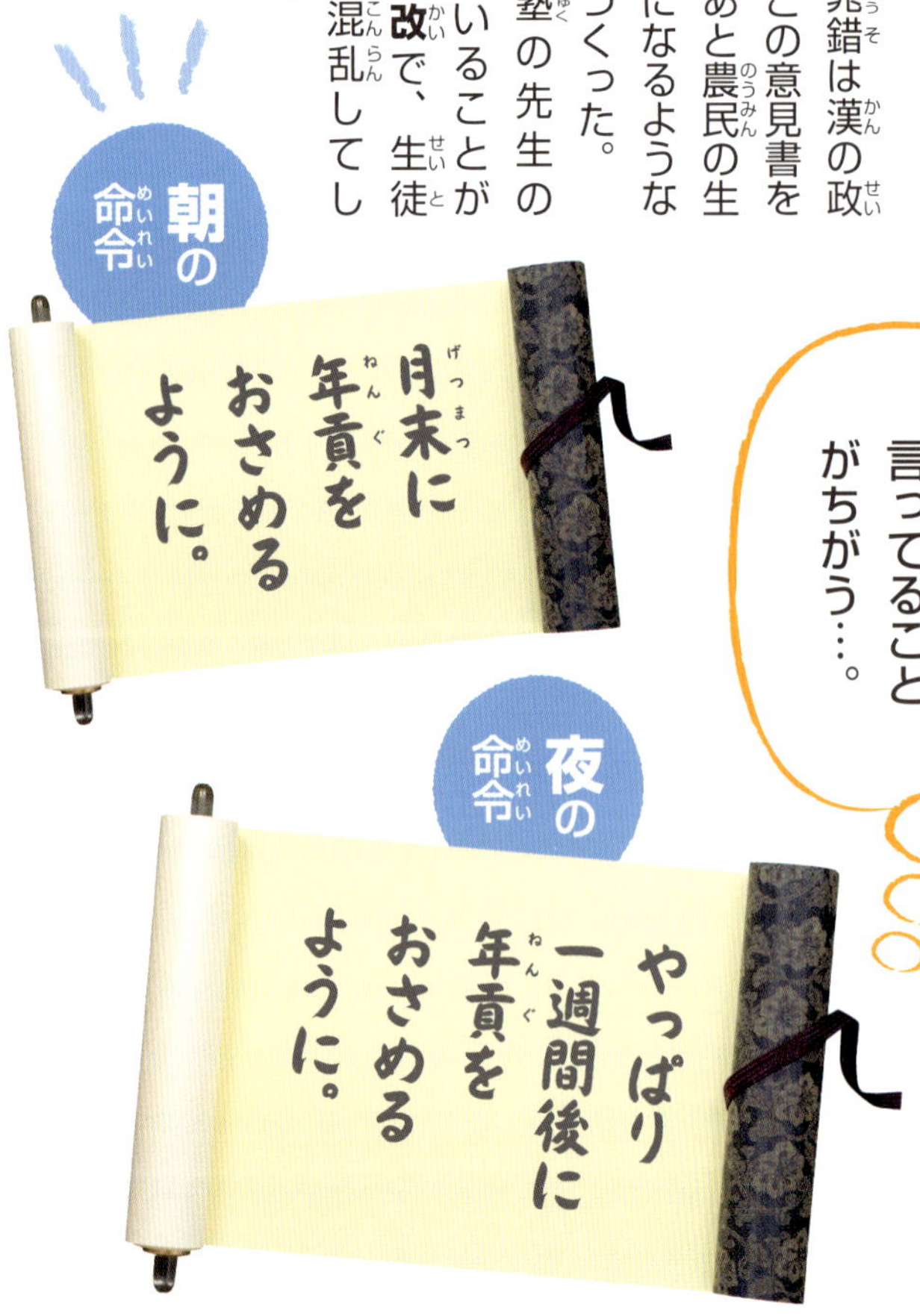
朝の命令《めいれい》
月末《げつまつ》に年貢《ねんぐ》をおさめるように。
夜の命令《めいれい》
やっぱり一週間後に年貢《ねんぐ》をおさめるように。

朝《ちょう》三《さん》暮《ぼ》四《し》

・故事成語のお話・

春秋《しゅんじゅう》時代、宋《そう》の国に、サルをたくさん飼《か》っている人がいました。サルをとてもかわいがり、サルの気持ちもよく理解《りかい》していました。サルのほうも、その人のかわいがる気持ちをよく知っていました。

たくさんのサルに満足《まんぞく》できるだけ食べさせるため、自分の家族の食事を減《へ》らすなどのくふうをしていましたが、あるとき、その人は急にびんぼうになってしまいました。

そこで、サルのえさをへらそうと考えましたが、サルたちが自分になつかなくなるのではないかと心配し、何とかごまかすことにしました。

「おまえたちの食事にトチの実をやろうと思うが、朝に三つやって、夕方に四つやるので、いいだろうか。」

と聞くと、サルたちは怒《おこ》りだしました。そこで、

「わかった。では、朝に四つやって、夕方に三つやろう。それでどうだ。」

と言うと、サルたちはうなずき、たいへん喜《よろこ》びました。

出典『列子《れっし》』

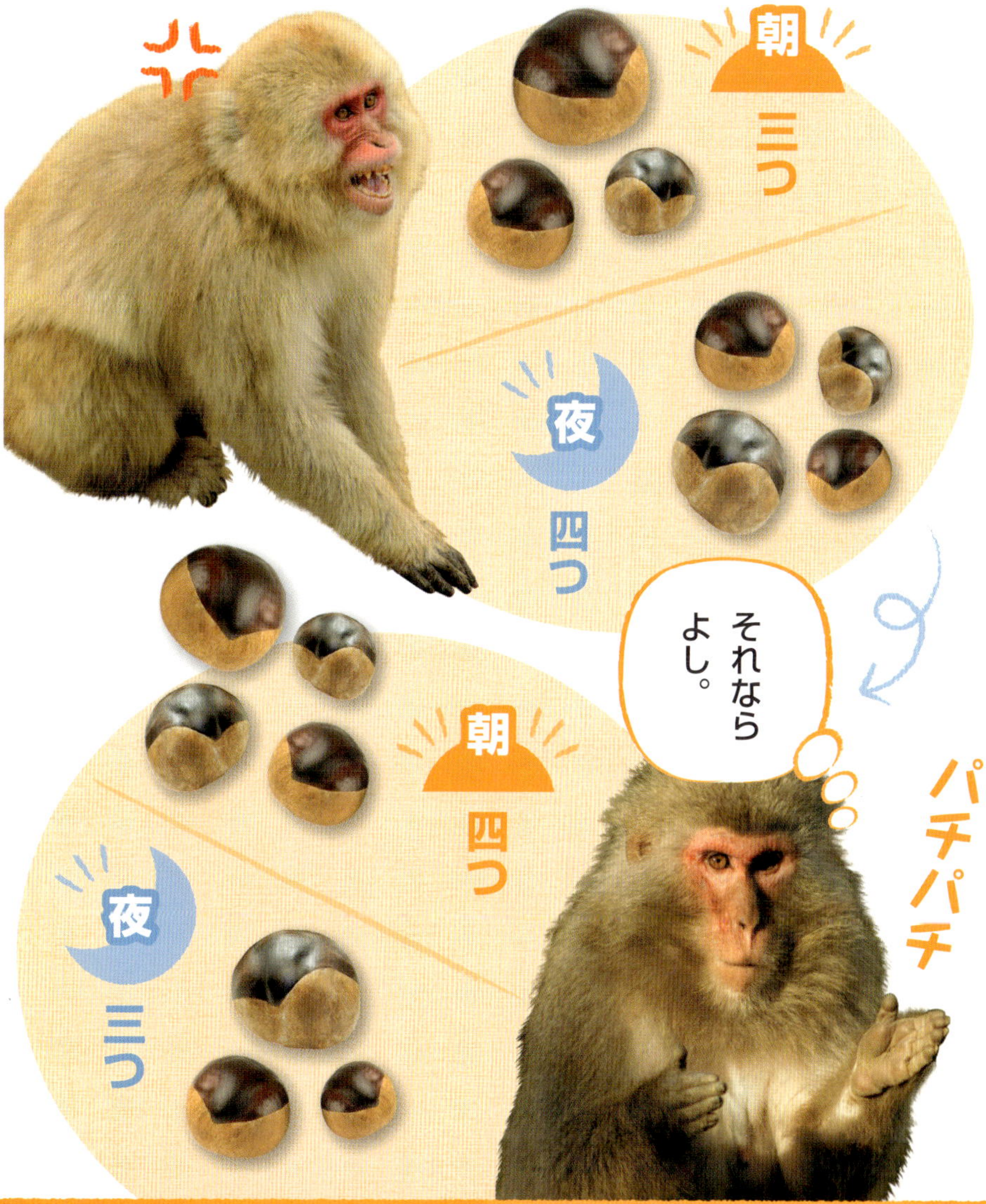
朝
三つ
夜
四つ
それなら
よし。
パチパチ
朝
四つ
夜
三つ

意味 目の前の差《さ》にこだわり、結果《けっか》が同じことに気がつかない。口先でだまして、ごまかす。

解説 朝三暮四《ちょうさんぼし》とは、「朝に三つ、夕方に四つ。」という意味。「朝に三つ、夕方に四つ。」と言ったことに不服《ふふく》が出たので、「朝に四つ、夕方に三つ。」と言って納得《なっとく》させたというお話から出た言葉。どちらにしても大きな差《さ》がないという意味にも使う。

使い方 学校が終わる時間が早くなったことを素直《すなお》に喜《よろこ》べない。そのぶん、夏休みの登校日が増《ふ》えたから、目先のことで喜《よろこ》ぶのは**朝三暮四**《ちょうさんぼし》だと思う。

天《てん》衣《い》無《む》縫《ほう》

故事成語のお話

郭翰《かくかん》という青年が夏のある晩《ばん》、庭で寝《ね》ていると天女があらわれました。

天女の着ている着物をよく見ると、まったく縫《ぬ》い目《め》がありません。不思議《ふしぎ》に思ってたずねると、天女は「天でくらす人の着物は、もともと針《はり》や糸でつくったものではないのです。」と答えました。

郭翰《かくかん》はそれを聞いて、詩も美しい言葉で飾《かざ》り立《た》てすぎてはいけないと思いました。

出典 『大平広記《たいへいこうき》』

天女の
着物は針《はり》や糸を
使わないでできているんだって！
▲写真は仏《ほとけ》の天女。

意味 詩や文章に飾《かざ》り気《け》がなく、自《し》然体《ぜんたい》で美しいこと。わざとらしさや飾《かざ》り気《け》がなく無邪気《むじゃき》なこと。

解説 天女は郭翰《かくかん》のもとへ通うことを天帝《てんてい》（天上の神）から一年間だけ許《ゆる》され、毎晩通《まいばんかよ》い続《つづ》けた。ふたりは愛《あい》しあうようになったが一年が過《す》ぎたあと二度とあらわれることはなかったという。

使い方 この曲の歌詞《かし》は、かんたんな言葉だけれども心に響《ひび》く。まさに**天《てん》衣《い》無《む》縫《ほう》**だ。

天高く馬肥《こ》ゆる秋

故事成語のお話

雲の色もきれいな晴天にめぐまれて、不吉《ふきつ》な星もすがたを消しました。空気のすんだ秋の空は高く見えます。牧草《ぼくそう》も豊富《ほうふ》にとれて、それを食べる馬も体重が増《ふ》え、元気になります。

出典 杜審言《としんげん》の詩より

意味 さわやかな秋の気候《きこう》をさして使う言葉。

解説 六世紀《せいき》ごろの中国では、秋になるとモンゴルの騎馬民族《きばみんぞく》が馬に乗って侵入《しんにゅう》することが多かった。そのため、「天高く馬肥《こ》ゆる秋」は「敵《てき》が侵入《しんにゅう》してくる季節《きせつ》」とも解釈《かいしゃく》され、もともとは敵《てき》の侵入《しんにゅう》を警戒《けいかい》する言葉として使われていた。

使い方 **天高く馬肥《こ》ゆる秋**が来た。食欲《しょくよく》もわいて運動するにもちょうどよい季《き》節《せつ》になった。

秋の草は
おいしいなあ。

桃源郷《とうげんきょう》

・故事成語のお話・

東晋《とうしん》の❶太元《たいげん》の時代、武陵《ぶりょう》というところにくらしていた漁師《りょうし》が、小川にそって道をしばらく進むと桃《もも》の花が咲《さ》く美しい林を見つけました。さらに進むと小さなあなを見つけました。そのあなをぬけると、まったく別《べつ》の美しい世界がありました。秦《しん》の時代に❷争《あらそ》いを避《さ》けて移《うつ》り住《す》んだ人の村でした。漁師《りょうし》はもてなされ、楽しい時間を過《す》ごしました。漁師《りょうし》はもう一度たずねたいと思いましたが、二度と見つかることはありませんでした。

出典 『桃花源記《とうかげんき》』

❶太元……三七六～三九六年の元号。
❷争《あらそ》い……秦《しん》の国を築《きず》いた始皇帝《しこうてい》が亡《な》くなると、各地《かくち》で権力争《けんりょくあらそ》いが勃発《ぼっぱつ》した。

意味 理想郷《りそうきょう》。世間を離《はな》れた美しい場所。桃《もも》の花が咲《さ》く水源地《すいげんち》。

解説 中国では、桃《もも》は生命の象徴《しょうちょう》とされている。漁師《りょうし》は秦《しん》がほろびたあとの世間のできごとを桃源郷《とうげんきょう》の人びとに話して聞かせたという。

使い方 旅行でおとずれた高原は、きれいな水がわきでて花々《はなばな》が咲《さ》き乱《みだ》れる**桃源郷《とうげんきょう》**のような場所だった。

頭角をあらわす

・故事成語のお話・

柳宗元《りゅうそうげん》は幼《おさな》いころからかしこくて、どんなことでもじょうずにできました。父親が生きていたときには、若《わか》くして役人になるための試験《しけん》に合格《ごうかく》して、すぐれた成績《せいせき》を残《のこ》しました。まわりの人は、柳家《りゅうけ》はよい跡継《あとつ》ぎをもったものだと思いました。

出典 「柳子厚墓誌銘《りゅうしこうぼしめい》」

意味 多くの人のなかでずばぬけてすぐれていること。また、幼《おさな》いときからほかの多くの人よりもすぐれていること。

解説 「頭角」は頭の先。大勢《おおぜい》のなかで頭の先が飛《と》びぬけていることをさす。柳宗元《りゅうそうげん》は八、九世《せい》紀《き》の中国の政治家《せいじか》。文学者でもあり、すぐれた詩を残《のこ》した。

使い方 あのプロ野球選《せん》手《しゅ》は小学生のときから**頭角をあらわして**いた。

同《どう》工《こう》異《い》曲《きょく》

・故事成語のお話・

唐《とう》の政治家《せいじか》である韓愈《かんゆ》は、「進学解《しんがくかい》（学問のすすめに関《かん》する解説《かいせつ》）」という文章のなかで、「自分が尊敬《そんけい》する文章の作者や作品はどれもみな、同じ音楽家がさまざまな曲を演奏《えんそう》するように、すべてが豊《ゆた》かな内容《ないよう》とのびのびとした表現《ひょうげん》をもっている。」と言いました。 出典「進学解《しんがくかい》」

一流の演奏家《えんそうか》はさまざまな曲を表現《ひょうげん》ゆたかに演奏《えんそう》することができるよ。

意味 作品がすぐれている点では同じだが、趣《おもむき》がちがうこと。また、ものごとの内容が少しちがっているだけで、だいたい同じこと。

解説 「工」とは、楽工、音楽家の意味。「曲」は、楽曲。すばらしい文学作品に共通《きょうつう》する魅力《みりょく》を、一流の音楽家の演奏《えんそう》にたとえて表現《ひょうげん》している。

使い方 コンクールで入選《にゅうせん》した絵はどれも**同工異曲**《どうこういきょく》だった。

【似た意味の故事成語】大同小異《だいどうしょうい》

堂《どう》にのぼりて室《しつ》に入らず

・故事成語のお話・

孔子《こうし》が言いました。「子路《しろ》の琴《こと》はまだ私《わたし》の家で演奏《えんそう》できるほどではない。」

これを聞いてから孔子《こうし》の弟子たちは子路《しろ》に対して敬意《けいい》をはらわなくなりました。すると孔子《こうし》はもう一度言いました。「子路《しろ》は座敷《ざしき》にはのぼっているが、まだ奥《おく》の間《ま》に入っていないのだ。」 出典『論語《ろんご》』

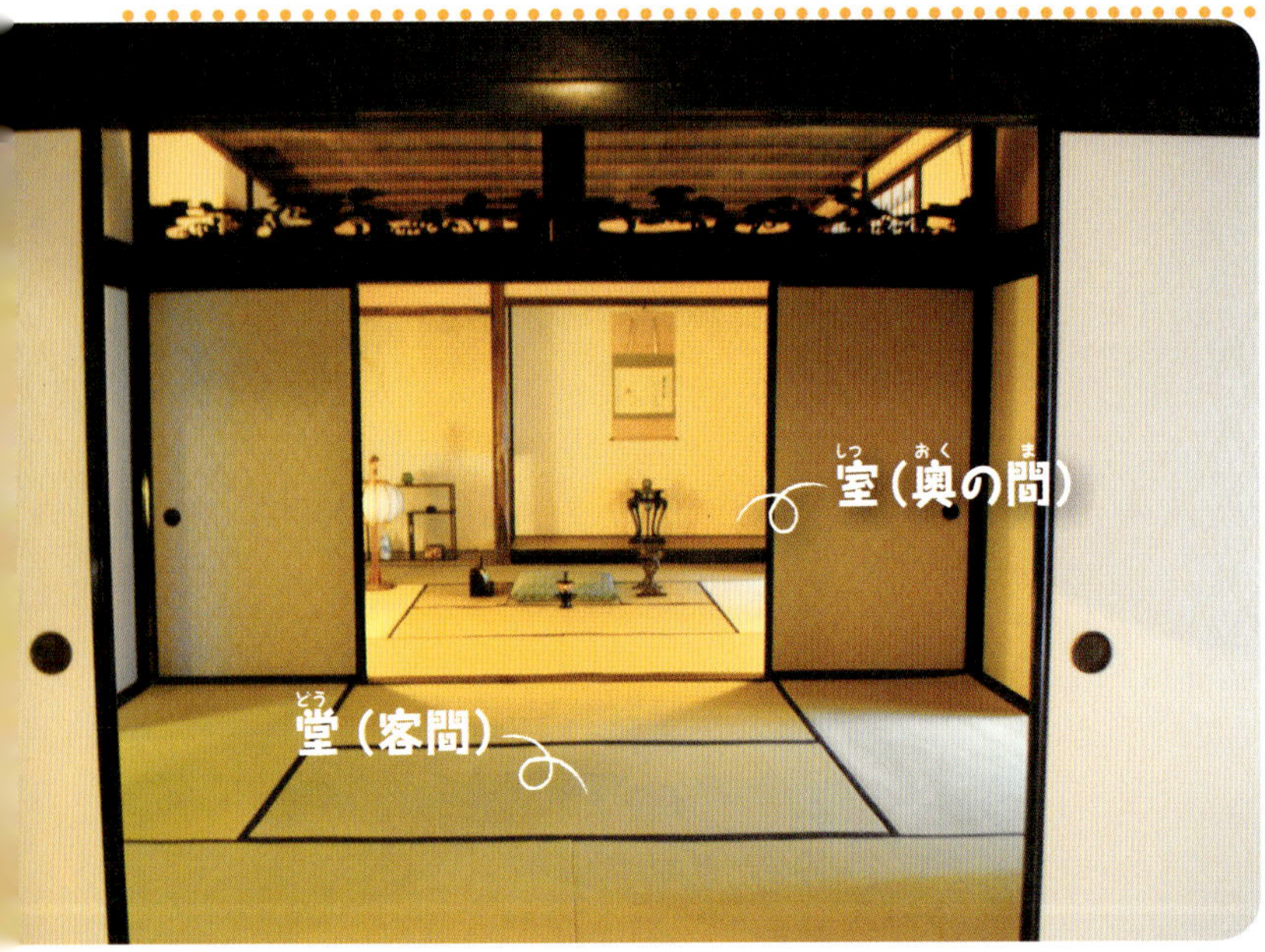
室《しつ》（奥《おく》の間《ま》）
堂《どう》（客間）

▲写真は日本の家屋の室内。

意味 学問や芸術《げいじゅつ》などの教養《きょうよう》をある程度《ていど》身につけているが、まだ熟達《じゅくたつ》していないこと。

解説 「堂《どう》」は客間で、「堂《どう》にのぼる」で一定の水準《すいじゅん》の教養《きょうよう》を身につけること。「室《しつ》」は奥《おく》の間《ま》で、「室《しつ》に入る」で教養《きょうよう》をさらにみがくこと。孔子《こうし》が弟子たちに、「子路《しろ》は一定の水準《すいじゅん》には達《たっ》しているが、まだ奥《おく》の間《ま》に入るほどの域《いき》には達《たっ》していない。」と話したことから。

使い方 妹のバイオリンの腕前《うでまえ》は**堂《どう》にのぼりて室《しつ》に入らず**といったところだ。

敵《てき》からにげる
ためにしっぽ
を切《き》り離《はな》して
きたよ……。
あら君も。
生えかわった
しっぽ

同病相あわれむ

17ページ

・故事成語のお話・

春秋《しゅんじゅう》時代、呉《ご》の国の伍子胥《ごししょ》は、敵《てき》対《たい》している楚《そ》の国からにげてきた伯《はく》嚭《ひ》を手厚《てあつ》くもてなしました。

それに対して、伯嚭《はくひ》を快《こころよ》く思わない者もいました。伍子胥《ごししょ》は言いました。「私《わたし》がいだくうらみの気持ちは伯嚭《はくひ》と同じものです。あなたは河《か》上《じょう》の歌《うた》というのを聞いたことはありませんか。『同じ病気にかかった者はいつくしみ合い、同じなやみをもった者は助け合う。』というではありませんか。」

出典 『呉越春秋《ごえつしゅんじゅう》』

意味 同じ苦しい立場にいる者どうしが、苦しみを共感《きょうかん》し、いたわりあうこと。

解説 伍子胥《ごししょ》は楚《そ》の平王《へいおう》に父と兄を殺《ころ》され、伯嚭《はくひ》も同じく平王《へいおう》に父を殺《ころ》されて、呉《ご》にのがれてきた。平王《へいおう》をうらむ気持ちはふたりとも同じだった。

使い方 ねぼうばかりしているぼくには、朝が苦手だという君の気持ちがよくわかるよ。**同病相あわれむ**だね。

桃《とう》李《り》もの言わざれど下《した》自《おのずか》ら蹊《けい》を成《な》す

・故事成語のお話・

前漢《ぜんかん》の将軍《しょうぐん》だった李広《りこう》は口数は少ないけれども、たくさんの人から慕《した》われた人物でした。司馬遷《しばせん》はそれについてこう言いました。

「『桃《もも》やすももはしゃべらないけれども、花が美しく、実があまいことをみんな知っているので、自然《しぜん》と木の下に道ができる。』ということわざがあります。これは小さなことをいっているようだけれど、どんなことにも通じるものです。」

出典 『史記《しき》』

意味 人柄《ひとがら》がよい人、魅力《みりょく》のある人のまわりには、自然《しぜん》と人が集まってくる。

解説 「蹊《けい》」は小道。李広《りこう》は戦場《せんじょう》で泉《いずみ》を発見すると部下に先に水を飲ませ、位《くらい》の低《ひく》い家臣《かしん》ともいっしょに食事をとり、その人柄《ひとがら》が慕《した》われていた。

使い方 あの子はおとなしいけれどすぐに友だちができる。**桃李《とうり》もの言わざれど下《した》自《おのずか》ら蹊《けい》を成《な》す**だ。

【似た意味の故事成語】成蹊《せいけい》

道

登竜門《とうりゅうもん》

8ページ

故事成語のお話

後漢《ごかん》の時代、政治《せいじ》は乱《みだ》れ、わいろなどが増《ふ》えて、役人は好《す》き勝手《かって》にふるまうようになっていました。

そのようななかで、李膺《りよう》という政治家《せいじか》だけは立派《りっぱ》な態度《たいど》をとり、公明正大にふるまい、高い名声を得《え》て、実力者として力をふるっていました。李膺《りよう》に実力をみとめられ、近づくことを許《ゆる》された役人は、将来《しょうらい》の出世を約束《やくそく》されたものと同じといわれました。そこで、そのような人のことを、竜門《りゅうもん》を登って竜《りゅう》になった魚にたとえて、「竜門《りゅうもん》を登った者」とよぶようになったということです。

出典 『後漢書《ごかんじょ》』

ここを登り
きれたら
あこがれの
竜《りゅう》になれる
かな……。

意味 通るのは難《むずか》しいが、通れば出世や入学などができる審査《しんさ》や試験《しけん》など。また、そういう審査《しんさ》などを通ること。

解説 「竜門《りゅうもん》」は黄河《こうが》の上流にある急流で、大昔に、竜門《りゅうもん》山《ざん》という山を切り開いてつくったとされている。「登《とう》竜門《りゅうもん》」で「竜門《りゅうもん》」を登るという意味。流れが急なために魚がなかなか登ることができず、登りきれた魚は竜《りゅう》になるという伝説《でんせつ》から、出世をするための難《むず》しい関門《かんもん》のたとえとして使う。

使い方 そのコンテンストは、女優《じょゆう》になるための**登竜門《とうりゅうもん》**といわれている。

＼＼チャレンジ／／ 漢文を音読してみよう

河津《かしん》、一名竜門《いちめいりゅうもん》。
水険《みずけわ》しく通《つう》ぜず。
魚鼈《ぎょべつ》の属《ぞく》、
能《よ》く上《のぼ》るもの莫《な》く、
江海《こうかい》の大魚竜門《たいぎょりゅうもん》の下《もと》に
薄《せま》り集《つど》ふもの数千《すうせん》なるも、
上《のぼ》るを得《え》ず。
上《のぼ》れば則《すなは》ち竜《りゅう》と為《な》るなり。

現代語訳

河津《かしん》という川の別名《べつめい》は竜門《りゅうもん》という。
水の流れがはげしいので交通することができない。
魚やスッポンなどで、
この流れを登りきることができるものはなく、
大きい川や海からも大魚が竜門《りゅうもん》に
何千匹《なんぜんびき》も集まってくるのだが、
登ることができない。
竜門《りゅうもん》を登りきることができた魚は竜《りゅう》になるのである。

蟷螂《とうろう》の斧《おの》

・故事成語のお話・

戦国《せんごく》時代、斉《せい》の荘公《そうこう》が馬車に乗って狩《か》りに出かけたときのことです。一ぴきのカマキリが前あしをふりあげて車の車輪《しゃりん》に向かってきました。荘公《そうこう》が「これはなんという虫か。」とたずねると❶御者《ぎょしゃ》は答えました。「これはカマキリといって、前に進むばかりで、うしろに下がることを知らない虫です。自分の力をわきまえずに、どんな相手にもむやみにいどみかかるのです。」

荘公《そうこう》は言いました。「この虫がもし人間であれば天下の勇者《ゆうしゃ》であっただろう。」

そしてカマキリを避《さ》けるために、車を遠まわりさせて進みました。

出典 『韓詩外伝《かんしがいでん》』

❶御者《ぎょしゃ》……馬車を走らせる人。

意味 うわべだけの強がりで実は弱い者のこと。弱い者が勇気《ゆうき》をふるい、勝ち目のない相手に立ち向かっていくこと。

解説 「蟷螂《とうろう》」はカマキリのこと。前あしをあげるようすが斧《おの》をふりかざすように見えることからできた言葉。

使い方 練習試合《じあい》とはいえ全国大会の常連校《じょうれんこう》に勝負をいどむなんて、**蟷螂《とうろう》の斧《おの》**のようなものだよ。

カマキリは相手をおどろかせるために前あしをふりあげるよ。

怒髪天《どはってん》をつく

15ページ

・故事成語のお話・

戦国《せんごく》時代、趙《ちょう》の恵文王《けいぶんおう》は「和氏《かし》の璧《へき》」とよばれるこの世にまたとない宝物《たからもの》を手に入れました。それをうらやんだ秦《しん》の昭王《しょうおう》は、軍事力の強さで恵文《けいぶん》王《おう》をおどかしながら宝物《たからもの》を十五のまちと交換《こうかん》しようと言いました。

そこで恵文王《けいぶんおう》は、家臣である藺相如《りんしょうじょ》を使者として送り出し、本当の気持ちを確《たし》かめました。藺相《りんしょう》如《じょ》は秦《しん》に着くと、昭王《しょうおう》にいったん宝物《たからもの》をわたしましたが、十五のまちをゆずるようすはありませんから、お教えいたします。」と言って宝物《たからもの》を取りもどすと、柱に身を寄《よ》せて昭王《しょうおう》をしかりつけました。そのときの藺相如《りんしょうじょ》は怒《いか》りのために髪《かみ》の毛《け》が逆《さか》立《だ》ち、かぶっていた冠《かんむり》をつきあげるように持ちあがっていたといいます。

ん。そこで「王よ、その宝物《たからもの》には傷《きず》がございます

出典『史記《しき》』

意味 ひどく怒《おこ》っているようす。

解説 「和氏《かし》の璧《へき》」44ページは光り輝《かがや》く玉《ぎょく》のこと44ページ。昭王《しょうおう》は藺相如《りんしょうじょ》の怒《いか》りくるったようすにひるんで、十五のまちをわたすと言《い》いのがれしてその場を取りつくろうが、けっきょくわたさなかった。

使い方 何度もうそをついた生徒《せいと》を、先生は**怒髪天《どはってん》をつく**ようすでしかった。

【似た意味の故事成語】頭髪上指《とうはつじょうし》す・目眦《もくし》ことごとく裂《さ》く

写真提供：新薬師寺 大亀京助

虎《とら》に翼《つばさ》

8ページ

・故事成語のお話・

『韓非子《かんぴし》』という思想書には、「虎《とら》に翼《つばさ》をつけてはいけない。虎《とら》に翼《つばさ》があると、村に飛《と》んでいって、人を食べてしまう。」と書いてあります。

猛威《もうい》をふるう人をさらに勢《いきお》いづかせてしまうのは、虎《とら》に翼《つばさ》をつけるようなものです。

出典『韓非子《かんぴし》』

意味 勢力《せいりょく》のある者がさらに勢《いきお》いをつけること。

解説 『三国志《さんごくし》』のなかにも、「劉備《りゅうび》が諸葛亮《しょかつりょう》を補佐《ほさ》につける74ページ（三顧の礼）のは、虎《とら》に翼《つばさ》をつけるようなものだ。」という文が出てくる。

使い方 プロ野球日本一のチームに元メジャーリーグの選《せん》手《しゅ》が移籍《いせき》してくるんだって。**虎《とら》に翼《つばさ》**だね。

空も飛《と》べたら最強《さいきょう》なんだけど……。

虎《とら》の尾《お》をふむ

・故事成語のお話・

強い者に弱い者がしたがって行くときは、虎《とら》のしっぽをふんでしまうように危険《きけん》ですが、礼《れい》儀《ぎ》を守り、打ちとけた心をもっていれば、かまれないですみます。

出典『易経《えききょう》』

意味 非常《ひじょう》に危険《きけん》なこと。

解説 礼儀《れいぎ》を守って接《せっ》すれば、危険《きけん》なことはあっても最後《さいご》にはうまくゆく、という占《うらな》いの言葉から。

使い方 あの厳《きび》しい先生が出した宿題をやらないなんて、**虎《とら》の尾《お》をふむ**ようなものだ。

しっぽはダメ!!

虎《とら》の威《い》を借《か》る狐《きつね》

・故事成語のお話・

戦国《せんごく》時代のことです。楚《そ》の宣王《せんおう》が「北の国はわが国の❶宰相《さいしょう》・昭奚恤《しょうけいじゅう》を恐《おそ》れているといううわさを聞いたが本当か。」と家臣《かしん》たちにたずねました。すると魏《ぎ》の国の使者として来ていた江乙《こういつ》は、宣王《せんおう》と昭奚恤《しょうけいじゅう》の仲《なか》をさくためにこう答えました。

「虎《とら》はどんな獣《けもの》でもつかまえて食べてしまいます。あるとき、虎《とら》が狐《きつね》をつかまえると、狐《きつね》は虎《とら》に向かっていいました。『あなたは私《わたし》を食べてはいけません。私《わたし》は天の神様から動物たちの王に選《えら》ばれたのです。私《わたし》を食べることは神様の命令《めいれい》に背《そむ》くことです。私《わたし》の言葉が信《しん》じられないのであれば、私《わたし》が先を歩くので、あなたはうしろについてきてください。動物たちは私《わたし》を見てにげ出しますから。』

虎《とら》はなるほどと思って、狐《きつね》といっしょに歩きました。動物たちはこれを見て逃《に》げ出しました。動物たちは虎《とら》を見て恐《おそ》れてにげたのですが、虎《とら》は気づかず、狐《きつね》のことをこわがっていると思いこんでしまいました。今、北の国ぐにが恐《おそ》れているのは、昭奚恤《しょうけいじゅう》ではなく、王の力なのです。」

出典『戦国策《せんごくさく》』

❶宰相《さいしょう》……王の仕事を補佐《ほさ》する役職《やくしょく》。

意味 力を持っている者をうしろ立てにして、いばっていること。

解説 このとき宣王《せんおう》は百万の兵士《へいし》の管理《かんり》を昭《しょう》奚恤《けいじゅう》にまかせていた。「虎《とら》の威《い》を仮《か》る狐《きつね》」とも書く。

使い方 生徒会長《せいとかいちょう》にくっついて、同級生の前でえらそうな態度《たいど》をとる彼《かれ》は、**虎《とら》の威《い》を借《か》る狐《きつね》**だ。

ガルルルル
？
ん？ ぼくに
逆《さか》らって、
いいのかな？

諸葛亮《しょかつりょう》
だれかをひいきしたりせず、公正に接するのじゃ。

泣《な》いて馬謖《ばしょく》をきる

18ページ

・故事成語のお話・

蜀《しょく》の軍師《ぐんし》である諸葛亮《しょかつりょう》は、自分の後継者《こうけいしゃ》として馬謖《ばしょく》に信頼《しんらい》をよせていました。あるとき、馬謖《ばしょく》は合戦《かっせん》で諸葛亮《しょかつりょう》から大軍《たいぐん》をまかされましたが、諸葛《しょかつ》亮《りょう》の命令《めいれい》に背《そむ》いたために魏《ぎ》の軍《ぐん》に破《やぶ》られて、部下の兵士《へいし》たちはちりぢりになってにげ、陣地《じんち》を失《うしな》いました。

諸葛亮《しょかつりょう》は、命令《めいれい》に背《そむ》いた馬謖《ばしょく》を涙《なみだ》を流しながら処刑《しょけい》しました。

出典『三国志《さんごくし》』

意味 信頼《しんらい》している人にも厳《きび》しい処分《しょぶん》を与《あた》え、法《ほう》律《りつ》や規律《きりつ》の公正を守ること。

解説 個人的《こじんてき》な感情《かんじょう》をもちこまず、公正につとめることを意味する言葉。諸葛亮《しょかつりょう》は残《のこ》された馬謖《ばしょく》の家族をあわれに思って見舞《みま》ったといわれている。

使い方 監督《かんとく》はあの選手《せんしゅ》を信頼《しんらい》していたが、きのうの練習をさぼったために今日の試合《しあい》には出さなかった。**泣《な》いて馬謖《ばしょく》をきる**とはこのことだ。

嚢《のう》中《ちゅう》の錐《きり》

・故事成語のお話・

戦国《せんごく》時代、趙《ちょう》の大臣・平原君《へいげんくん》が楚《そ》の国と同盟《どうめい》を結《むす》びにいくことになりました。それに連《つ》れていく家来を選《えら》ぼうとしたところ、毛遂《もうすい》という男が「私《わたし》を連《つ》れていってください。」と願《ねが》い出《で》ました。それまで毛遂《もうすい》のことを知らなかった平原君《へいげんくん》は言いました。

「賢《かしこ》い人がいると、ふくろのなかに錐《きり》があるようなもので、その頭がすぐに飛《と》び出《で》るものだが、あなたのうわさを耳にしたことはない。」

無名《むめい》の毛遂《もうすい》でしたが、楚《そ》の国との同盟《どうめい》を成功《せいこう》させました。

出典『史記《しき》』

錐《きり》がふくろのなかにあったら、かんたんにつき破《やぶ》ってしまうね。
プスッ

意味 すぐれた才能《さいのう》をもつ人は、必《かなら》ずその才能《さいのう》があらわれること。

解説 「嚢中《のうちゅう》」はふくろのなかのこと。錐《きり》は先がとがった棒状《ぼうじょう》の刃物《はもの》。毛遂《もうすい》は結局《けっきょく》、同行をみとめられ、楚《そ》の王の前で弁舌《べんぜつ》をふるって、同盟《どうめい》を結《むす》ぶために一役買った。

使い方 野球部に転校生のピッチャーが加《くわ》わったら、あっという間にレギュラーとして活やくした。まさに**嚢中《のうちゅう》の錐《きり》**だ。

【似た意味の故事成語】紅《くれない》は園生《そのう》に植えてもかくれなし

白《はく》眼《がん》視《し》

15ページ

・故事成語のお話・

晋《しん》に阮籍《げんせき》という人がいました。礼儀《れいぎ》にこだわることをきらい、相手を見る目を人によって変《か》えていました。つまらない礼儀《れいぎ》にこだわる人には、上目づかいになり白い目を向けました。

出典『晋書《しんじょ》』

意味 冷《つめ》たい、軽べつに満《み》ちた目で見ること。人をにらみつけること。

解説 人をにらみつけるときには上目づかいになり、白い目となることから「白眼《はくがん》」というようになった。反対に相手に好意《こうい》を持ってまっすぐ見るときには「青眼《せいがん》」という。

使い方 自分勝手な行動ばかりしていたら、仲間《なかま》からも**白眼視《はくがんし》**された。

あいつはひどいやつだ……。

背《は》水《い》の陣《じん》

・故事成語のお話・

漢《かん》の王・劉邦《りゅうほう》は天下を手に入れるために各国《かっこく》を攻《せ》めおとしていました。その大きな力になったのは、韓信《かんしん》という将《しょう》軍《ぐん》でした。

趙《ちょう》との戦《たたか》いのとき、趙《ちょう》の軍隊《ぐんたい》はせまい山の道に大軍《たいぐん》を集め、漢《かん》の軍隊《ぐんたい》に立ち向かいました。韓信《かんしん》はその山に少数の軍隊《ぐんたい》をかくし、自分は大軍《たいぐん》を連《つ》れて、わざと川をうしろにして陣《じん》をしきました。

これを見た趙軍《ちょうぐん》の兵士《へいし》たちは、川を背《せ》にするおろかさをあざ笑《わら》いましたが、漢《かん》の兵士《へいし》は全力で趙《ちょう》と戦《たたか》い、同時に韓《かん》信《しん》は山にかくしていた軍隊《ぐんたい》を動かし、趙軍《ちょうぐん》をはさみうちにして戦《たたか》いに勝ちました。

戦《たたか》いのあと、ほかの将軍《しょうぐん》たちが、どうして川をうしろにして戦《たたか》ったのか、とたずねました。韓信《かんしん》は、

「兵法《へいほう》に、軍《ぐん》を危険《きけん》な場所に置《お》いてこそ、生きのびる道があると書かれている。にげられない状態《じょうたい》だからこそ、この寄《よ》せ集《あつ》めの兵士《へいし》たちでも決死の覚悟《かくご》で戦《たたか》ったのだ。」

と答えました。

出典『史記《しき》』

意味 必死《ひっし》の覚悟《かくご》でおこなう。全力をつくして戦《たたか》う。

解説 「背水《はいすい》の陣《じん》」とは、川や海を自分たちの背《せ》にして敵《てき》に向き合う配置《はいち》のこと。うしろににげることができないため、ひたすら前に進み、敵《てき》と必死《ひっし》で戦《たたか》うこととなる。そこから、死ぬほどの覚悟《かくご》でことにあたることをたとえる。

使い方 志望校《しぼうこう》に合格《ごうかく》するために、あえて、この一校しか受験《じゅけん》しないことにした。まさに**背水《はいすい》の陣《じん》**でのぞみ、見事合格《ごうかく》した。

【似た意味の故事成語】河《かわ》を済《わた》り舟《ふね》を焼《や》く・糧《かて》を捨《す》て舟《ふね》を沈《しず》む

白髪三千丈《はくはつさんぜんじょう》

15ページ

・故事成語のお話・

唐《とう》の詩人である李白《りはく》は、五十三歳《さい》のときに秋浦《しゅうほ》という土地をおとずれ、清《きよ》らかな川をのぞきこんで自分のすがたを見て、自分が年老《としお》いてしまったことに気づいておどろきました。そのときに詩をつくり、「私《わたし》の白髪《はくはつ》は三千丈《さんぜんじょう》もの長さ。なやみのためにこのようにのびてしまった。」と、どこまでも終わりのない悲しみを自分の白髪《はくはつ》にたとえてうたいました。

出典 李白《りはく》の詩より

意味 終わりのない悲しみ。また日本では、大げさな表現《ひょうげん》、という意味で使われることが多い。

解説 白くなった髪《かみ》の毛《け》の長さが三千丈《さんぜんじょう》であるという意味。「丈《じょう》」は長さの単位《たんい》で、およそ三メートル、三千丈《さんぜんじょう》だと約《やく》九千メートル。実際《じっさい》の長さではなく、たいへん多いという意味で使われているが、その長さから、日本では、大げさな表現《ひょうげん》、誇張《こちょう》した言い方のたとえとされている。

使い方 そんな大げさな報告《ほうこく》は、**白髪三千丈《はくはつさんぜんじょう》**のたぐいだね。

チャレンジ 漢文を音読してみよう

白髪三千丈《はくはつさんぜんじょう》
愁《うれ》ひに縁《よ》りて箇《か》くのごとく長《なが》し
知《し》らず明鏡《めいきょう》の裏《うら》
いづ《ず》れの処《ところ》にか秋霜《しゅうそう》を得《え》たる

現代語訳

私《わたし》の白髪《はくはつ》は三千丈《さんぜんじょう》。
なやみによってこのように長くのびてしまった。
鏡《かがみ》のような水面にうつる私《わたし》のすがたに
こんなに多くの霜《しも》がいったいどこからおりたというのか。

冷《ひ》えこんだ秋の朝は霜《しも》で真っ白になるね。

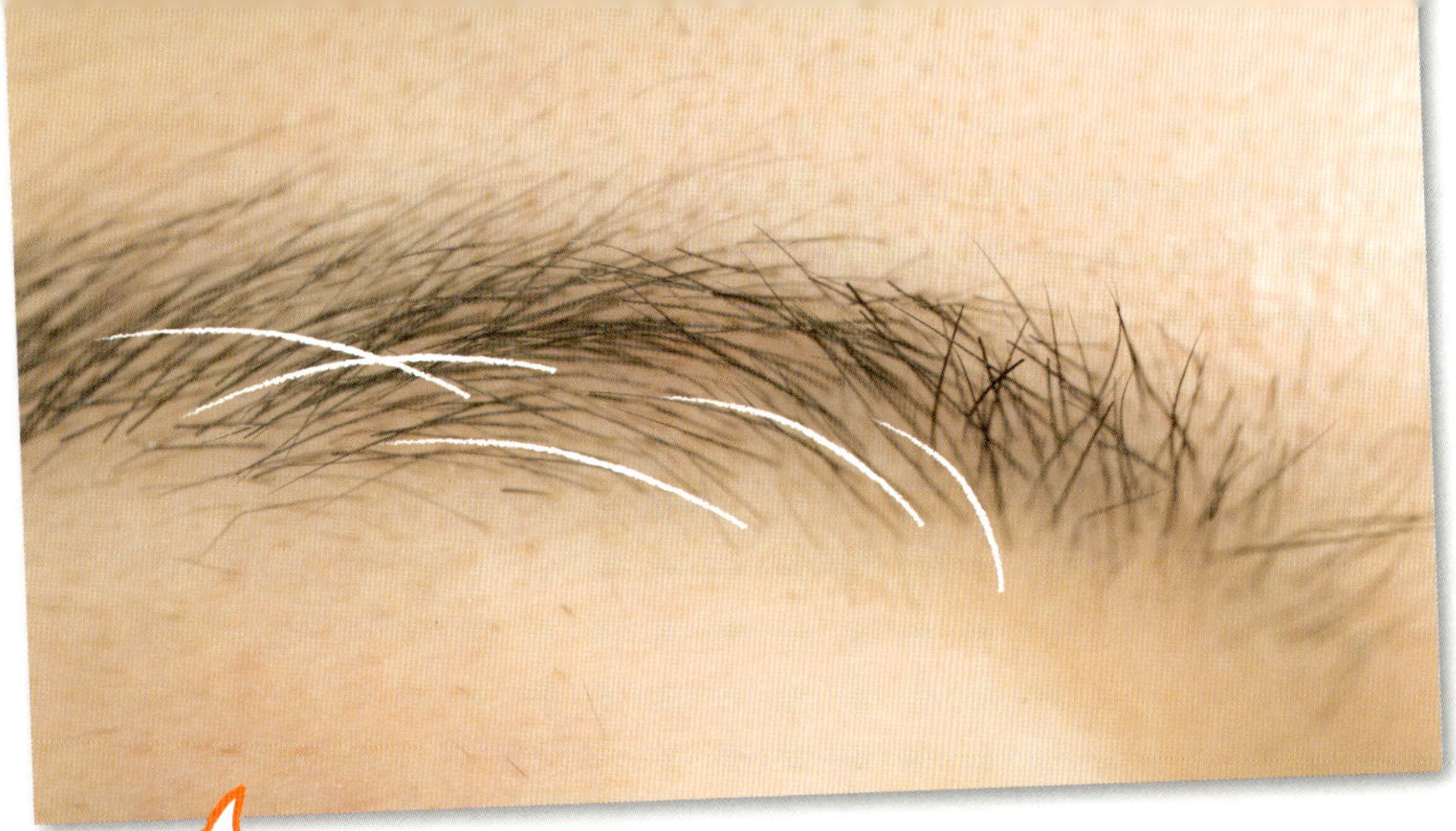

白眉《はくび》

15ページ

・故事成語のお話・

蜀《しょく》の馬氏《ばし》には五人の子どもがいて、そのなかでも四番目の馬良《ばりょう》はもっともすぐれていました。郷里《きょうり》の人びとは「五人のなかでは白眉《はくび》がもっともすぐれている。」とうわさしました。馬良《ばりょう》の眉毛《まゆげ》のなかには白い毛があったので、馬良《ばりょう》をそうよんだのです。

出典 『三国志《さんごくし》』

五人きょうだいの四番目に生まれた馬良《ばりょう》は白い眉《まゆ》だったといわれているよ。

意味 きょうだいのなかや大勢《おおぜい》のなかでもっともすぐれている者。また、同類《どうるい》のなかでもっともすぐれているもの。

解説 馬良《ばりょう》は蜀《しょく》の劉備《りゅうび》につかえ、劉備《りゅうび》の軍師《ぐんし》である諸葛亮《しょかつりょう》とは大の親友だったが、早くに亡《な》くなった。諸葛亮《しょかつりょう》は弟の馬謖《ばしょく》に期待をかけたが、馬謖《ばしょく》が命令《めいれい》に背《そむ》いて戦《たたか》いに敗《やぶ》れたため、泣《な》く泣《な》く処刑《しょけい》した（106ページ）。

使い方 我《わ》が校《こう》の**白眉《はくび》**である石原《いしはら》さんは、全国大会でも優秀《ゆうしゅう》な成績《せいせき》をおさめたらしい。

薄氷《はくひょう》をふむ

21ページ

・故事成語のお話・

中国のもっとも古い詩集には、乱《みだ》れた世の中を無事《ぶじ》に生きるための注意として次のような詩がのせられています。

「素手《すで》で虎《とら》と戦《たたか》う人はいないし、歩いて深い川をわたる人もいない。そんな道理はみんな知っているけれど、だれも気づかない危険《きけん》もある。毎日、まわりのようすをよく見て気をつけよう。深《ふか》い淵《ふち》の前では立ち止まり、薄《うす》い氷の上を歩くときには慎重《しんちょう》に。」

出典 『詩経《しきょう》』

意味 恐《おそ》れてひやひやしながらものごとを進めること。また、危険《きけん》な状態《じょうたい》であること。

解説 『論語《ろんご》』のなかで曽子《そうし》は亡《な》くなる前、弟子たちに「親からもらった体を傷《きず》つけないように、薄氷《はくひょう》をふむかのように注意して、生きてきた。」と語ったとされている。

使い方 後半戦《こうはんせん》の終了間際《しゅうりょうまぎわ》に同点ゴールを入れられてロスタイムをむかえたが、相手のミスでPK《ピーケー》のチャンスをつかみ、なんとか**薄氷《はくひょう》をふむ**思いで勝つことができた。

【似た意味の故事成語】春氷をわたる

馬耳東風

・故事成語のお話・

唐《とう》の詩人、李白《りはく》は詩のなかでこう言いました。

「北の窓辺《まどべ》で詩をうたい、❶賦《ふ》をつくります。けれどもたくさんの言葉を費《つい》やして、立派《りっぱ》な作品をつくっても、それは一杯《ぱい》の水ほどの価値《かち》もありません。世間の人は聞いてもみんな頭をふってわからないといいます。まるで春の風が馬の耳に吹《ふ》きかかるように無関心《むかんしん》なのです。」

出典 李白《りはく》の詩より

❶賦《ふ》……詩の型式《けいしき》のひとつ。対《つい》になる表現《ひょうげん》を使いながらさまざまな事物をうたう技法《ぎほう》。

意味 人の意見を気にせず、聞き流し、心に留《と》めないこと。

解説 「東風」は春風のこと。人間は春風のささやきに喜《よろこ》びを感じるが、馬の耳は春風が吹《ふ》いてもちっとも動じないことから、このようにいう。

使い方 わすれものばかりする山村《やまむら》くんには、先生の注意は**馬耳東風**だろう。

【似た意味の故事成語】牛に対して琴《こと》を弾《だん》ず

破《は》竹《ちく》の勢《いきお》い

13ページ

故事成語のお話

晋《しん》が呉《ご》の国を攻《せ》めたときのことです。戦《たたか》いは思うように進まず、作戦《さくせん》を練り直す軍法会議《ぐんぽうかいぎ》が開かれました。軍《ぐん》を引き上げたほうがよいという意見が多いなかで将軍《しょうぐん》の杜預《とよ》は言《い》いました。

「今、私《わたし》たちの軍勢《ぐんぜい》は勢《いきお》いがあります。この勢《いきお》いをたとえていえば、竹を割《わ》るようなものです。竹に刃物《はもの》を入れれば、節《ふし》をいくつもこえて先まですっぱりと割《わ》れて、あとは何もする必要《ひつよう》がないでしょう。よって、わが軍《ぐん》は今攻撃《こうげき》するべきです。」

杜預《とよ》の意見に従《したが》って、晋《しん》は軍《ぐん》を進め、一気に呉《ご》をほろぼしました。

出典 『晋書《しんじょ》』

意味 勢《いきお》いがさかんなこと。また、それによって敵《てき》がいないこと。

解説 竹のひと節《ふし》に刃物《はもの》を入れると、あとは先までかんたんに割《わ》れることをたとえた言葉。

使い方 その監督《かんとく》がチームについてからは、**破《は》竹《ちく》の勢《いきお》い**で勝ち進んでいる。

【似た意味の故事成語】刃《やいば》をむかえて解《と》く

竹に刃物《はもの》を入れるとまっすぐパカっと割《わ》れるよ。

破《は》天《てん》荒《こう》

・故事成語のお話・

唐《とう》の荊州《けいしゅう》からは中央の役人になる試験《しけん》に合格《ごうかく》する人がいませんでした。そのため、荊州《けいしゅう》からの受験《じゅけん》者《しゃ》は「天荒《てんこう》（不毛《ふもう》の地）からの受《じゅ》験者《けんしゃ》」と悪口を言われていました。ところが劉蛻《りゅうぜい》という人がはじめて試験《しけん》に合格《ごうかく》し、未開《みかい》の地を破《やぶ》ったという意味で「破天荒《はてんこう》」とよばれました。

出典『北夢瑣言《ほくむさげん》』

意味 今までだれも成《な》しとげていなかったことをはじめて成《な》しとげること。

解説 天荒《てんこう》は、天と地がまだ分かれていない混《こん》とんとした状態《じょうたい》。「破天荒《はてんこう》」はその状態《じょうたい》を破《やぶ》ること。

使い方 その研究者は、ずっとわからなかった病気の原因《げんいん》をつきとめた。**破天荒《はてんこう》**な功績《こうせき》だ。

写真は現在《げんざい》の荊州市《けいしゅうし》にある「荊州古城《けいしゅうこじょう》」で、一六〇〇年代に再建《さいけん》されたものだよ。

万事休す

・故事成語のお話・

荊南《けいなん》の王子・保勖《ほうきょく》がまだ赤ちゃんだったころ、父親の従誨《じゅうかい》は息子をとてもかわいがっていました。はげしく怒《おこ》っているときでも保勖《ほうきょく》を見ると、怒《いか》りがおさまってにこりと笑《わら》いました。人びとは「これですべてのことがことなしだ。」と言いました。

出典『宋史《そうし》』

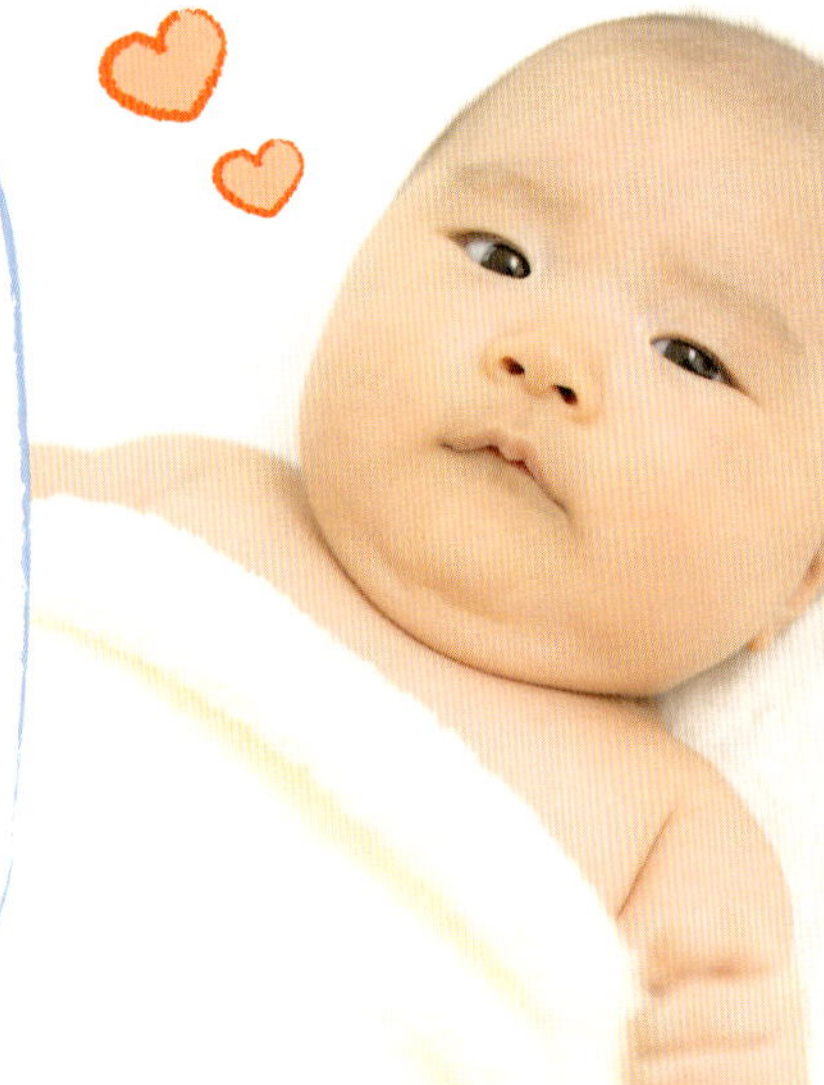

あまりにかわいいから、腹《はら》の立つこともわすれてしまうよ。

意味 なすすべがない。

解説 「万事」はすべてのこと、「休す」はまるくおさまって終わるという意味。現在《げんざい》では難《むずか》しい状況《じょうきょう》に置《お》かれ、追いつめられたときに使うことが多い。

使い方 昨晩《さくばん》はおそくまで試験勉強《しけんべんきょう》をしていたのに、寝坊《ねぼう》をして起きたらすでに試験《しけん》がはじまっている時間だった。**万事休す**だ。

疾《はや》きこと風のごとし

・故事成語のお話・

戦《たたか》いは敵《てき》をだますことを基本《きほん》として、勝利《しょうり》を求《もと》めて動きます。軍隊《ぐんたい》を自在《じざい》に分けたりまとめたりして敵《てき》をまどわさなければなりません。ですから軍隊《ぐんたい》が進軍《しんぐん》するときは風のように動き、隊列《たいれつ》は林のように整然《せいぜん》として、敵地《てきち》に侵攻《しんこう》するときは火のようにはげしく、守りをかためるときは山のようにどっしりと動かないことが大切です。

出典『孫子《そんし》』

意味 風のようにすばやい行動。

解説 日本の武将《ぶしょう》・武田信玄《たけだしんげん》はこの故事《こじ》にならって「風林火山」という言葉を旗《はた》にしるして戦《たたか》った。

使い方 彼《かれ》の行動は**疾《はや》きこと風のごとし**で、すぐに仕事にとりかかる。

ひ

ひそみにならう

人気アイドルとおそろいの髪形《かみがた》にしたら、私《わたし》もモテるはず！

・故事成語のお話・

春秋時代《しゅんじゅう》、越《えつ》の国に西施《せいし》というとても美しい人がいました。あるとき胸《むね》の病気にかかり、ふるさとで休んでいました。胸《むね》に手をあてて顔をしかめていると、それを見た女性《じょせい》が自分も同じしぐさをしたら美しく見えるはずだと思い、家に帰ってまねをしました。

けれども、人びとは美しいと思うどころか、おどろいてにげ出《だ》してしまったということです。

出典『荘子《そうじ》』

意味 むやみに人のまねをして失敗《しっぱい》すること。また、善悪《ぜんあく》を考えずにまねすること。

解説 「ひそみ」は、顔をしかめる、眉《まゆ》にしわをよせること。西施《せいし》は絶世《ぜっせい》の美女で、越《えつ》の王の策略《さくりゃく》により、呉《ご》の王・夫差《ふさ》のもとへ送りこまれた。夫差《ふさ》は西施《せいし》に夢中《むちゅう》になって軍事《ぐんじ》をおろそかにするようになり、越《えつ》にほろぼされた。

使い方 美容院《びよういん》でアイドルと同じ髪型《かみがた》にしてもらったけれど、まったく似合《にあ》わなかった。**ひそみにならう**だったようだ。

髀肉《ひにく》の嘆《たん》

鞍《くら》
馬に乗るときは、太ももとひざに力を入れて鞍《くら》をはさむよ。

・故事成語のお話・

あるとき、便所《べんじょ》に立った蜀《しょく》の劉備《りゅうび》は太ももの内側《うちがわ》に肉がついてしまったことに気がつき、涙《なみだ》を流しました。けげんに思った劉表《りゅうひょう》がどうしたのかとたずねると、劉備《りゅうび》は言いました。

「以前《いぜん》は常《つね》に馬の鞍《くら》に乗っていたので、太ももの肉はそげ落ちていましたが、今は馬に乗って戦場《せんじょう》に出る機《き》会《かい》もなくなり、ももに肉がついてしまいました。月日はあっというまにたって、私《わたし》の体は老《お》いていくのに、天下統一《てんかとういつ》の目標《もくひょう》は達《たっ》せられそうにありません。それが悲しいのです。」

出典『蜀志《しょくし》』

意味 手がらを立てられずにただ月日が過《す》ぎていくのをなげくこと。

解説 「髀肉《ひにく》」はももの肉のこと。後漢《ごかん》の末《まつ》、蜀《しょく》の劉備《りゅうび》は曹操《そうそう》との戦《たたか》いに敗《やぶ》れ、荊州《けいしゅう》の劉表《りゅうひょう》のもとに身をよせていた。

使い方 あの選手《せんしゅ》は試合《しあい》でいつも使ってもらえず、ベンチで**髀肉《ひにく》の嘆《たん》**をもらしているよ。

百年河清《かせい》をまつ

故事成語のお話

楚《そ》が鄭《てい》を攻撃《こうげき》したときのことです。鄭《てい》では子駟《しし》が楚《そ》に降伏《こうふく》しようと言いましたが、晋《しん》からの応援《おうえん》を待って反撃《はんげき》しようと言う人びともいました。

子駟《しし》は言いました。

「周《しゅう》の詩に『にごった黄河《こうが》がすむのを待っていても、人の命は短いのだから、それはむだなことだ。』というものがある。晋軍《しんぐん》を待ってもむだだろう。」

出典『春秋左氏伝《しゅんじゅうさしでん》』

意味 ほとんど望《のぞ》みがなく、あてにならないのに待つこと。

解説 「河《か》」は中国の川・黄河《こうが》のこと。「清《せい》」は水がすむこと。黄河《こうが》の水は常《つね》ににごっていることから、いつまで待っていてもかなわないことをいう。

使い方 白馬に乗った王子様がいつか来てくれるなんて**百年河清《かせい》をまつ**だよ。

中国文明を支《ささ》える長江《ちょうこう》と黄河《こうが》

長江《ちょうこう》は中国南部を流れる大河《たいが》で、アジア最長《さいちょう》、世界で三番目の長さの川です。下流部は揚子江《ようすこう》とよばれます。黄《こう》河《が》は長江《ちょうこう》につぐ大河《たいが》で、中国北部を流れています。流域《りゅういき》の土地がゆたかであったことから、紀元前《きげんぜん》十五世紀《せいき》ごろにはすでに文明が栄《さか》え、「黄河《こうが》・長江流域《ちょうこうりゅういき》の文明」として古代文明のひとつにあげられています。この文明が殷《いん》や周《しゅう》などの国につながっていったといわれています。

黄河《こうが》は土砂《どしゃ》を多くふくんでいるから水面が黄色くなっているんだよ。一立方メートルにふくまれる土砂《どしゃ》の量《りょう》は世界一なんだって！

ひ

柳《やなぎ》の葉は細長くてよくゆれるから、弓矢で射《い》るのはとても難《むずか》しいよ！

精神集中《せいしんしゅうちゅう》！

百発百中

・故事成語のお話・

楚《そ》に養由基《ようゆうき》という人がいました。弓の名人で百歩離《はな》れたところから柳《やなぎ》の葉を射《い》ましたが、百本射《い》たところ、すべて命中しました。

出典『史記《しき》』

意味 放てばすべて命中すること。計画や考え、予想がすべて当たること。ことごとく成功《せいこう》すること。

解説 「中」はあたるとも読み、投げたり放ったりしたものがねらいどおりのところに行くことをさす。

使い方 彼が放つシュートは、いつも**百発百中**でゴールをうばう。

百聞は一見にしかず

・故事成語のお話・

漢《かん》の宣帝《せんてい》の時代、異民族《いみんぞく》の羌《きょう》が反《はん》乱《らん》を起こしました。討伐《とうばつ》を考えていた宣帝《せんてい》に家臣《かしん》の趙充国《ちょうじゅうこく》はこう言いました。

「人から百回聞くよりも自分で一度見たほうが確《たし》かです。報告《ほうこく》を聞くだけではようすがわかりません。どうぞ私《わたし》を城《しろ》にやって、偵察《ていさつ》してから計画を立てさせてください。」

出典『漢書《かんじょ》』

意味 どんなことでも人から聞くよりも自分の目で見ることが大切であること。

解説 趙充国《ちょうじゅうこく》は異民族《いみんぞく》との戦《たたか》いの経験《けいけん》が豊富《ほうふ》だった。趙充国《ちょうじゅうこく》はこのとき七十歳《さい》をこえていたが、宣帝《せんてい》は趙充国《ちょうじゅうこく》の言葉を信《しん》じてまかせたところ、見事に羌《きょう》の反乱《はんらん》をおさめた。

使い方 新しく来た先生に会ってみたら、うわさとちがった。**百聞は一見にしかず**だ。

風馬牛

・故事成語のお話・

春秋《しゅんじゅう》時代、斉《せい》が楚《そ》を攻《せ》めようとしたときのことです。楚《そ》の成王《せいおう》は斉《せい》の桓公《かんこう》に使者を送って言いました。「あなたは北海《ほっかい》、私《わたし》は南《なん》海《かい》、両国はさかりのついた馬や牛がさそいあおうとしてもとどかないほどに離《はな》れています。どうしてわざわざ遠いところまで攻《せ》める必《ひつ》要《よう》がありますか。」

出典 『春秋左氏伝《しゅんじゅうさしでん》』

意味 遠く離《はな》れていること。また、無関係《むかんけい》であること。

解説 「風」はさかりがついた馬や牛のオスとメスがさそいあうことを意味している。

使い方 有名な海外の歌手が日本で公演《こうえん》するらしいが、洋楽に興味《きょうみ》のない私《わたし》にとっては**風馬牛**だ。

不倶戴天《ふぐたいてん》

17ページ

・故事成語のお話・

父親のかたきは、同じ天の下に生かしておくわけにはいきません。必《かなら》ず討《う》ちます。きょうだいのかたきは見かけたら、武器《ぶき》をとりに行ったりせずにその場で戦《たたか》えるように常《つね》に武器《ぶき》は備《そな》えておくことです。友人のかたきとは同じ国には住みません。

出典 『礼記《らいき》』

意味 どうしても許《ゆる》せないにくい相手のこと。父や主君のかたき。

解説 不倶戴天《ふぐたいてん》は「ともに天を戴《いただ》かず」と読み、同じ天の下に生かしておけないという意味になる。

使い方 豊臣秀吉《とよとみひでよし》にとって、主君の織田信長《おだのぶなが》を殺した明智光秀《あけちみつひで》は**不倶《ふぐ》戴天《たいてん》**ともいえる相手だった。

鳳凰《ほうおう》はクジャクに似《に》た伝説上《でんせつじょう》の鳥で、日本の神社や寺にも神の使いとしてまつられているよ。

伏竜鳳雛《ふくりょうほうすう》

11ページ

・故事成語のお話・

後漢《ごかん》の終わりごろ、自分を支《ささ》えてくれる人物をさがしていた劉備《りゅうび》に司馬徽《しばき》という賢者《けんじゃ》が言いました。「学者は世間知らずで役に立ちません。伏竜《ふくりょう》や鳳雛《ほうすう》のようにまだ世に知られていない大人物をさがさなければいけません。そのような人物といえば、諸葛亮《しょかつりょう》と龐統《ほうとう》でしょう。」

出典 『三国志《さんごくし》』

意味 将来《しょうらい》、大人物になる見こみのある少年のこと。また、世間にはまだ知られていないが、将来《しょうらい》有名になりそうな人のこと。

解説 「伏竜《ふくりょう》」はかくれている竜《りゅう》。「鳳雛《ほうすう》」は鳳凰《ほうおう》のひな。鳳凰《ほうおう》は伝説《でんせつ》上の鳥でもっとも高貴《こうき》なものと考えられていた。

使い方 この子のピアノの演奏《えんそう》はすばらしい。**伏竜《ふくりょう》鳳雛《ほうすう》**にちがいない。

ふ

覆《ふく》水《すい》盆《ぼん》に返らず

故事成語のお話

呂尚《りょしょう》は長いあいだ、出世をすることができず、毎日読書ばかりしていました。呂尚《りょしょう》の妻《つま》は家計のことをかえりみない夫《おっと》に愛《あい》想《そ》をつかして、自分から離婚《りこん》を申し出ました。

妻《つま》と離婚《りこん》したあと、呂尚《りょしょう》は周《しゅう》の文王《ぶんのう》に見い出され、高い位《くらい》につきました。それを知った元妻《もとつま》は、ふたたび呂尚《りょしょう》のところに来て頭を下げ、もう一度夫婦《ふうふ》になってほしいとたのみました。

そこで呂尚《りょしょう》は元妻《もとつま》に❶お盆《ぼん》に水をくんでこさせ、それを地面にこぼすようにいいました。地面にこぼれた水をさして、呂尚《りょしょう》は元妻《もとつま》にいいました。

「この水をもと通り、お盆《ぼん》にもどせるならおまえを許《ゆる》そう。」

けれども水は地面にすいこまれ、元妻《もとつま》はどろしかつかむことができませんでした。呂尚《りょしょう》は言いました。

「こぼした水はもどせないだろう。それと同じでもう一度、おまえと夫婦《ふうふ》になることはできないのだ。」

出典 『拾遺記《しゅういき》』

❶お盆《ぼん》……ここでは丸くて平らなうつわのこと。

呂尚《りょしょう》は「太公望《たいこうぼう》」というよび名でも知られているよ。

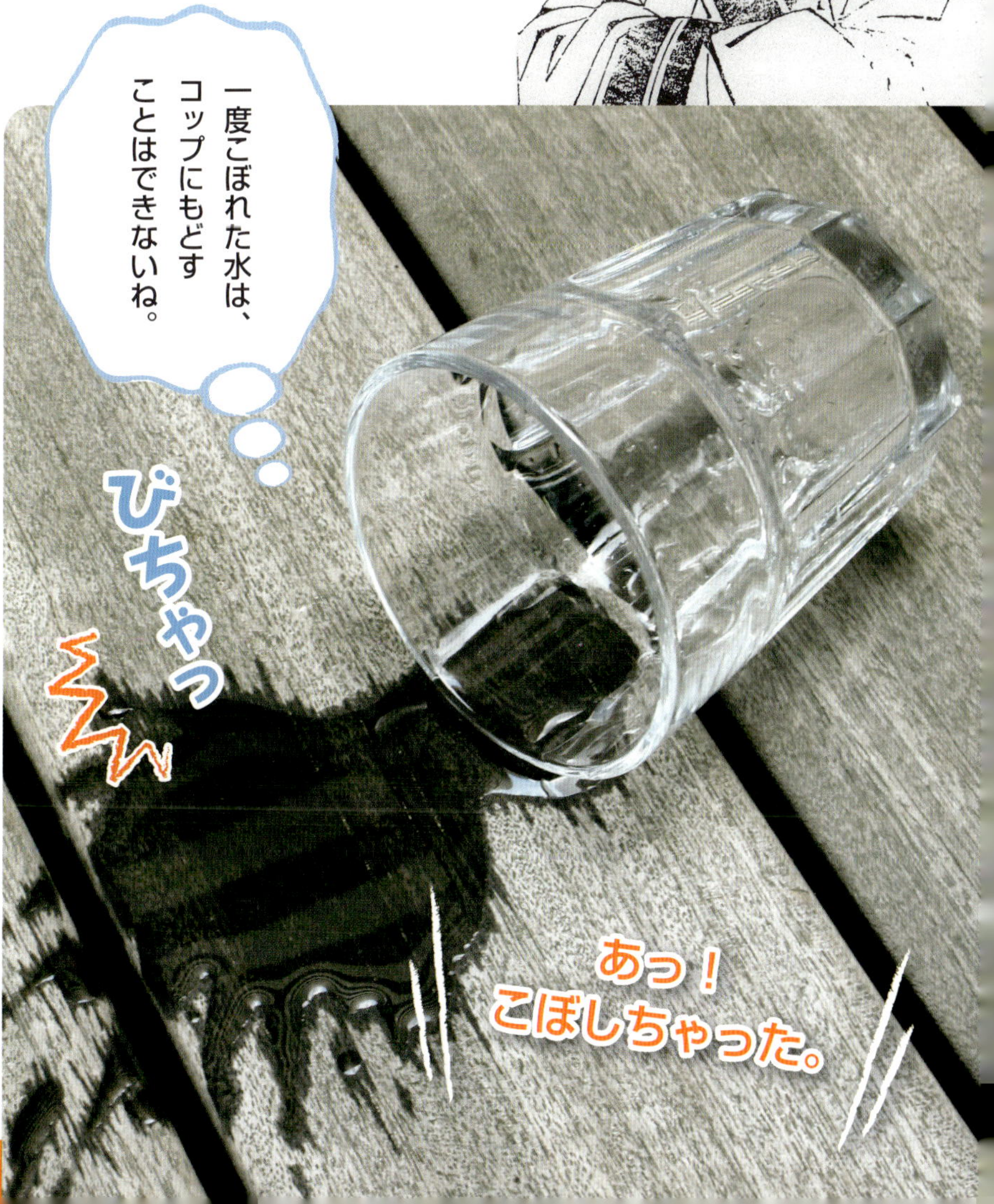
一度こぼれた水は、コップにもどすことはできないね。
びちゃっ
あっ！こぼしちゃった。

意味 一度してしまったことは、二度と取り返しがつかないこと。また、離婚《りこん》した夫婦《ふうふ》はもとにはもどれないこと。

解説 呂尚《りょしょう》は、太公望《たいこうぼう》（↓91ページ）とよばれた人物。周《しゅう》の文王《ぶんのう》につかえ、周《しゅう》の繁栄《はんえい》を支《ささ》えた。漢《かん》の武帝《ぶてい》につかえた朱買臣《しゅばいしん》も、出世したあとに別《わか》れた妻《つま》が復縁《ふくえん》をせまってきたが、呂尚《りょしょう》と同じように断《ことわ》ったと記されている。

使い方 軽い気持ちで人にゆずった絵が、実はとても価値《かち》のあるものだった。**覆水盆《ふくすいぼん》に返らず**だ。

【似た意味の故事成語】落花枝《えだ》に返らず

舟《ふね》に刻《きざ》みて剣《けん》を求《もと》む

・故事成語のお話・

昔、楚《そ》の国に舟《ふね》で長江《ちょうこう》をわたろうとする人がいました。うっかりして剣《けん》を落としてしまい、あわてて舟《ふな》べりに傷《きず》をつけて言いました。「ここが私《わたし》の剣《けん》の落ちたところです。」

舟《ふね》が止まったので、その男は舟《ふな》べりにつけた傷《きず》のところから水に入って、剣《けん》をさがしました。舟《ふね》はとっくに進んでいますが、剣《けん》はもとのところから動きません。それにもかかわらず、こうして剣《けん》をさがすというのは、何と意味のないことでしょうか。

出典『呂氏春秋《りょししゅんじゅう》』

意味 ときの移《うつ》り変《か》わりを知らないで、昔のしきたりをいつまでも守ろうとすること。または、守ろうとする人のこと。

解説 古代中国では左右どちらからも切ることができる両刃《りょうば》の剣《けん》が使われていた。持ち手に飾《かざ》りがほどこされ、芸術品《げいじゅつひん》として価値《かち》の高い剣《けん》もあった。

使い方 こんなにべんりなスマートフォンを使わないなんて**舟《ふね》に刻《きざ》みて剣《けん》を求《もと》む**だ、と言われた。

【似た意味の故事成語】守株《しゅしゅ》 ⬇79ページ

刎《ふん》頸《けい》の交わり

・故事成語のお話・

戦国《せんごく》時代、趙《ちょう》の恵文王《けいぶんおう》のところに廉《れん》頗《ぱ》と藺相如《りんしょうじょ》という家臣《かしん》がいました。あるとき恵文王《けいぶんおう》は、藺相如《りんしょうじょ》に廉頗《れんぱ》よりも高い位《くらい》を授《さず》けました。廉頗《れんぱ》はこれを怒《おこ》りました。藺相如《りんしょうじょ》は廉頗《れんぱ》に会うのを避《さ》けるようになりました。これを見た部下がなぜ廉頗《れんぱ》を恐《おそ》れるのかと藺相如《りんしょうじょ》にたずねました。すると藺相如《りんしょうじょ》は言いました。「廉頗《れんぱ》を恐《おそ》れているのでない。今、秦《しん》が趙《ちょう》を攻《せ》めないのは、私《わたし》と廉《れん》頗《ぱ》がいるからだ。私《わたし》と廉頗《れんぱ》が争《あらそ》ってしまったらともにほろびるだろう。国家の大事を前にして、自分たちの争《あらそ》いは避《さ》けるべきだ。」

これを聞いた廉頗《れんぱ》は自分を恥《は》じ、はだかのすがたで罪人《ざいにん》を罰《ばっ》するためのいばらのむちを持って藺相如《りんしょうじょ》のところに行き、謝《あやま》りました。ふたりは心を許《ゆる》し合《あ》い、おたがいのために首をはねられてもうらみに思わず、生死をともにする約束《やくそく》を交わしました。

出典『史記《しき》』

意味 相手のために首をはねられてもかまわないというほど深い親交のこと。

解説 この当時、趙《ちょう》は秦《しん》に破《やぶ》られたあとだった。藺相如《りんしょうじょ》は恵文王《けいぶんおう》をはげまし、秦《しん》との和平交渉《こうしょう》にのぞんだ。廉頗《れんぱ》は留守《るす》のあいだ、国を守ったが、恵文王《けいぶんおう》は藺相如《りんしょうじょ》のほうに高い位《くらい》を授《さず》けたという話から。「刎頸《ふんけい》」とは首をはねること。

使い方 祖父《そふ》と松本《まつもと》さんは三十年のつきあいになる**刎頸《ふんけい》の交わり**のあいだがらだ。

【似た意味の故事成語】管鮑《かんぽう》の交わり ⬇45ページ・金石《きんせき》の交わり ⬇53ページ

ほ

ムシャムシャ
人の目なんて気にしないよ。

傍若無人《ぼうじゃくぶじん》

・故事成語のお話・

戦国時代《せんごくじだい》の末期《まっき》、衛《えい》に荊軻《けいか》という人がいました。燕《えん》の国で高漸離《こうぜんり》という友人と酒を飲んでいました。

高漸離《こうぜんり》は酒にようと、筑《ちく》という楽器《がっき》を鳴らし、荊軻《けいか》がそれに合わせてまちのなかで歌い、ふたりで楽しみました。やがてふたりは涙《なみだ》を流し、まるでまわりに人がいないかのようにふるまいました。

出典 『史記《しき》』

意味 まるでそばに人がいないかのように、遠慮《えんりょ》なくふるまうこと。

解説 筑《ちく》は琴《こと》に似《に》た弦楽器《げんがっき》で竹べらで打ち鳴らす。傍若無人《ぼうじゃくぶじん》は「傍《かたわ》らに人無《な》きがごとし」と読み、まるで人がそばにいないかのようだ、という意味になる。

使い方 電車のなかで食べたり飲んだりして**傍若《ぼうじゃく》無人《ぶじん》**にふるまう人がいる。

墨守《ぼくしゅ》

・故事成語のお話・

公輸盤《こうしゅはん》という技術者《ぎじゅつしゃ》が開発した新《しん》兵器《へいき》を使って宋《そう》の国を攻《せ》めようとした楚《そ》の王を、宋《そう》の防衛《ぼうえい》をまかされていた墨子《ぼくし》がたずねていき、王の前で新兵器《しんへいき》と城壁《じょうへき》の模型《もけい》を使って、戦《たたか》いの演習《えんしゅう》をしてみせました。墨子《ぼくし》が九回も続《つづ》けて打ち勝つと、公輸盤《こうしゅはん》はそれ以上《いじょう》何もできなくなりました。

出典 『墨子《ぼくし》』

写真は伝統工芸品《でんとうこうげいひん》の友禅染《ゆうぜんぞ》めだよ。「手《て》がき友禅《ゆうぜん》」といって、昔ながらの方法《ほうほう》で絵がらを手がきでかいているよ。

意味 自分の考えをかたく守り、変《か》えないこと。

解説 公輸盤《こうしゅはん》の攻撃《こうげき》を封《ふう》じこめた墨子《ぼくし》は宋《そう》への攻撃《こうげき》をやめるように進言し、楚《そ》王はそれに従《したが》った。融通《ゆうずう》がきかないという意味で使われることもある。

使い方 その職人《しょくにん》は江戸《えど》時代から伝《つた》わる製法《せいほう》を**墨守《ぼくしゅ》**している。

木や石に感情《かんじょう》はないね。

木石に非《あら》ず

17ページ

・故事成語のお話・

漢《かん》の皇帝《こうてい》である武帝《ぶてい》が深く愛《あい》していた李夫人《りふじん》を病気で亡《な》くしたときの悲しみを、唐《とう》の時代の政治家《せいじか》で詩人の白居易《はくきょい》が次のように詩にして歌いました。

「生きているときは大好きで夢中《むちゅう》になり、亡《な》くなってからはわすれられずに心が迷《まよ》う。人は木や石とはちがいだれでも心があるのだから、すべてを失《うしな》ってもかまわない恋《こい》に落ちてしまうほどの美人には会わないほうが幸せだ。」

出典 白居易《はくきょい》の詩より

意味 人間はだれにでも喜怒哀楽《きどあいらく》の感情《かんじょう》があるということ。

解説 この故事成語《こじせいご》から、まるで心がないかのように冷《つめ》たい行動を取る人間を「木石漢《ぼくせきかん》」ということがある。

使い方 あんなに冷《つめ》たいと思っていた人がこんなに親身になるなんて、人は**木石に非《あら》ず**だね。

枕《まくら》を高くしてねむる

・故事成語のお話・

　戦国《せんごく》時代、張儀《ちょうぎ》が魏《ぎ》の王に向《む》かって言いました。
「大王のためを考えると、秦《しん》に服従《ふくじゅう》するのがよろしいかと思います。秦《しん》に従《したが》えば、楚《そ》や韓《かん》といった国は侵《しん》略《りゃく》してくることはないでしょう。楚《そ》や韓《かん》に攻《せ》められる心配がなくなれば、大王も枕《まくら》を高くして安心してねむれ、国が安定することでしょう。」

出典『史記《しき》』

写真は、昔、中国で使われていた石の枕《まくら》だよ。大理石を虎《とら》のかたちにほってあって、なかには貴重《きちょう》品《ひん》をしまえるよ。

意味　安心してねむること。

解説　原文は「高枕而眠」。一説《いっせつ》には、「高きに枕《まくら》して眠《ねむ》る」と読み、高いところに寝床《ねどこ》をつくってねむるという意味だともいわれている。

使い方　試験《しけん》が無事《ぶじ》に終わって、今日は**枕《まくら》を高くしてねむれ**そうだ。

満《まん》を持《じ》す

・故事成語のお話・

　異民族《いみんぞく》との戦《たたか》いに出た漢《かん》の李広《りこう》は、四方を異民族《いみんぞく》に包囲《ほうい》され、矢もほとんどなくなり危機《きき》におちいりました。
　そこで李広《りこう》は、兵士《へいし》たちに弓を十分に引きしぼったまま待《たい》機《き》して、矢を放たないようにと命令《めいれい》しました。そして李広将《りこうしょう》軍《ぐん》は大黄《たいこう》とよばれる弩《おおゆみ》を引いて、相手の副将軍《ふくしょうぐん》をめがけて矢を放ち、数名に命中させました。
　すると相手の軍《ぐん》は李広将軍《りこうしょうぐん》を恐《おそ》れて、次第に包囲《ほうい》を解《と》きはじめました。部下の兵士《へいし》たちは恐怖《きょうふ》にかられていましたが、李広《りこう》は平然《へいぜん》と陣《じん》を立て直したのです。

出典『史記《しき》』

弩《おおゆみ》は横だおしにした弓に弦《つる》をはった武器《ぶき》だよ。太く重い矢を使うため貫通力《かんつうりょく》にすぐれているんだって。

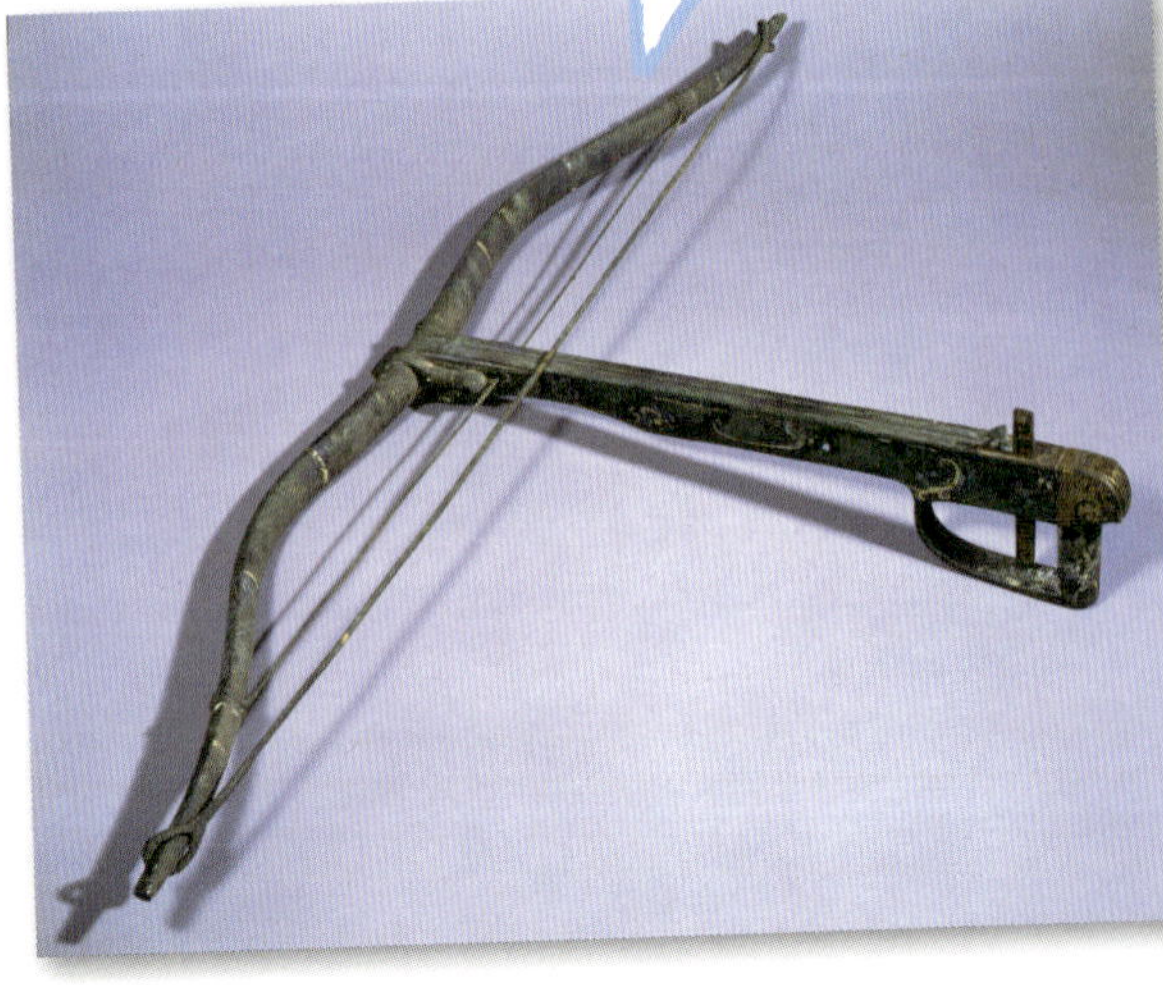

意味　準備《じゅんび》を万全に整えて待つこと。また、弓を十分に引きしぼって構《かま》えること。

解説　「満《まん》」は弓をいっぱいに引きしぼった状態《じょうたい》。「持《じ》す」は持ちこたえること。

使い方　そのマラソンランナーは**満《まん》を持《じ》して**ラストスパートをかけた。

右に出るものがない

・故事成語のお話・

前漢《ぜんかん》の初代皇帝《しょだいこうてい》である劉邦《りゅうほう》が、才能《さいのう》がある人物だと推薦《すいせん》された田叔《でんしゅく》に会っていろいろな話をしてみると、朝廷《ちょうてい》でつかえている自分の臣下《しんか》たちはだれひとり田叔《でんしゅく》の右側《みぎがわ》に座《すわ》らせる（すぐれたものとして上の席《せき》における）ものがいないことに気づきました。そこで劉邦《りゅうほう》は彼《かれ》をすぐに取り立てて重《じゅう》要《よう》な土地をおさめる責任《せきにん》者《しゃ》に任命《にんめい》しました。

出典『史記《しき》』

右側《みぎがわ》のいすに
座《すわ》る権利《けんり》があるのは
すぐれた者だけだワン！

意味 もっともすぐれていることや人。

解説 古代中国では、すぐれたものや上位者《じょういしゃ》を右側《みぎがわ》に置《お》くという習慣《しゅうかん》があった。そのため、いちばんすぐれているものは、いちばん右側《みぎがわ》に置《お》いた。

使い方 ものがたりをみんなに読み聞かせるということにおいて、田中《たなか》さんの**右に出るものはいない**ね。

ま〜も

水は方円の器《うつわ》に従《したが》う

・故事成語のお話・

戦国《せんごく》時代の思想家である荀子《じゅんし》は、国をおさめるために大切なことを次のように説明《せつめい》しました。

「君主と民衆《みんしゅう》の関係《かんけい》は、模範《もはん》となるかたちとそこにできる影《かげ》、または水を入れる水盤《すいばん》とそこに入れた水のようなものです。かたちが正しければ影《かげ》も正しくなり、水盤《すいばん》が円形だと水も円形になります。君主のすがたに影響《えいきょう》されて民衆《みんしゅう》はすがたを変《か》えるのです。国をおさめるのではなく、まず自分のみを正すことが大切です。」

出典『荀子《じゅんし》』

意味 人は交友関係《かんけい》によって、よくも悪くもなる。また、社会は上に立つ人によって、よくも悪くもなる。

解説 荀子《じゅんし》（→134ページ）に学んだ韓非子《かんぴし》（→135ページ）は、同じ考えを「器《うつわ》が四角なら水は四角に、器《うつわ》が丸なら水もまるいかたちになる。」と言っていて、「方円」という表現《ひょうげん》はこれによる。

使い方 **水は方円の器に従《したが》う**というように、毎日とても熱心《ねっしん》に指《し》導《どう》してくださったコーチのおかげで努力《どりょく》を継続《けいぞく》することだけは、だれにも負けない自分になれた。

水は円形の器《うつわ》の
かたちにそって
まるくなるよ。

矛《む》盾《じゅん》

・故事成語のお話・

戦国《せんごく》時代の思想家《しそうか》・韓非《かんぴ》は、❶儒学者《じゅがくしゃ》たちが伝説《でんせつ》時代の聖王《せいおう》とされる尭《ぎょう》と舜《しゅん》の両方をほめるのを聞き、次のようなたとえ話をしました。

「楚《そ》の国に矛《ほこ》と盾《たて》を売る商人がいました。自分の売っている盾《たて》をじまんして、『私《わたし》の盾《たて》のかたくてじょうぶなことといったら、どんなものでも、これをつき通すことはできませんよ。』と言いました。

さらに、矛《ほこ》をじまんして、『私《わたし》の矛《ほこ》のするどいことといったら、どんなものでも、つき通せないものはありません。』と言いました。

これを聞いたある人が、商人に『それでは、そのするどい矛《ほこ》で、そのじょうぶな盾《たて》をついてみたら、どうなるのかね。』とたずねました。商人は、答えることができませんでした。

つまり、尭《ぎょう》が本当にすぐれた王であったなら、その跡《あと》を継《つ》いだ舜《しゅん》が改革《かいかく》をする必要《ひつよう》はなかったし、舜《しゅん》が改革《かいかく》をしたのなら、尭《ぎょう》はすぐれた王ではなかったことになります。たとえ話の矛《ほこ》と盾《たて》のように、すぐれた王である尭《ぎょう》と改革者《かいかくしゃ》である舜《しゅん》が、両方とも存在《そんざい》するということはみとめられないということです。」

出典『韓非子《かんぴし》』

❶儒学《じゅがく》……孔子《こうし》（⬇134ページ）の唱《とな》えた思想をまとめた学問。

この盾《たて》はどんな矛《ほこ》もつき通さない！
この矛《ほこ》はどんなものもつき通す!!

意味 前後が食いちがっていて、理屈《りくつ》が合わない。話の筋《すじ》が通らない。

解説 「矛《ほこ》」は、やりのように相手をつきさす武器《ぶき》。「盾《たて》」は、やりや矢から身を守る武器《ぶき》。どんなものでもつき通してしまう矛《ほこ》と、どんなものでもつき通すことができない盾《たて》の両方が存在《そんざい》することはありえないことから、つじつまが合わないたとえにいう。

使い方 「今年の夏休みは計画的《けいかくてき》に宿題をする。」と言っていたのに毎日ゲームばかりしていて、言っていることとやっていることが**矛盾《むじゅん》**している。

【似た意味の故事成語】自家撞着《じかどうちゃく》

チャレンジ 漢文を音読してみよう

楚人《そひと》に
盾《たて》と矛《ほこ》とをひさぐ者有《ものあ》り。
これを誉《ほ》めて曰《いわ》はく
「わが盾《たて》の堅《かた》きこと、
よくとほ《お》すもの
なきなり」と。
また、その矛《ほこ》を誉《ほ》めて曰《いわ》はく
「わが矛《ほこ》の利《と》きこと、
物《もの》においてとほ《お》さざる
ことなきなり」と。
ある人《ひと》曰《いわ》はく
「子《し》の矛《ほこ》をもって、
子《し》の盾《たて》をとほ《お》さば、
いかん」と。
その人《ひと》
こたふ《う》るあたは《わ》ざるなり。

現代語訳

楚《そ》の国の人で、
盾《たて》と矛《ほこ》とを売っている人がいた。
その人が自分の売りものをほめて
「私《わたし》の盾《たて》のかたいことといったら、
どんなものでも貫《つらぬ》きとおすことは
できませんよ。」と言った。
さらに続《つづ》けて自分の矛《ほこ》をほめて
「私《わたし》の矛《ほこ》のするどいことといったら、
どんなものでも貫《つらぬ》きとおさない
ということはないですよ。」と言った。
それを聞いた人が、
「あなたの矛《ほこ》で
あなたの盾《たて》をついたら
どうなるでしょうね。」と言った。
その人《ひと》は
答えることができなかった。

明鏡止水《めいきょうしすい》

故事成語のお話

申徒嘉《しんとか》という人が言いました。「鏡《かがみ》がよくみがかれていれば、ほこりや、あかはつきません。ほこりや、あかがつくのは鏡《かがみ》がくもっているからです。」

また思想家の孔子《こうし》は言いました。「人は流れている水は鏡《かがみ》にしないで、静《しず》まりかえっている水面を鏡《かがみ》にします。」

出典 『荘子《そうじ》』

意味 心に少しのやましいこともなく、静《しず》かに明るく、落ち着いているようす。

解説 くもりのない鏡《かがみ》と静《しず》まりかえっている水のようすを、人間の心境《しんきょう》にあてはめた言葉。

使い方 準備《じゅんび》は万全だ。明日にひかえた大きな仕事を前に、私《わたし》は**明鏡止水《めいきょうしすい》**の気持ちだ。

面壁九年《めんぺきくねん》

故事成語のお話

インドから中国に来た達磨《だるま》は嵩山《すうざん》の少林寺《しょうりんじ》に滞在《たいざい》しました。そこで壁《かべ》に向かって座禅《ざぜん》を組み、一日中無言《むごん》で、その心のなかは人には推測《すいそく》できないほどでした。

達磨《だるま》はそれを九年間続《つづ》け、最後《さいご》に悟《さと》りを開きました。

出典 『伝燈録《でんとうろく》』

達磨《だるま》

所蔵者：興禅寺
写真提供：尼崎市教育委員会

意味 ひとつのことに年月と心をかたむけること。

解説 「面壁《めんぺき》」は壁《かべ》に向かって座禅《ざぜん》するという意味。達磨《だるま》は禅宗《ぜんしゅう》という宗教《しゅうきょう》を開いたといわれている。

使い方 新しく発売されたその作家の小説《しょうせつ》は**面壁九年《めんぺきくねん》**の大作だ。

孟《も》母《ぼ》三《さん》遷《せん》の教え

・故事成語のお話・

思想家の孟子《もうし》が幼《おさな》いころ、家は墓地《ぼち》の近くにありました。孟子《もうし》は墓地《ぼち》でおこなわれる追悼《ついとう》の儀式《ぎしき》や埋葬《まいそう》のまねをして遊んでいました。それを見た孟子《もうし》の母は「ここに子どもを住まわせるべきではない。」と言って、すぐに市場のそばに家を移《うつ》しました。すると今度は、孟子《もうし》が商人が商売のやりとりをするのをまねして遊ぶようになりました。孟子《もうし》の母は「ここも子どもが住むのによくない。」と言って、今度は学校のそばに引っこしました。すると、孟子《もうし》は学校でおこなわれる、祖先《そせん》をまつる儀式《ぎしき》や礼儀作法《れいぎさほう》のまねをして遊ぶようになりました。孟子《もうし》の母は「ここなら私《わたし》の子どもを住まわせるのにふさわしい。」と安心して、ここに住まいを定めました。孟子《もうし》は成長《せいちょう》すると、儒教《じゅきょう》をよく学び、立派《りっぱ》な学者になりました。

出典 『列女伝《れつじょでん》』

意味 子どもの教育には環境《かんきょう》が大切であるということ。

解説 孟子《もうし》は家を離《はな》れて学校に通うようになってから、勉強に身が入らずに帰ってきたことがあった。そのとき母は自分が織《お》っていた布《ぬの》を刀で切って、「もし勉強をやめれば、このようにそれまでの努力《どりょく》がむだになる。」と戒《いまし》めたという。

使い方 子どもが生まれたため、その夫婦《ふうふ》は**孟母三遷《もうぼさんせん》の教え**にならって教育熱心《ねっしん》で学校環境《かんきょう》がよいと評判《ひょうばん》のとなりまちに引っこした。

膏《こう》も肓《こう》も体の奥《おく》にあって、昔は治療《ちりょう》できなかったよ。

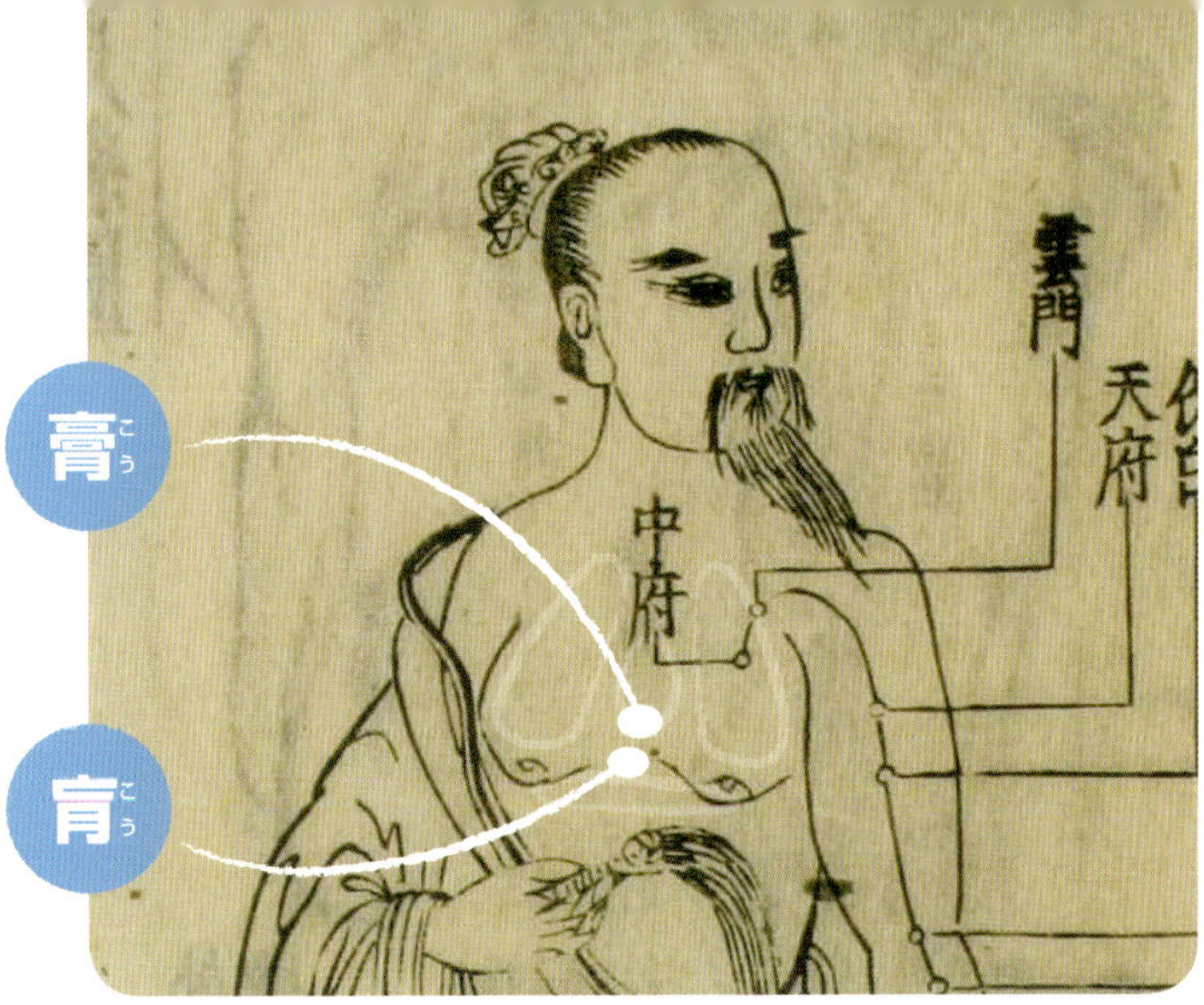

▲写真は『類経図翼《るいけいずよく》』という中国の医学書。

病膏肓に入る《やまいこうこうにいる》

・故事成語のお話・

晋《しん》の景公《けいこう》の病気が重くなり、秦《しん》から緩《かん》という名医をよんで治療《ちりょう》しようとしたときのことです。緩《かん》が来る前に、景公《けいこう》の夢《ゆめ》に病気がふたりの子どものかたちをしてあらわれました。「今度やってくる医者は名医なので、ひどい目にあわされるだろう、どうしようか。」とひとりが言うと、もうひとりは「肓《こう》の上、膏《こう》の下に入ればどうすることもできないだろう。」と答えました。

緩《かん》が来ると「この病は膏《こう》肓《こう》にあり手のほどこしようがありません。」と言いました。

出典 『春秋左氏伝《しゅんじゅうさしでん》』

意味 病気が重くて、治療《ちりょう》のしようがないこと。また、趣味《しゅみ》や遊びにひどく深入りして手のつけようがないこと。

解説 「膏《こう》」は心臓《しんぞう》の下の部分。「肓《こう》」は横隔膜《おうかくまく》の上のかくれた部分。どちらも体の奥《おく》で、薬やはりによる治療《ちりょう》が主だった当時の医療《いりょう》では手のほどこしようがなかった。

使い方 彼《かれ》の推理小説好《すいりしょうせつず》きは、**病膏肓《やまいこうこう》に入って**いるね。

夜郎自大《やろうじだい》

・故事成語のお話・

漢《かん》の時代に、未開《みかい》の貴州《さしゅう》の西の地方には、異民族《いみんぞく》が十ばかりの国をつくっていましたが、そのなかの夜郎国《やろうこく》は自分の国がいちばん大きいといばっていました。そこへ漢《かん》からの使者がやってきました。夜郎国《やろうこく》の王は漢《かん》から来た使者に漢《かん》と夜郎《やろう》国《こく》はどちらが大きいのかをたずねました。道路が通じていなかった夜郎国《やろうこく》の王は、漢《かん》が強大なことを知らなかったのです。

出典 『史記《しき》』

意味 世間知らずでいばっている者。また、自分の実力を知らずに、仲間《なかま》のなかで尊大《そんだい》に構《かま》えていること。

解説 このとき強大な国家となっていた漢《かん》は、武帝《ぶてい》の時代にインドとの交流をはじめようとしていた。インドへの交通路を開くために、とちゅうにあった夜郎国《やろうこく》に使者を送ったが、夜郎国《やろうこく》はまったく漢《かん》のことを知らなかったという話。

使い方 きょうだいのなかでいちばん成績《せいせき》がいいといばる弟は**夜郎自大《やろうじだい》**だ。

【似た意味の故事成語】井《い》の中の蛙《かわず》 大海《たいかい》を知らず ⬇30ページ

羊頭狗肉《ようとうくにく》

・故事成語のお話・

肉屋が看板《かんばん》に羊の頭を出しておき、実際《じっさい》には犬の肉を売っていることがあります。羊と犬の肉はよく似《に》ていますが、羊の肉はいくら熱《あつ》く煮《に》ても舌《した》をこがさないといわれています。

出典 『無門関《むもんかん》』

意味 立派《りっぱ》そうに見せかけて卑劣《ひれつ》なことをすること。

解説 古代中国では羊肉は好《この》んで食べられていた。

使い方 ハンバーグを注文したら、メニューの写真よりもずっと小さかった。**羊頭狗肉《ようとうくにく》**だ。

所蔵：国立劇場

梨《り》園《えん》

故事成語のお話

唐《とう》の玄宗皇帝《げんそうこうてい》は、とても音楽にくわしく、とても音楽を愛《あい》していました。たくさんの新曲を作曲し、じょうずに演奏《えんそう》もしました。政治《せいじ》を見るかたわら、少しでも時間があると、宮中の音楽隊《おんがくたい》から選《せん》抜《ばつ》した三百人もの若者《わかもの》に演奏方法《えんそうほうほう》を教え、たったひとつの音を外しただけでも聴《き》きとって、必《かなら》ず直させていました。皇帝《こうてい》がいつも音楽を教えていた建物《たてもの》は梨《なし》の木を植えた庭園にあったので、音楽隊《おんがくたい》から集められた若《わか》者《もの》たちは「梨園《りえん》の弟子」とよばれました。

出典 『唐書《とうじょ》』

玄宗皇帝《げんそうこうてい》は梨《なし》の木を植えた庭園で音楽を教えていたよ。

写真は、歌舞伎《かぶき》の「勧進帳《かんじんちょう》」という演目《えんもく》。源頼朝《みなもとのよりとも》に追われる源義経《みなもとのよしつね》が、家来の弁慶《べんけい》とともにたくさんの関《せき》所《しょ》をこえて奥州《おうしゅう》（現在《げんざい》の東北地方）へにげるというストーリーだよ。

意味 演劇《えんげき》の世界、特《とく》に歌舞《かぶ》伎《き》の世界をさしていう言葉。

解説 日本では歌舞伎《かぶき》の成立《せいりつ》とともに歌舞伎《かぶき》界のことをさす言葉になった。

使い方 **梨園《りえん》**のスターとよばれる俳優《はいゆう》がテレビに出ている。

竜頭蛇尾《りゅうとうだび》

10ページ

・故事成語のお話・

ひとりの僧侶《そうりょ》が旅先で出会ったほかの僧侶《そうりょ》と議論《ぎろん》して、「あわれなことに、この男は自分を竜《りゅう》のように見せようとしているが、結局最後《けっきょくさいご》はヘビのしっぽのようになるのだろう。」と気づき、相手に質問《しつもん》をしてみたところ、その男は何も答えられなくなってしまったのでした。

出典 『伝燈録《でんとうろく》』

意味 はじめは勢《いきお》いがあるのに、終わりは大したことがないこと。

解説 頭が立派《りっぱ》であるのに尾《お》が貧弱《ひんじゃく》であることから、はじめはよくても終わりがふるわないことをいうようになった。

使い方 赤組の応援《おうえん》は最《さい》初《しょ》はよく声が出ていたが、終わりは声が小さかった。**竜頭蛇尾《りゅうとうだび》**だ。

梁上《りょうじょう》の君子《くんし》

・故事成語のお話・

後漢《ごかん》の時代、どろぼうが陳寔《ちんしょく》の家に入り、天井《てんじょう》の梁《はり》の上にかくれていました。

陳寔《ちんしょく》はそれに気づき、立ち上がって身なりを整えてから子どもたちをよび、表情《ひょうじょう》を変《か》えて次のように教えさとしました。「人間は努力《どりょく》を惜《お》しむべきではないぞ。根からの悪人はいなくて、日々《ひび》の習慣《しゅうかん》がその人のありようを決めるのだ。今、梁《はり》の上にかくれている君子がその見本だぞ。」

それを聞いたどろぼうはびっくりして、自分から下りてきて、深く謝罪《しゃざい》しました。

出典 『後漢書《ごかんじょ》』

意味 どろぼうのこと。また、ねずみのこと。

解説 「梁《はり》」は天井《てんじょう》の上にあり家を支《ささ》える横木のこと。「君子」は品位《ひんい》があり、人格《じんかく》がすぐれた人に使う言葉だが、陳寔《ちんしょく》は皮肉をこめてこうよんだと考えられる。

使い方 となりの家に**梁上《りょうじょう》の君子《くんし》**が入ったようだ。

遼東《りょうとう》の家《いのこ》

・故事成語のお話・

昔、遼東《りょうとう》という地方で飼《か》われていたブタが白い頭のブタを産《う》みました。遼東《りょうとう》の人はこれをめずらしいものだと思い、朝廷《ちょうてい》に献上《けんじょう》しようと考えました。朝廷《ちょうてい》へ向かう道中で河東《かとう》というところにたどり着いたとき、白い頭のブタが群《む》らがっているのを目にしました。遼東《りょうとう》の人は自分の思いこみをはずかしく思い、引き返したということです。

出典 『後漢書《ごかんじょ》』

意味 ひとりよがり。自分ひとりがえらいと思い得意《とくい》になっていること。

解説 「豕《いのこ》」はブタ、またはイノシシのこと。

使い方 鈴木《すずき》さんは、学校中で英語《えいご》をペラペラに話せるのは自分だけだと**遼東《りょうとう》の豕《いのこ》**になっているようだ。

良《りょう》薬《やく》は口に苦《にが》し

・故事成語のお話・

孔子《こうし》が言いました。

「良薬《りょうやく》は飲むときは苦いけれども病気にはよくききます。このように、人からの忠告《ちゅうこく》は耳にはいたいかもしれませんが、そのあとのおこないはよいものになります。殷《いん》の湯王《とうおう》と周《しゅう》の武王《ぶおう》は、思ったことを王にも率直《そっちょく》に伝《つた》える家臣《かしん》を集めて繁栄《はんえい》を築《きず》き、夏《か》の桀王《けつおう》と殷《いん》の紂王《ちゅうおう》は王の言うことに従《したが》うだけの家臣《かしん》を集めてほろんだのです。」

出典 『孔子家語《こうしけご》』

意味 忠告《ちゅうこく》は耳にいたいが、後のちためになる。

解説 よくきく薬は苦くて飲みにくいことから。

使い方 コーチの指摘《してき》はいたいところをついた。**良薬《りょうやく》は口に苦し**とはこのことだ。

【似た意味の故事成語】忠《ちゅう》言《げん》は耳に逆《さか》らう

老《ろう》馬《ば》の智《ち》

・故事成語のお話・

春秋《しゅんじゅう》時代、斉《せい》の国の桓公《かんこう》は、戦《たたか》いに出た帰りに道に迷《まよ》ってしまいました。国を出たのは春でしたが、帰るころにはもう冬になっていたためです。家臣《かしん》の管仲《かんちゅう》は「老馬《ろうば》の知恵《ちえ》を借《か》りましょう。」と提案《ていあん》して、老馬《ろうば》を放して自由に歩かせました。桓公《かんこう》の軍が馬に従《したが》い、ついていったところ、国に帰る道を見つけることができました。

出典 『韓非子《かんぴし》』

意味 経験《けいけん》のゆたかな人は、ものごとをよく知っていて、おこなうべきことをまちがえない。

解説 道に迷《まよ》った軍《ぐん》が、老《ろう》馬《ば》のあとについていき無事《ぶじ》に帰った話から。主人の恩《おん》をわすれないことのたとえにも使われる。「老《お》いたる馬は路《みち》をわすれず」ともいう。

使い方 「こまったときは年寄《としよ》りの意見を聞け。**老《ろう》馬《ば》の智《ち》**だ。」とおじいちゃんは言う。

隴《ろう》を得《え》て蜀《しょく》を望《のぞ》む

・故事成語のお話・

建武《けんぶ》八年、後漢《ごかん》の光武帝《こうぶてい》は家臣《かしん》の岑彭《しんほう》に次のような手紙を書きました。

「隴《ろう》の隗囂《かいごう》がいる西城《せいじょう》と蜀《しょく》の公孫述《こうそんじゅつ》がいる城《しろ》が落ちたら、ただちに兵《へい》を率《ひき》いて南へ進み、蜀《しょく》をうちなさい。人間というのは満足《まんぞく》を知らないからこまるものだ。私《わたし》は隴《ろう》を平定したうえにさらに蜀《しょく》の地を望《のぞ》むのだ。ただ戦《いくさ》をするたびに髪《かみ》の毛《け》が白くなる。」

出典 『後漢書《ごかんじょ》』

意味 ひとつのものに満足《まんぞく》しないでさらにそれ以《い》上《じょう》を求《もと》めること。

解説 「望蜀《ぼうしょく》」ともいい、「高望《たかのぞ》みをする」「さらに期待する」という意味でも使われる。

使い方 おもちゃをひとつ買ってもらった妹は、**隴《ろう》を得《え》て蜀《しょく》を望《のぞ》む**で、もっとほしいと泣《な》きだした。

故事成語《こじせいご》の出典《しゅってん》となった書物

故事《こじ》成語《せいご》のもともとのお話はさまざまな書物におさめられています。ここでは、故事《こじ》成語《せいご》の出典《しゅってん》となっている十八の書物を紹介《しょうかい》します。

元祖《がんそ》、占《うらな》いの書
易経 ―えききょう―

古代中国、周《しゅう》の時代につくられた占《うらな》いの書。『周《しゅ》易《えき》』、また『易《えき》』ともよばれる。本文である経《きょう》と解説《かいせつ》である十翼《じゅうよく》（伝《でん》）にわかれる。経《きょう》には陰《いん》と陽を組み合わせた六十四種類《しゅるい》の「卦《か》」という図と説明《せつめい》があり、この卦《か》で自然《しぜん》と人間の変化《へんか》を解《と》き明《あ》かそうとする。経《きょう》の作者は周《しゅう》の文王《ぶんのう》と周公《しゅうこう》、伝《でん》の作者は孔子《こうし》（↓134ページ）といわれているが、確《たし》かではない。

『易経《えききょう》』にのっている故事成語《こじせいご》

虎視眈眈《こしたんたん》 ↓64ページ　虎《とら》の尾《お》をふむ ↓104ページ

中国最古《さいこ》の詩集
詩経 ―しきょう―

周《しゅう》の時代初期《しょき》から春秋《しゅんじゅう》時代のなかごろまで、紀元前《きげんぜん》十世紀《せいき》～紀元前《きげんぜん》五世紀《せいき》ごろの詩をまとめた詩集。「毛詩《もうし》」ともいう。全部で三百十一編《ぺん》の詩がおさめられているが、そのうち六編《ぺん》は題名しか残《のこ》っていない。国ごとの民謡《みんよう》を集めた「風《ふう》」、宮廷《きゅうてい》の儀式《ぎしき》の歌を集めた「雅《が》」、先《せん》祖《ぞ》をまつる歌を集めた「頌《しょう》」の三部にわかれる。『史記《しき》（↓132ページ）』によれば、孔子《こうし》が選《えら》んでまとめたとされているが、確《たし》かではない。

『詩経《しきょう》』にのっている故事成語《こじせいご》

切磋琢磨《せっさたくま》 ↓87ページ　他山の石 ↓93ページ
薄氷《はくひょう》をふむ ↓109ページ

戦国《せんごく》時代の文学作品
楚辞 ―そじ―

戦国《せんごく》時代末期《まっき》、紀元前《きげんぜん》四世紀《せいき》～三世紀《せいき》ごろの楚《そ》の地方の歌をもとに、詩人・屈原《くつげん》（↓137ページ）とその弟子たちの作品や、それをまねた作品などを集めた詩文集。全十七巻《かん》。前漢《ぜんかん》の劉向《りゅうきょう》が十六巻《かん》を編集《へんしゅう》、後漢《ごかん》の王逸《おういつ》が一巻《いっかん》を加《くわ》えた。『詩経《しきょう》』が黄河《こうが》近くの北方のものであるのに対して、こちらは長江《ちょうこう》付近《ふきん》の南方の文学で、歴史《れきし》や英雄《えいゆう》に関《かん》する長編《ちょうへん》の詩が多くふくまれる。

『楚辞《そじ》』にのっている故事成語《こじせいご》

羹《あつもの》に懲《こ》りて膾《なます》を吹《ふ》く ↓25ページ

孔子《こうし》のすがたを今に伝《つた》える

論語 ―ろんご―

春秋《しゅんじゅう》時代の思想家・孔子《こうし》↓134ページの言葉や弟子との問答を記録《きろく》したもの。孔子《こうし》の死後、弟子たちが編《へん》集《しゅう》したといわれている。ひとつひとつは短い文章で、多くのものが「子曰《しいわ》はく（先生がおっしゃった）」ではじまる。それらの章がいくつかずつ編《へん》としてまとめられ、全部で二十編《ぺん》、およそ五百の章からなる。それぞれの編《へん》には、編《へん》の最初《さいしょ》の文字をとった名前がつけれている。

もとの本は紀元前《きげんぜん》五世紀《せいき》ごろにできたとされており、章の数や順序《じゅんじょ》が少しずつちがう何種類《なんしゅるい》かのものがあったが、一世紀《せいき》の後漢《ごかん》の時代に、今のかたちにまとめられたとされている。また、そのころから、内容《ないよう》の解説《かいせつ》をする注釈書《ちゅうしゃくしょ》も登場している。

孔子《こうし》の思想は儒教《じゅきょう》として広まり、国が保護《ほご》する国教となるなど、その後の中国の思想の中心となった。儒《じゅ》教《きょう》の教えを記した教典《きょうてん》には、根本教典《こんぽんきょうてん》とされる四書《ししょ》（『論語《ろんご》』『孟子《もうし》』『大学《だいがく》』『中庸《ちゅうよう》』）、重要教典《じゅうようきょうてん》である五《ご》経《きょう》（『易経《えききょう》』『詩経《しきょう》』『書経《しょきょう》』『礼記《らいき》』『春秋《しゅんじゅう》』）があり、『論語《ろんご》』は四書《ししょ》のひとつとして、もっとも重要《じゅうよう》な教典《きょうてん》となっている。

『論語《ろんご》』にのっている故事成語《こじせいご》

一を聞いて十を知る↓28ページ
老《お》いの将《まさ》に至《いた》らんとするを知らず↓33ページ
温故知新《おんこちしん》↓33ページ
堂《どう》にのぼりて室《しつ》に入らず↓100ページ

孔子《こうし》には弟子が三千人あまりいたといわれていて、『史記《しき》』のなかにはそのうちの七十人あまりの弟子が登場する。その七十人のなかでも特《とく》に優《ゆう》秀《しゅう》な十人の弟子は「孔門《こうもん》の十哲《じってつ》」とよばれているよ。

墨家《ぼっか》の思想を説《と》く

墨子 ―ぼくし―

戦国《せんごく》時代の思想家・墨子《ぼくし》↓135ページの言行を記録《きろく》したもの。現《げん》在残《ざいのこ》っているのは五十三編《べん》、もとは七十一編《べん》あったといわれる。ほとんどは、墨子《ぼくし》自身ではなく弟子たちが編集《へんしゅう》したとされている。

墨子《ぼくし》を中心とする墨家学派《ぼっかがくは》は、儒教《じゅきょう》の形式を重んじる教えに対して、平等無差別《むさべつ》の愛《あい》（兼《けん》愛《あい》）や非戦《ひせん》、節約《せつやく》や勤労《きんろう》などを中心とする合理《ごうり》的《てき》な教えを説《と》いた。また、兼愛《けんあい》や非戦《ひせん》を具体的《ぐたいてき》なものとするため、城《しろ》を築《きず》いたり、敵《てき》の攻撃《こうげき》を防《ふせ》いだりする技術《ぎじゅつ》に長じた技術者集団《ぎじゅつしゃしゅうだん》でもあったという。

『墨子《ぼくし》』にのっている故事成語《こじせいご》

墨守《ぼくしゅ》↓119ページ

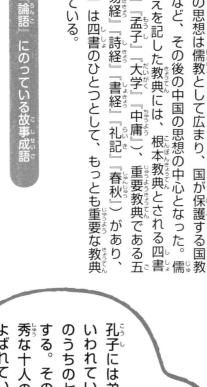

道家《どうか》の思想を説《と》く

老子 ―ろうし―

春秋《しゅんじゅう》時代の思想家・老子《ろうし》↓134ページを祖《そ》とする道《どう》家《か》の思想を説《と》く書。『老子《ろうし》』、また『道徳経《どうとくきょう》』ともよばれる。上下二巻《かん》、全部で八十一章からなる。作者は老子《ろうし》とも伝《つた》えられているが、道家《どうか》の人たちの思想を漢《かん》の時代初期《しょき》にまとめたものと思われる。

道家《どうか》では、万物を生み出し、ありのままに育てる根源《こんげん》を「道」とよび、その道に従《したが》って自然《しぜん》に生きることを人間の理想と考えた。儒教《じゅきょう》の説《と》く仁《じん》や礼、また教育や政府《せいふ》なども人為的《じんいてき》なものとして否定《ひてい》した。

『老子《ろうし》』にのっている故事成語《こじせいご》

鶏犬《けいけん》の声相《あい》聞こゆ ↓55ページ

柔《じゅう》よく剛《ごう》を制《せい》す ↓78ページ

大器晩成《たいきばんせい》 ↓91ページ

故事《こじ》や寓話《ぐうわ》で道家《どうか》の思想を学ぶ

列子 ―れっし―

道家《どうか》の思想書。全《ぜん》八巻《かん》。前漢《ぜんかん》の末期《まっき》ごろにできたと考えられる。戦国《せんごく》時代の思想家・列子《れっし》↓135ページの作といわれるが、確《たし》かではなく、さまざまな説《せつ》がある。最初《さいしょ》の巻《かん》では道家《どうか》思想の基《き》本《ほん》について書かれているが、そのほかはほとんどが道徳的《どうとくてき》なたとえ話で、仏教《ぶっきょう》に関係《かんけい》する話もふくまれている。

『列子《れっし》』にのっている故事成語《こじせいご》

疑心暗鬼《ぎしんあんき》を生《しょう》ず ↓47ページ

杞憂《きゆう》 ↓49ページ

『老子《ろうし》』とならぶ道家《どうか》の原典《げんてん》のひとつ

荘子 ―そうじ―

道家《どうか》の思想書。全部で三十三編《ぺん》あり、内編《ないへん》、外《がい》編《へん》、雑編《ざっぺん》にわかれる。内編《ないへん》の大部分と外編《がいへん》の一部は、戦国《せんごく》時代の思想家・荘子《そうし》↓135ページの作とされるが、外編《がいへん》と雑編《ざっぺん》の多くはのちに荘子《そうし》以外《いがい》の学者によって書き加《くわ》えられたとみられている。荘《そう》子《し》と弟子の言行や学説《がくせつ》を記録《きろく》したもので、動植物を使ったたとえ話が多く登場する。たとえ話では、動植物が正確《せいかく》に描写《びょうしゃ》されているといわれる。

法《ほう》で秩序《ちつじょ》を守る法家《ほうか》の思想を説《と》く

韓非子 ―かんぴし―

法《ほう》で国をおさめる法治主義《ほうちしゅぎ》をとなえた法家《ほうか》の思想書。全《ぜん》二十巻《かん》。戦国《せんごく》時代の思想家・韓非子《かんぴし》↓135ページの著作《ちょさく》や学説《がくせつ》を中心にしてまとめられたもの。国をゆたかに強くするためには、王の権力《けんりょく》を強化し、法《ほう》と賞罰《しょうばつ》で支配《しはい》するべきだとする。中国の統一《とういつ》を成《な》しとげた秦《しん》の始皇帝《しこうてい》に大きな影響《えいきょう》を与《あた》えたとされている。

『韓非子《かんぴし》』にのっている故事成語《こじせいご》

守株《しゅしゅ》 ↓79ページ

矛盾《むじゅん》 ↓122ページ

漢《かん》の時代の百科事典《ひゃっかじてん》

淮南子 ―えなんじ―

紀元前《きげんぜん》二世紀《せいき》ごろの前漢《ぜんかん》の時代につくられた、当時のすべての分野の学説《がくせつ》をまとめた書。全《ぜん》二十一編《ぺん》。もとは内編《ないへん》二十一巻《かん》、外編《がいへん》三十三巻《かん》があったとされているが、内編《ないへん》しか残《のこ》っていない。淮南王《わいなんおう》・劉安《りゅうあん》が、学者たちに議論《ぎろん》をさせ、道家《どうか》思想を中心に、天文や地理、政治《せいじ》、神話、伝説《でんせつ》など、あらゆる説《せつ》をおさめた。漢《かん》の時代の文化や風俗《ふうぞく》を知る手がかりとなる重要《じゅうよう》な資《し》料《りょう》とされている。

中国最初《さいしょ》の正史《せいし》

史記
—しき—

紀元前《きげんぜん》一世紀《せいき》ごろの前漢《ぜんかん》でつくられた歴史書《れきししょ》。古代《こだい》伝説《でんせつ》時代の黄帝《こうてい》から前漢《ぜんかん》の武帝《ぶてい》まで、二千数百年の歴《れき》史《し》が記述《きじゅつ》されている。全《ぜん》百三十巻《かん》。代々《だいだい》の王の伝記《でんき》である「本紀《ほんぎ》」十二巻《かん》、有力な領主《りょうしゅ》である諸侯《しょこう》の記録《きろく》「世家《せいか》」三十巻《かん》、臣下《しんか》など個人《こじん》の記録《きろく》「列伝《れつでん》」七十巻《かん》と、年表である「表《ひょう》」、各《かっ》国《こく》の制度《せいど》をまとめた「書《しょ》」から構成《こうせい》される。漢《かん》の太史令《たいしれい》（歴《れき》史書《ししょ》を作成《さくせい》する役職《やくしょく》）・司馬遷《しばせん》 ↓136ページ が十五年あまりをかけて、完成《かんせい》させた。

歴史書《れきししょ》は、年代順《ねんだいじゅん》に書かれるものが多いが、史記《しき》では、本紀《ほんぎ》と列伝《れつでん》を中心に、個人《こじん》の記録《きろく》から歴史《れきし》をまとめており、「人間が歴史《れきし》を動かす。」という司馬遷《しばせん》の考え方がこめられている。この形式は「紀伝体《きでんたい》」とよばれ、歴史書《れきししょ》の新しい形式となった。その後の歴史書《れきししょ》はこの形式にならって作成《さくせい》された。

たんなる資料《しりょう》の調査《ちょうさ》だけではなく、民間《みんかん》に伝《つた》わる歌や話、土地の長老《ちょうろう》からの聞き取りなどの内容《ないよう》もふくまれ、人間のすがたを生き生きと描写《びょうしゃ》した内容《ないよう》であり、歴史書《れきししょ》としてもすぐれ、文学書としても高い評価《ひょうか》がされている。中国王朝の正史《せいし》二十四《にじゅうし》史《し》書《しょ》（二十四史《にじゅうしし》）の第一となる。

『史記《しき》』にのっている故事成語《こじせいご》

襟《えり》を正す ↓32ページ　合従連衡《がっしょうれんこう》 ↓38ページ
完璧《かんぺき》 ↓44ページ　先んずれば人を制《せい》す ↓72ページ
四面楚歌《しめんそか》 ↓76ページ　太公望《たいこうぼう》 ↓91ページ
怒髪天《どはつてん》をつく ↓104ページ
背水《はいすい》の陣《じん》 ↓107ページ　百発百中 ↓115ページ
満《まん》を持《じ》す ↓120ページ

前漢《ぜんかん》の歴史《れきし》を記した

漢書
—かんじょ—

前漢は、紀元前《きげんぜん》三世紀末からおよそ二百年あまり続《つづ》いた中国の王朝で、その漢《かん》代の歴史《れきし》を記したもの。全《ぜん》百二十巻《かん》。『史記《しき》』にならった紀伝体《きでんたい》で書かれている。後漢《ごかん》の班固《はんこ》が作成《さくせい》、その死後に妹が完成《かんせい》させた。歴史《れきし》を客観的《きゃっかんてき》に記すという姿勢《しせい》が貫《つらぬ》かれており、のちの歴史家《れきしか》たちの手本となった。一時代・一王朝だけを対象《たいしょう》とする形式で、以後《いご》の正史はこの形式をとっている。

後漢《ごかん》の歴史《れきし》を記した

後漢書
—ごかんじょ—

前漢《ぜんかん》は新《しん》にほろぼされるが、その新《しん》をたおして、漢《かん》の国を復興《ふっこう》させたものを、前漢《ぜんかん》と区別《くべつ》して後漢《ごかん》という。紀元《きげん》三世紀《せいき》はじめまでおよそ二百年あまり続《つづ》いた。その後漢《ごかん》の歴史《れきし》を記した書。全《ぜん》百二十巻《かん》。南北朝《なんぼくちょう》時代の宋《そう》の范曄《はんよう》らが数種《すうしゅ》の歴《れき》史書《ししょ》を集約《しゅうやく》して作成《さくせい》。なお、本書の「東《とう》夷伝《いでん》」には、「倭《わ》」という名前で、日本についての記述《きじゅつ》がある。

「魏《ぎ》」「呉《ご》」「蜀《しょく》」の三国《さんごく》の歴史《れきし》を記した

三国志 ―さんごくし―

漢《かん》の時代のあと、魏《ぎ》、呉《ご》、蜀《しょく》の三国がならびたったが、そのあいだ、およそ六十年間の歴史《れきし》を記したもの。全《ぜん》六十五巻《かん》で、「魏志《ぎし》」三十巻《かん》、「呉志《ごし》」二十巻《かん》、「蜀志《しょくし》」十五巻《かん》からなる。晋《しん》の陳寿《ちんじゅ》が作成《さくせい》した。魏《ぎ》を正統《せいとう》な王朝としてあつかっているが、内容《ないよう》は事実に忠実《ちゅうじつ》で、どの国にもかたよらずにまとめられている。さまざまな戦《たたか》いや英雄《えいゆう》など、有名なエピソードも多く、文章や詩作《しさく》の題材《だいざい》としてもたびたび取りあげられている。

魏志《ぎし》のなかにある「倭人伝《わじんでん》」には、日本についての記述《きじゅつ》があり、卑弥呼《ひみこ》や邪馬台国《やまたいこく》などについて書かれていることで有名。

『三国志《さんごくし》』にのっている故事成語《こじせいご》

画餅《がべい》に帰《き》す ⇒40ページ
水魚の交わり ⇒85ページ
白眉《はくび》 ⇒109ページ

戦国《せんごく》時代の政略家《せいりゃくか》たちの説《せつ》をまとめた

戦国策 ―せんごくさく―

戦国《せんごく》時代を中心に、縦横家《じゅうおうか》とよばれる思想家たちが各国《かっこく》で説《と》いた戦略《せんりゃく》やその逸話《いつわ》などを十二の国別《くにべつ》にまとめたもの。全《ぜん》三十三巻《かん》。前漢《ぜんかん》の劉《りゅう》向《きょう》が、宮中にあったさまざまな資料《しりょう》から集めて編集《へんしゅう》した。特《とく》に、蘇秦《そしん》や張儀《ちょうぎ》などの活やくについての話が多い。当時の国際関係《こくさいかんけい》や政治《せいじ》、軍事《ぐんじ》などを知るための資料《しりょう》として重要《じゅうよう》なものとされている。

『戦国策《せんごくさく》』にのっている故事成語《こじせいご》

漁夫《ぎょふ》の利《り》 ⇒52ページ
蛇足《だそく》 ⇒93ページ

十八史略 ―じゅうはっしりゃく―

古代から南宋《なんそう》の時代まで、およそ四千年の歴《れき》史《し》をかんたんに記した歴史書《れきししょ》。全《ぜん》七巻《かん》。元《げん》の曽《そう》先之《せんし》がまとめた。『史記《しき》』や『三国志《さんごくし》』など十七の正史《せいし》と宋《そう》の資料《しりょう》、合わせて十八の史書《ししょ》を資料《しりょう》としたところから、この書名となる。日本でも中国史《ちゅうごくし》の入門書としてよく読まれた。

世説新語 ―せせつしんご―

後漢《ごかん》から東晋《とうしん》の時代までの、貴族《きぞく》や知識人《ちしきじん》の逸話《いつわ》を集めたもの。全《ぜん》三巻《かん》。南朝《なんちょう》の宋《そう》の劉《りゅう》義慶《ぎけい》の作とされ、梁《りょう》の劉孝標《りゅうこうひょう》が注をつけている。読み物としてもおもしろく、また、当時のくらしぶりや言葉づかいなどを知る貴重《きちょう》な資料《しりょう》ともされている。

歴代名画記 ―れきだいめいがき―

九世紀《せいき》なかごろの唐《とう》の時代につくられた、絵画の歴史《れきし》や絵画論《かいがろん》、画家の伝記《でんき》などをまとめた中国で最初《さいしょ》の画史《がし》。張彦遠《ちょうげんえん》の編集《へんしゅう》。全《ぜん》十巻《かん》。作者が実際《じっさい》に見た壁画《へきが》の記述《きじゅつ》などもあり、今では残《のこ》っていない絵画について研究するための貴重《きちょう》な資料《しりょう》となっている。

故事成語人物伝《こじせいごじんぶつでん》

孔子 ―こうし―（孔丘《こうきゅう》）

紀元前《きげんぜん》五五二ごろ～紀元《きげん》前《ぜん》四七九年。姓《せい》は孔《こう》、名は丘《きゅう》。魯《ろ》の国の人。儒家《じゅか》の創《そう》始者《ししゃ》。貧《まず》しい生活のなかで学問にはげみ、魯《ろ》につかえ、五十歳《さい》をすぎて大司寇《たいしこう》（法務長官《ほうむちょうかん》）となる。道徳的《どうとくてき》な秩序《ちつじょ》によって国をおさめる徳治主義《とくちしゅぎ》をとなえ、政治改革《せいじかいかく》を志《こころざ》すが失敗《しっぱい》し、地位《ちい》を失《うしな》う。自分の理想を受け入れてくれる君主を求《もと》めて諸国《しょこく》をめぐるが、理想の実現《じつげん》が難《むずか》しいことを知り、魯《ろ》にもどる。その後は政治《せいじ》から遠ざかり、古典《こてん》の整理や弟子の教育に力をそそいだ。その思想は『論《ろん》語《ご》↓130ページ』に記録《きろく》され、儒学《じゅがく》のもととなった。

孟子 ―もうし―（孟軻《もうか》）

紀《き》元前《げんぜん》三七二～紀《き》元前《げんぜん》二八九年。姓《せい》は孟《もう》、名は軻《か》。鄒《すう》の国の人。孔子《こうし》の儒学《じゅがく》を発展《はってん》させた儒《じゅ》学者《がくしゃ》。小さいころに父を亡《な》くし、教育熱心《ねっしん》な母に育てられた。孔子《こうし》の孫《まご》・子思《しし》の弟子に学び、儒学《じゅがく》の教えを受けついだ。三十歳《さい》のころ斉《せい》の国へ行き、稷下《しょくか》の学士《がくし》とよばれる学者たちの集まりでさまざまな思想を学んだ。五十歳《さい》のころから諸国《しょこく》をまわり、自分の思想を説《と》いたが受け入れられず、故郷《こきょう》へもどって弟子たちの教育に専念《せんねん》した。人間の生まれながらの性質《せいしつ》は善《ぜん》であるという「性《せい》善説《ぜんせつ》」をとなえた。

荀子 ―じゅんし―（荀況《じゅんきょう》）

紀《き》元前《げんぜん》三一三年ごろ～紀《き》元前《げんぜん》二三八年ごろ。姓《せい》は荀《じゅん》、名は況《きょう》。趙《ちょう》の国の人。儒学者《じゅがくしゃ》。故郷《こきょう》で学問を学んだのち、斉《せい》の国の稷下《しょくか》の学《がく》士《し》たちに学ぶ。楚《そ》の大臣《だいじん》にまねかれて、楚《そ》の国で地方長官《ちょうかん》をつとめた。職《しょく》をやめたあとも楚《そ》に住み、弟子たちを教え、本を書くことに専念《せんねん》した。弟子に、韓非子《かんぴし》や秦《しん》の大臣《だいじん》となった李斯《りし》がいる。孟子《もうし》の性善説《せいぜんせつ》に対して、人間の性質《せいしつ》は悪であり、そのため善《ぜん》に導《みちび》く教育が重要《じゅうよう》という「性悪説《せいあくせつ》」を説《と》いた。

老子 ―ろうし―（老耼《ろうたん》・李耳《りじ》）

生没年《せいぼつねん》は不明《ふめい》で、孔子《こうし》以前《いぜん》の人か、以後《いご》の人かも確《たし》かではない。道家《どうか》の創始者《そうししゃ》とされるが、実際《じっさい》にいたかどうかを疑《うたが》う学者もいる。『史記《しき》』には、姓《せい》は李《り》、名は耳《じ》、字《あざな》（本名とは別《べつ》につける名前）は耼《たん》と書かれている。楚《そ》の国の人で、周《しゅう》の王につかえたが、周《しゅう》がおとろえたのをなげいて、去ったという。その途中《とちゅう》で、関所《せきしょ》の役人に頼《たの》まれて書《か》き残《のこ》したのが『老子《ろうし》↓131ページ』であるとされる。その思想は、のちに民間《みんかん》の信仰《しんこう》と結《むす》びつき、不老長寿《ふろうちょうじゅ》を求《もと》めて仙人《せんにん》をめざす道教《どうきょう》を生んだ。

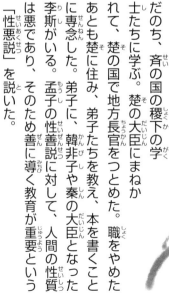

列子《れっし》—れっし—（列御寇《れつぎょこう》）

生没年《せいぼつねん》は不明《ふめい》。姓《せい》は列《れつ》、名は御寇《ぎょこう》。鄭《てい》の国の人で道家《どうか》の思想家。『列子《れっし》↓131ページ』の著者《ちょしゃ》とされる。紀元前《きげんぜん》五世紀《せいき》ごろの人といわれているが、確《たし》かではない。老子《ろうし》の弟子、荘子《そうし》の兄弟子などともいわれる。実際《じっさい》にいた人ではないという説《せつ》もある。

墨子—ぼくし—（墨翟《ぼくてき》）

紀元前《きげんぜん》四六八年ごろ～紀元前《きげんぜん》三七六年ごろ。姓《せい》は墨《ぼく》、名は翟《てき》。魯《ろ》あるいは楚《そ》、または宋《そう》の国の人ともされ、経歴《けいれき》は不明《ふめい》。墨家《ぼっか》の創《そう》始者《しゃ》。博愛《はくあい》と非戦《ひせん》を説《と》き、戦争《せんそう》をふせぐために各地《かくち》をまわった。死後も、その弟子たちの集団《しゅうだん》は、防衛《ぼうえい》の活動を続《つづ》けたという。なお、墨《ぼく》は姓《せい》ではなく、刑罰《けいばつ》を受けた印《しるし》のいれずみからとったという説《せつ》や、技術者集団《ぎじゅつしゃしゅうだん》の長だったことから木材《もくざい》に印《しるし》をつける道具の墨縄《すみなわ》からとったという説《せつ》もある。

荘子—そうし—（荘周《そうしゅう》）

生没年《せいぼつねん》は不明《ふめい》だが、孟子《もうし》とほぼ同じ時代の人といわれる。姓《せい》は荘《そう》、名は周《しゅう》。宋《そう》の国の人。道家《どうか》の思想家。『史記《しき》』によれば、国営《こくえい》のうるし園の管理人《かんりにん》をしていたという。楚《そ》の王のまねきを断《ことわ》り、官職《かんしょく》につかず、自由に学び思索《しさく》する生活を送ったとされる。老子《ろうし》の無為自然《むいしぜん》の思想を受《う》け継《つ》ぐが、老子《ろうし》よりも俗世《ぞくせ》への関心《かんしん》がなく、より自由な精神《せいしん》を説《と》いた。この思想は、のちの仏教《ぶっきょう》の禅宗《ぜんしゅう》に影響《えいきょう》を与《あた》えた。

韓非子—かんぴし—（韓非《かんぴ》）

紀元前《きげんぜん》二八〇年ごろ～紀元前《きげんぜん》二三三年ごろ。姓《せい》は韓《かん》、名は非《ひ》。韓《かん》の国の王族の出身。法家《ほうか》の思想家。李斯《りし》といっしょに荀子《じゅんし》に学ぶ。荀子《じゅんし》の性悪説《せいあくせつ》にもとづき、人のもつ悪を法《ほう》によっておさえることを説《と》いた。韓《かん》の国がおとろえていくのをなげき、法《ほう》を整えて政治《せいじ》をおこなうことを王に何度も忠告《ちゅうこく》するが聞き入れられなかった。自説《じせつ》を説《と》いた書物が秦《しん》の始皇帝《しこうてい》にみとめられ、秦《しん》にまねかれるが、先に始皇帝《しこうてい》につかえていた李斯《りし》にねたまれ、無実《むじつ》の罪《つみ》でとらえられ、毒《どく》を飲んで自殺《じさつ》した。

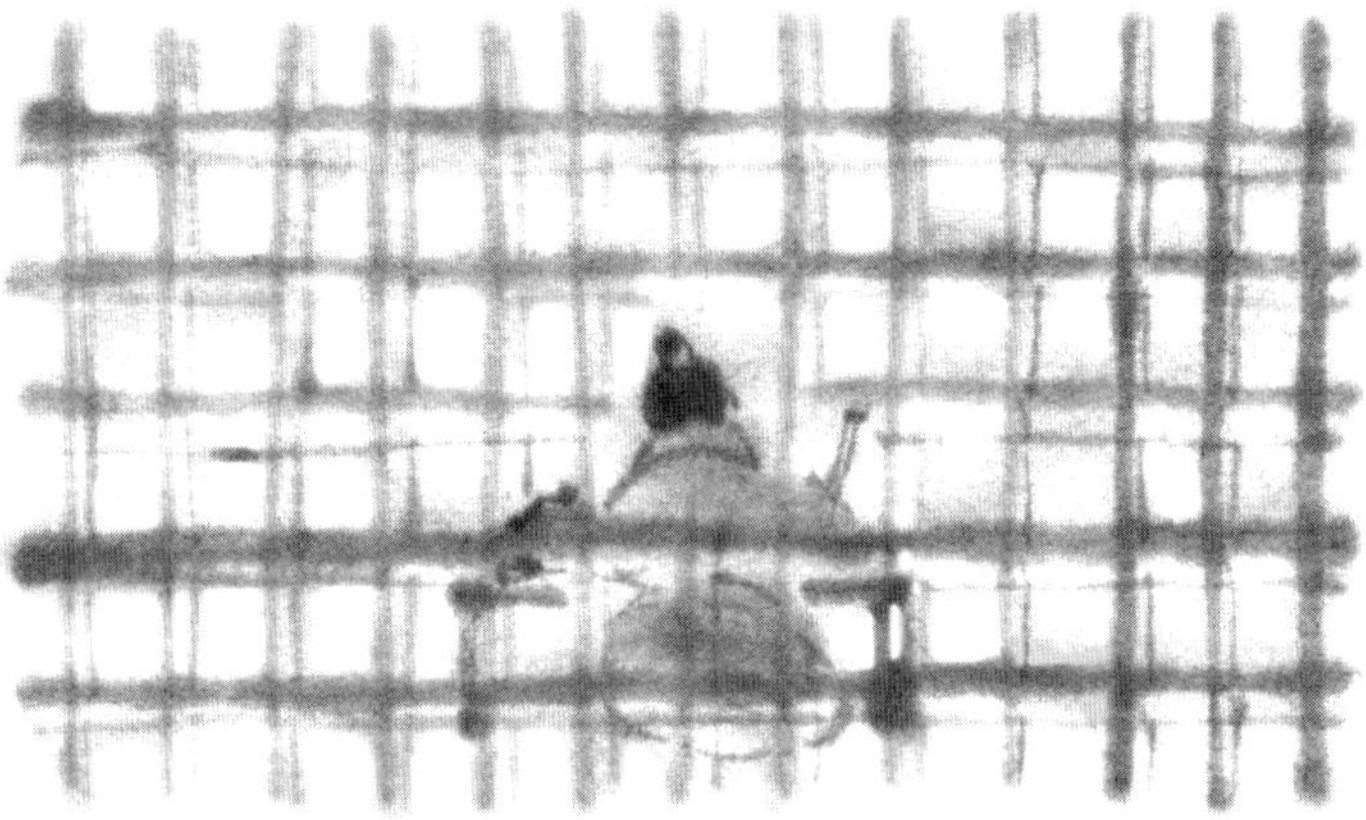

司馬遷 ―しばせん―

紀元前《きげんぜん》一四五年ごろ～紀元前《きげんぜん》八六年ごろ。姓《せい》は司馬《しば》、名は遷《せん》。前漢《ぜんかん》の歴史家《れきしか》。司馬氏《しばし》は古代に暦《こよみ》や歴史《れきし》を担当《たんとう》した家柄《いえがら》といわれ、父・司馬談《しばだん》も太史令《たいしれい》（歴史書《れきししょ》を作成《さくせい》する役職《やくしょく》）として宮中につかえた。二十歳《さい》のころから国中を旅して遺跡《いせき》をめぐり、地方の風習を学ぶ。父の死後に武帝《ぶてい》につかえて太史令《たいしれい》となり、『史《し》記《き》』の執筆《しっぴつ》をはじめる。その後、友人の李陵《りりょう》をかばったことで武帝《ぶてい》の怒《いか》りに触《ふ》れ、宮刑《きゅうけい》（性器《せいき》を切り取る刑罰《けいばつ》）を受ける。『史記《しき》』の完成《かんせい》をめざして苦しみにたえ、十数年をかけて完成《かんせい》。完成《かんせい》を見とどけたあと、数年後に死去した。

白居易 ―はくきょい―

七七二～八四六年。姓《せい》は白《はく》、名は居易《きょい》、字《あざな》は楽天《らくてん》で白楽天《はくらくてん》ともよばれる。唐《とう》の詩人。二十九歳《さい》で役人の採用試験《さいようしけん》に合格《ごうかく》して高い役職《やくしょく》についたが、のちに地方に移《うつ》される。以降《いこう》は政治《せいじ》と距離《きょり》を置《お》き、地方の役人を続《つづ》けて引退《いんたい》、気ままな老後《ろうご》を送り七十五歳《さい》で死去。十六歳《さい》のころから天才詩人といわれ、やさしい言葉を使った親しみやすい詩をつくった。玄宗皇《げんそうこう》帝《てい》と楊貴妃《ようきひ》の話をもとにした「長恨歌《ちょうごんか》」などが有名。日本の文学にも大きな影響《えいきょう》を与《あた》えた。

韓愈 ―かんゆ―

七六八～八二四年。姓《せい》は韓《かん》、名は愈《ゆ》、字《あざな》は退之《たいし》で韓《かん》退之《たいし》ともよばれる。唐《とう》の詩人、文章家。二十五歳《さい》で役人の採用試験《さいようしけん》に合格《ごうかく》し、政《せい》治家《じか》としても活《かつ》やくした。儒学《じゅがく》を重んじ、仏教《ぶっきょう》や道教《どうきょう》に反対したことで皇帝《こうてい》の怒《いか》りをまねき、地方に移《うつ》されたこともあった。五十七歳《さい》で病気により死去した。古文を手本とする自由な形式の文章をつくる「古文復興《こぶんふっこう》」を実践《じっせん》してリーダーとなった。迫《はく》力《りょく》のある知的《ちてき》な詩文を残《のこ》し、唐代《とうだい》一の文章家とされ、多くの弟子がいる。詩でも白居易《はくきょい》とならんで有名。

皇帝《こうてい》に送りつけた意見書

儒家《じゅか》としてのほこりが高かった韓愈《かんゆ》は、仏教《ぶっきょう》を信《しん》じて長生きしようとした憲宗《けんそう》と、宗教《しゅうきょう》をめぐって対立しました。憲宗《けんそう》がブッダの骨《ほね》を宮中に持ちこもうとしたことがどうしても許《ゆる》せなかった韓愈《かんゆ》は、「仏骨《ぶっこつ》を論《ろん》ずる表」という意見書《いけんしょ》を提出《ていしゅつ》し、それが憲宗《けんそう》の怒《いか》りを買い、地方に移《うつ》されてしまったのです。韓愈《かんゆ》は意見書のなかで、「外国の宗教《しゅうきょう》である仏教《ぶっきょう》を信《しん》じる者の寿命《じゅみょう》は決まって短い。」とまで言っていたということです。

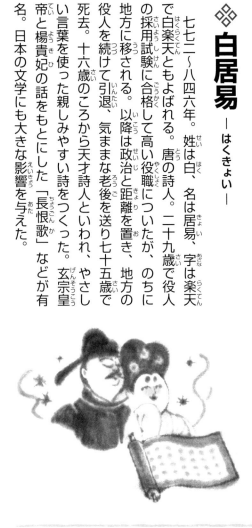

屈原 ―くつげん―

紀元前《きげんぜん》三四三ごろ～紀元前《きげんぜん》二七八年ごろ。姓《せい》は屈《くつ》、名は平《へい》、字《あざな》は原《げん》。戦国《せんごく》時代の楚《そ》の国の王族。政《せい》治《じ》家《か》、詩人。広く学問に通じ文章の才能《さいのう》もあり、王に信頼《しんらい》されていたが、陰口《かげぐち》を言われおとしめられ、忠告《ちゅうこく》が聞き入れられず、楚《そ》の先行きを悲しんで汨《べき》羅《ら》の川で自殺《じさつ》した。『楚辞《そじ》↓129ページ』に多くの作品が残《のこ》る。

蘇軾 ―そしょく―

一〇三六～一一〇一年。姓《せい》は蘇《そ》、名は軾《しょく》、蘇東坡《そとうば》と名のる。北宋《ほくそう》の詩人、文章家。二十二歳《さい》で役人の採用試験《さいようしけん》に合格《ごうかく》し役職《やくしょく》につくが、はっきりものを言う性格《せいかく》のため、出世はできなかった。儒教《じゅきょう》、道教《どうきょう》、仏教《ぶっきょう》にくわしく、詩文、書画ですぐれた作品を残《のこ》した。後漢末《ごかんまつ》の三国の戦《たたか》いをよんだ「赤壁《せきへき》の賦《ふ》」が有名である。

王安石 ―おうあんせき―

一〇二一～一〇八六年。姓《せい》は王《おう》、名は安石《あんせき》。北宋《ほくそう》の政治家《せいじか》、詩人、文章家。二十一歳《さい》で役人の採用試《さいようし》験《けん》に合格《ごうかく》。神宗皇帝《しんそうこうてい》のもとで大臣《だいじん》となり、進歩的《しんぽてき》な政治改革《せいじかいかく》をおこなうが、保守派《ほしゅは》の反対にあい失敗《しっぱい》、その後辞職《じしょく》した。詩人としては、七言絶句《しちごんぜっく》という形式にすぐれ、北宋《ほくそう》第一とされた。

諸葛亮 ―しょかつりょう―（孔明《こうめい》）

一八一～二三四年。姓《せい》は諸葛《しょかつ》、名は亮《りょう》、字《あざな》は孔明《こうめい》。三国時代の蜀《しょく》の国の政治《せいじ》家《か》、軍師《ぐんし》。若《わか》いころは官職《かんしょく》につかず、畑仕事と学問の生活を送っていたが、その才能《さいのう》から「臥竜《がりょう》」（うずくまる竜《りゅう》）とよばれた。蜀《しょく》の王となる劉備《りゅうび》にまねかれ、軍師《ぐんし》となり、さまざまな策《さく》を使って、呉《ご》との同盟《どうめい》を進め、魏《ぎ》との戦《たたか》いに勝利《しょうり》し、蜀《しょく》の建国《けんこく》を助けた。劉備《りゅうび》の死後はその子・劉禅《りゅうぜん》につかえたが、戦《たたか》いのなかで病死、蜀《しょく》は魏《ぎ》にほろぼされた。劉禅《りゅうぜん》に出した「出師表《すいしのひょう》」（出陣前《しゅつじんまえ》に君主にわたす文書）は名文として有名。

孫子 ―そんし―（孫武《そんぶ》）

紀元前《きげんぜん》六世紀《せいき》～紀元前《きげんぜん》五世紀《せいき》ごろ。姓《せい》は孫《そん》、名は武《ぶ》。春秋《しゅんじゅう》時代の呉《ご》の国の将軍《しょうぐん》、兵《へい》法家《ほうか》。兵家《へいか》の創始者《そうししゃ》。さまざまな戦略《せんりゃく》をまとめた中国最古《さいこ》の兵法書《へいほうしょ》『孫子《そんし》』の著者《ちょしゃ》とされる。呉王《ごおう》、闔閭《こうりょ》につかえ、呉《ご》が大国となるのを助けた。なお、実際《じっさい》にいた人かどうか、議論《ぎろん》が続《つづ》いている。

劉備 ―りゅうび―

一六一～二二三年。姓《せい》は劉《りゅう》、名は備《び》、字《あざな》は玄徳《げんとく》。三国時代の蜀《しょく》の建国者《けんこくしゃ》、初代皇帝《しょだいこうてい》。漢《かん》王朝の子孫《しそん》を名のった、若《わか》いころは貧《まず》しく、漢末期《かんまっき》の黄巾《こうきん》の乱《らん》（農民《のうみん》の反乱《はんらん》）で名をあげて武将《ぶしょう》となるが、戦《たたか》いに負けて地方にのがれる。兵《へい》を集めて力をたくわえ、諸葛亮《しょかつりょう》を軍師《ぐんし》としてむかえ、後漢《ごかん》がほろびたあと、漢《かん》の再興《さいこう》をめざして蜀《しょく》を建国《けんこく》、魏《ぎ》の曹操《そうそう》、呉《ご》の孫権《そんけん》らと、三国がならび立つ三国時代をつくった。六十三歳《さい》で、諸葛亮《しょかつりょう》にあとをたくして病死した。

もっと知りたい！

日本生まれの故《こ》事《じ》成《せい》語《ご》

このページでは、日本発祥《はっしょう》の故事成語《こじせいご》を紹介《しょうかい》します。日本には、合戦《かっせん》や武将《ぶしょう》の話がもとになって生まれた故《こ》事成語《じせいご》がたくさんあります。

いざ鎌倉《かまくら》

意味 一大事が起こったことをさすことば。

解説 鎌倉《かまくら》時代、一大事が起こると全国の武士《ぶし》たちが鎌倉幕府《かまくらばくふ》のもとへかけつけたことから。

小《お》田《だ》原《わら》評《ひょう》定《じょう》

意味 いつまでも長引き、なかなかまとまらない相談。

解説 「評定《ひょうじょう》」は会議《かいぎ》や相談の意味。小田原《おだわら》城《じょう》が豊臣秀吉《とよとみひでよし》の軍勢《ぐんぜい》に囲《かこ》まれたとき、城主《じょうしゅ》の北条氏《ほうじょうし》がこのまま戦いを続《つづ》けるか降伏《こうふく》するかの決断《けつだん》を迷《まよ》って、議論《ぎろん》が長引いたことから。

外《げ》面《めん》似《じ》菩《ぼ》薩《さつ》内《ない》心《しん》如《にょ》夜《や》叉《しゃ》

意味 外面はやさしそうに見えるが、内面はいじわるなこと。

解説 「菩薩《ぼさつ》」はさとりをひらく前のブッダのことで、やさしくおだやかな表情《ひょうじょう》をしている。夜叉《やしゃ》は人間に害《がい》をあたえる鬼神。

弘《こう》法《ぼう》にも筆のあやまり

意味 その道にすぐれた人でも、失敗《しっぱい》することはある。

解説 書道の名人である弘法大師《こうぼうだいし》（空海《くうかい》）でも、字を書きまちがえることはあるということから。

児《じ》孫《そん》のために美田を買わず

意味 子孫《しそん》のための財産《ざいさん》を残《のこ》すと繁栄《はんえい》をさまたげることになるので、財産《ざいさん》は残《のこ》さない。

解説 幕末《ばくまつ》に活やくした西郷隆盛《さいごうたかもり》の詩の一節《いっせつ》にある言葉。

人《じん》間《かん》いたるところ青《せい》山《ざん》有り

意味 大きな夢《ゆめ》をかなえたいのならどこへでも出かけて行き、そこでがんばるべきだ。

解説 「青山《せいざん》」は骨《ほね》をうめるにふさわしい青々《あおあお》とした山、つまり死に場所の意味。人間はいつどこで死んでも骨《ほね》をうめる場所があるのだから、夢《ゆめ》や目《もく》標《ひょう》をかなえるために努力《どりょく》するべきだということ。

敵《てき》に塩《しお》を送る

意味　ライバルが苦しんでいるときに援助《えんじょ》すること。

解説　戦国《せんごく》時代、甲斐国《かいのくに》（現在《げんざい》の山梨県《やまなしけん》）の武田信玄《たけだしんげん》が塩不足《しおぶそく》でこまっていたとき、ライバルである越後国《えちごのくに》（現在《げんざい》の新潟県《にいがたけん》）の上杉謙信《うえすぎけんしん》が塩《しお》を送って助けたという話から。

敵《てき》は本能寺《ほんのうじ》に有り

意味　本当の目的《もくてき》をかくし、人をだますこと。

解説　安土桃山《あづちももやま》時代、明智光秀《あけちみつひで》が毛利氏《もうりし》を攻《せ》めるために出陣《しゅつじん》していた途中《とちゅう》で、急に「敵《てき》は本能寺《ほんのうじ》に有り」と言って進路を変更《へんこう》し、主君の織田信長《おだのぶなが》を襲《おそ》った（本能寺《ほんのうじ》の変《へん》）話から。

天王山《のうざん》

意味　勝負や運命が決まる、重大なわかれ目。

解説　羽柴秀吉《はしばひでよし》が明智光秀《あけちみつひで》を攻《せ》めた戦《たたか》い（山《やま》崎《ざき》の戦《たたか》い）で、京都《きょうと》と大坂《おおさか》のあいだにある天《てん》王山《のうざん》を先に陣取《じんど》った秀吉《ひでよし》が戦《いくさ》に勝利《しょうり》したことから。

洞《ほら》が峠《とうげ》を決めこむ

意味　自分に有利《ゆうり》なほうの味方につこうとして、態度《たいど》をはっきりさせないこと。

解説　山崎《やまざき》の戦《たたか》いで、明智光秀《あけちみつひで》からも羽柴秀《はしばひで》吉《よし》からも援軍《えんぐん》を頼《たの》まれていた筒井順慶《つついじゅんけい》という武将《ぶしょう》が、洞《ほら》が峠《とうげ》に軍《ぐん》をとどめて戦《たたか》いのようすをうかがい、羽柴軍《はしばぐん》が有利《ゆうり》になったところで秀吉《ひでよし》のほうに合流したという言《い》い伝《つた》えから。

判《ほう》官贔屓《がんびいき》

意味　立場の弱い人に味方することのたとえ。

解説　判官《ほうがん》は、平安《へいあん》時代の武将《ぶしょう》・源義経《みなもとのよしつね》のこと。義経《よしつね》は、源氏《げんじ》のライバルである平氏《へいし》をうつ功績《こうせき》を残《のこ》したのにもかかわらず、兄の頼朝《よりとも》ににくまれ最後《さいご》には自刃《じじん》した。のちの人びとが、義経《よしつね》に同情《どうじょう》して生まれた言葉。「判官《ほうがん》」は「はんがん」ともいう。

三日天下

意味　短い期間だけ権力《けんりょく》や地位《ちい》をえること。

解説　「三日」は短い期間の意味。明智光《あけちみつ》秀《ひで》は、本能寺《ほんのうじ》の変《へん》で織田信長《おだのぶなが》をうって天下をとったが、数十日後には山崎《やまざき》の戦《たたか》いで羽《は》柴秀吉《しばひでよし》に敗《やぶ》れ、殺《ころ》されたことから。

資料編《しりょうへん》

「中国の地図と年表」

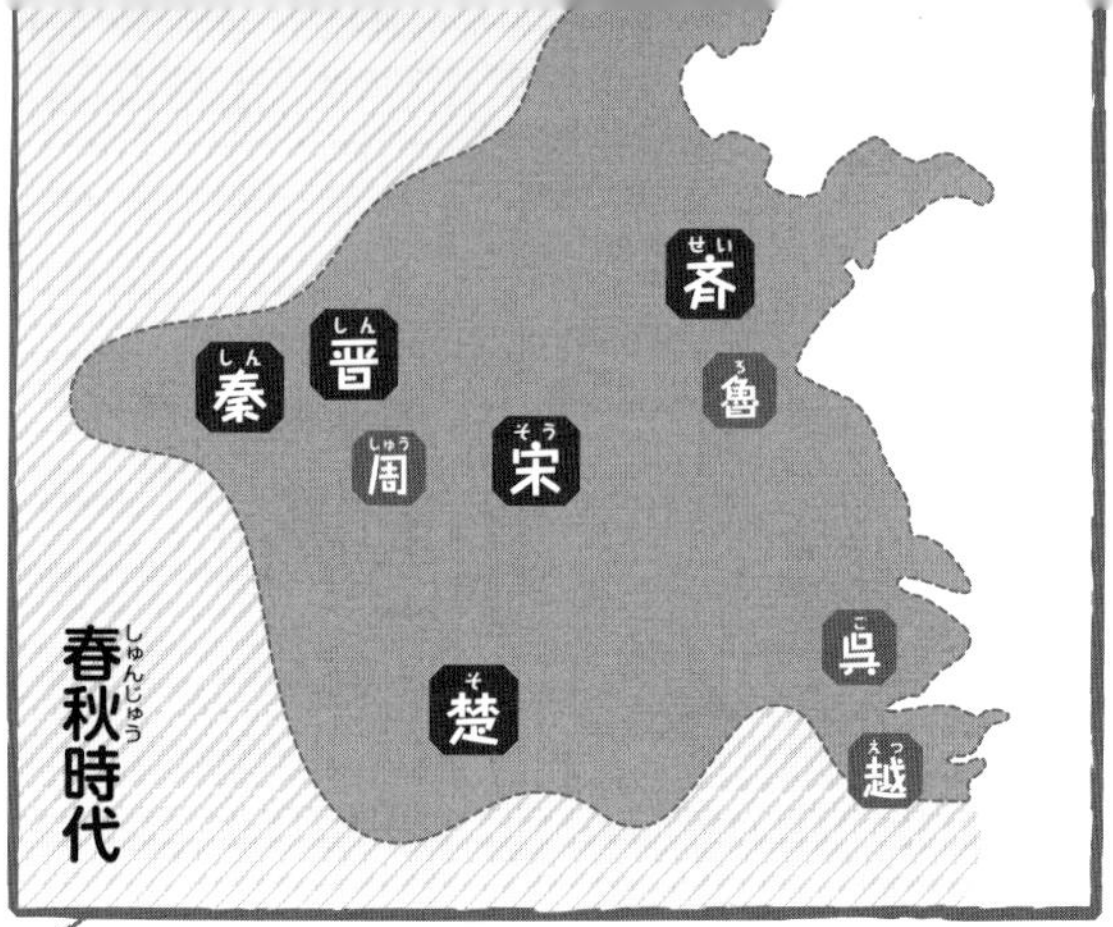

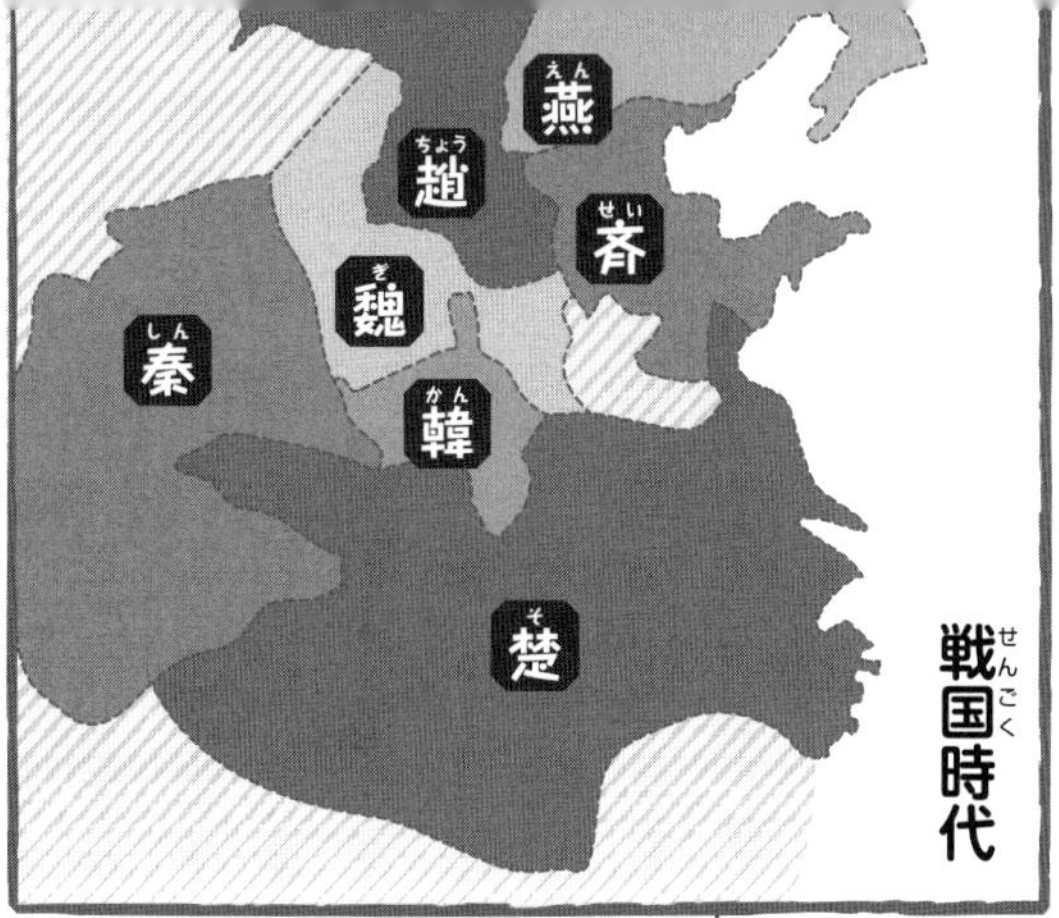

時代	西暦《せいれき》	おもなできごと・人物のエピソード・書物など	
殷《いん》	紀元前《きげんぜん》	黄河流域《こうがりゅういき》で、農耕《のうこう》がさかんになる。	
	一六〇〇ごろ	甲骨文字《こうこつもじ》が使われるようになる。湯王《とうおう》が殷《いん》を建国《けんこく》する。	
西周《せいしゅう》	一〇二〇	殷《いん》がほろび、武王《ぶおう》が周《しゅう》（西周《せいしゅう》）を建国《けんこく》する。	
	一〇〇〇	このころに周《しゅう》の封建制度《ほうけんせいど》（周王《しゅうおう》が王族や有力者に土地を与《あた》え、土地やその土地に住む人が管理《かんり》する制度《せいど》）ができる。	このころに周《しゅう》の文王《ぶんのう》（武王《ぶおう》の父）が太公望《たいこうぼう》に出会う。91ページ
東周《とうしゅう》 春秋時代《しゅんじゅうじだい》	七七〇	周《しゅう》の都・鎬京《こうけい》に異民族《いみんぞく》が侵入《しんにゅう》し、都を鎬京《こうけい》から洛邑《らくゆう》に移《うつ》す。東周《とうしゅう》（春秋《しゅんじゅう》）時代がはじまる。「春秋《しゅんじゅう》の五覇《は》（斉《せい》・晋《しん》・楚《そ》・宋《そう》・秦《しん》）」の争《あらそ》いがはじまる。	
戦国時代《せんごくじだい》	四〇三	晋《しん》が韓《かん》・魏《ぎ》・趙《ちょう》に分裂《ぶんれつ》し、諸国間《しょこくかん》の争《あらそ》いがはげしくなる。そのなかの斉《せい》・楚《そ》・燕《えん》・韓《かん》・魏《ぎ》・趙《ちょう》・秦《しん》の七つの国を「戦国《せんごく》の七雄《しちゆう》」という。これ以降《いこう》、戦国時代《せんごくじだい》がはじまる。	このころに『易経《えききょう》』129ページ、『詩経《しきょう》』129ページ、『論語《ろんご》』130ページ、『老子《ろうし》』131ページなどの書物が編《へん》さんされる。 このころに『墨子《ぼくし》』130ページ、『列子《れっし》』131ページ、『楚辞《そじ》』129ページ、『荘子《そうじ》』131ページ、『韓非子《かんぴし》』131ページなどの書物が編《へん》さんされる。
秦《しん》	二二一	秦《しん》が天下を統一《とういつ》し、皇帝《こうてい》（始皇帝《しこうてい》）が誕生《たんじょう》する。このころから万里の長城《ちょうじょう》がつくられはじめる。	
	二一〇	始皇帝《しこうてい》が死ぬ。	
	二〇九	始皇帝《しこうてい》なき秦《しん》をたおそうと、各地《かくち》で反乱《はんらん》が起き、項羽《こうう》と劉邦《りゅうほう》も兵《へい》をあげる。	
	二〇六	劉邦《りゅうほう》が秦《しん》の都・咸陽《かんよう》を攻《せ》め落《お》とし、秦《しん》がほろびる。このころ、項羽《こうう》と劉邦《りゅうほう》の戦《たたか》いがはじまる。	

太公望《たいこうぼう》

項羽《こうう》と劉邦《りゅうほう》

万里の長城《ちょうじょう》

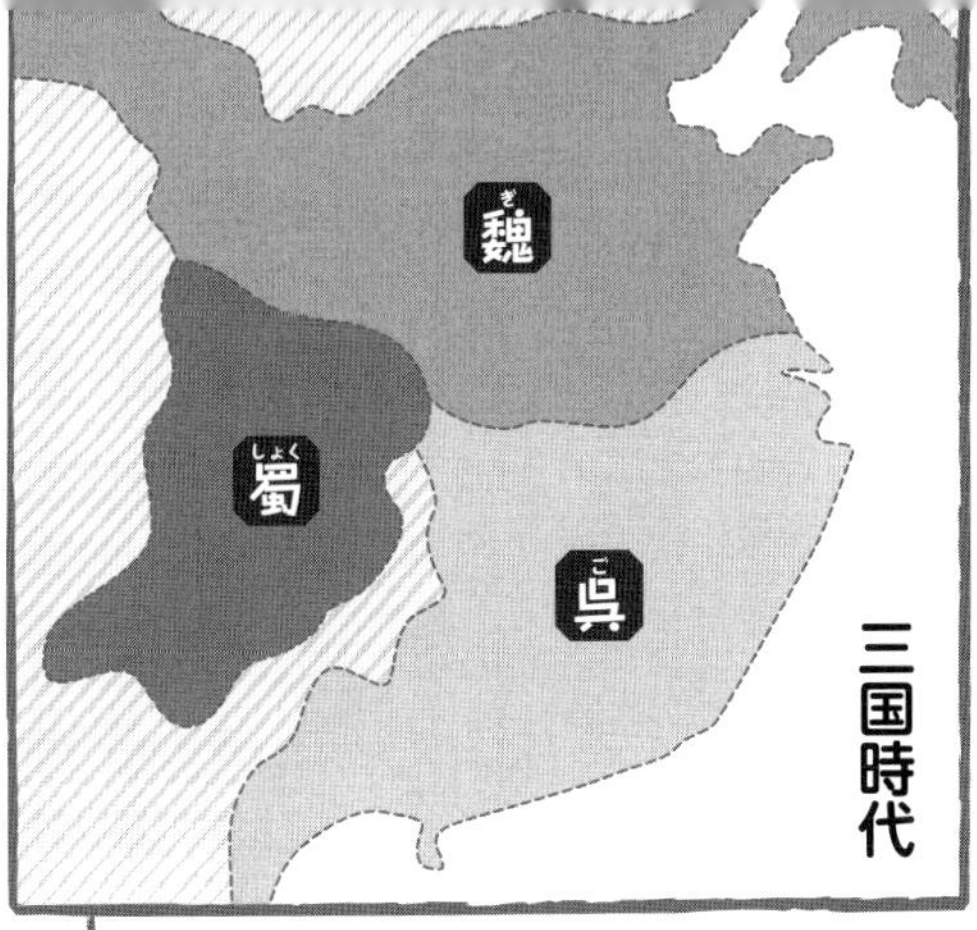

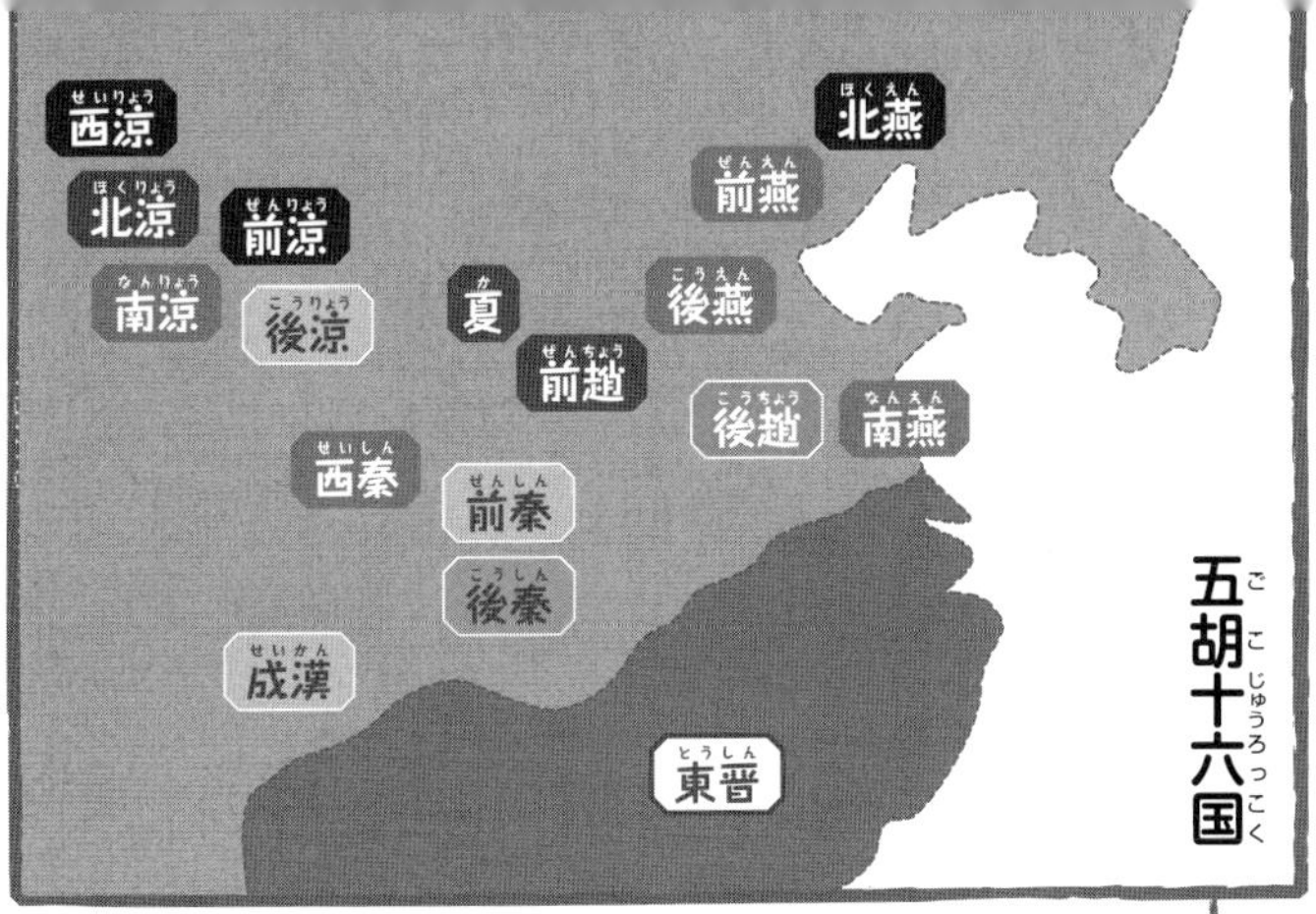

前漢《ぜんかん》	新《しん》	後漢《ごかん》	魏《ぎ》・蜀《しょく》・呉《ご》（三国）	西晋《せいしん》	東晋《とうしん》／五胡十六国《ごこじゅうろっこく》	南朝《なんちょう》／北朝《ほくちょう》	隋《ずい》	唐《とう》	五代十国《ごだいじっこく》	宋《そう》	元《げん》	明《みん》	清《しん》

二〇二　垓下《がいか》の戦《たたか》いで、劉邦《りゅうほう》が項羽《こうう》を破《やぶ》る。天下を統一《とういつ》した劉邦《りゅうほう》が皇帝《こうてい》となり、漢《かん》（前漢《ぜんかん》）を建国《けんこく》する。長安《ちょうあん》に都をつくる。

一三六　儒教《じゅきょう》が国教となる。

紀元《きげん》八　皇后《こうごう》の一族・王莽《おうもう》が漢《かん》王朝をうばう。

二五　前漢《ぜんかん》の王族の子孫《しそん》である劉秀《りゅうしゅう》が王莽《おうもう》を破《やぶ》り、都を長安《ちょうあん》から洛陽《らくよう》に移《うつ》して、ふたたび漢《かん》（後漢《ごかん》）を建国《けんこく》する。

一八四　農民《のうみん》による反乱《はんらん》（黄巾《こうきん》の乱《らん》）が起きる。曹操《そうそう》、劉備《りゅうび》が中心となって反乱《はんらん》をおさえ、手がらをたてる。

二二〇　後漢《ごかん》がほろび、曹操《そうそう》の子・曹丕《そうひ》が魏《ぎ》を建国《けんこく》する。劉備《りゅうび》が蜀《しょく》王朝、孫権《そんけん》が呉《ご》王朝をたて、三国が対立する時代がはじまる。

二六五　晋《しん》（西晋《せいしん》）が中国を統一《とういつ》する。

黄河流域《こうがりゅういき》に五つの異民族《いみんぞく》（五胡《ごこ》）が侵入《しんにゅう》し、十六の国が起こっては消えていく五胡十六国《ごこじゅうろっこく》時代がはじまる。

司馬睿《しばえい》が都を建康《けんこう》（現在《げんざい》の南京《なんきん》）に移《うつ》し、東晋《とうしん》を建国《けんこく》する。

三八六～四二〇　北魏《ほくぎ》が中国北部を統一《とういつ》し、宋《そう》・斉《せい》をはじめとする漢民族《かんみんぞく》が中国南部を統一《とういつ》する。ふたつの王朝が存在《そんざい》する南《なん》北朝《ぼくちょう》時代がはじまる。

五八一　文帝《ぶんてい》が南北を統一《とういつ》して、隋《ずい》を建国《けんこく》する。科挙《かきょ》の制度《せいど》が実施《じっし》される。

六一八　李淵《りえん》が隋《ずい》をほろぼし、唐《とう》を建国《けんこく》する。

九〇七　唐《とう》がほろび、五代十国《ごだいじっこく》時代がはじまる。

九六〇　趙匡胤《ちょうきょういん》が宋《そう》を建国《けんこく》する。

一二七九　モンゴルのフビライ＝ハンが中国を統一《とういつ》し、元《げん》を建国《けんこく》する。

一三六八　朱元璋《しゅげんしょう》が元《げん》をほろぼし、明《みん》を建国《けんこく》する。

一六四四　明《みん》が滅亡《めつぼう》し、順治帝《じゅんちてい》の中国支配《しはい》がはじまる。

このころに『淮南子《えなんじ》』⬇131ページ、『史記《しき》』⬇132ページ、『戦《せん》国策《ごくさく》』⬇133ページなどの書物が編《へん》さんされる。

このころに『漢書《かんじょ》』⬇132ページが編《へん》さんされる。

劉備《りゅうび》が三顧《さんこ》の礼⬇74ページで諸葛亮《しょかつりょう》をむかえる。

このころに『三国志《さんごくし》』⬇133ページが編《へん》さんされる。

このころに『世説新語《せせつしんご》』⬇133ページ、『後漢書《ごかんじょ》』⬇132ページが編さんされる。

科挙《かきょ》のようす

このころに『十八史略《じゅうはっしりゃく》』⬇133ページが編《へん》さんされる。

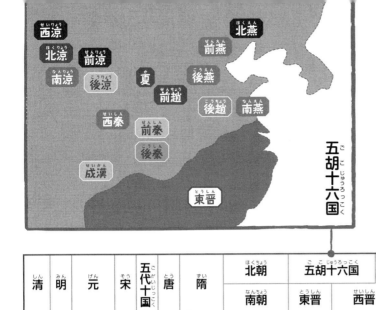

さくいん

太字は見出し語として取り上げた言葉、細字は「似《に》た意味の故事成語《こじせいご》」で取り上げた言葉です。

す

せ

そ

た

ち

て

と

な・の

は

ひ

ふ

ほ

ま

み

む・め・も

や・よ

ら・り・ろ

監修

三上英司(みかみ　えいじ)

1961(昭和36)年、北海道函館生まれ。1987(昭和62)年、筑波大学大学院教育研究科修士課程修了後、北海道札幌市の高等学校に勤務。のち、高等専門学校・高等看護学院・大学等で漢文や言語表現の講義を担当し、2005(平成17)年からは山形大学に勤務している。現在、学術研究院教授・地域教育文化学部副学部長。

主な編著書に『十八史略』『気ままに漢詩キブン』『詳説　漢文句法』(以上、筑摩書房)、『漢詩漢文解釈講座14　文章Ⅱ　唐代以降』(昌平社)などがある。ほかに、小学校・中学校・高等学校用国語検定教科書の編集・執筆に長く携わっている。

●装丁・本文デザイン　高橋里佳・宮川真緒・武藤佑奈(Zapp!)
●イラスト　唐木みゆ・山中正大
●執筆協力　深谷佳奈子・野口和恵・漆原泉　酒井かおる
●校閲　青木一平
●編集制作　株式会社 童夢

[写真提供](五十音順・敬称略)

尼崎市教育委員会／大亀京助／岡田美術館／京呉服すがわら／熊谷家住宅／興禅寺／国立国会図書館／国立劇場／株式会社シーピーシー・フォト／新薬師寺／高本真由美／公益社団法人日本俳優協会／ピクスタ株式会社／福岡市博物館／富士ベッド工業株式会社／株式会社マルヤマ宝飾／八百富神社／株式会社老子製作所／早稲田大学図書館／DNPartcom／PPS 通信社／©Adam Wong /500px/amanaimages ／©Robert Gendler/Stocktrek Images/amanaimages

[参考文献](五十音順)

『故事成語辞典』(東京堂出版)／『新明解故事ことわざ辞典　第二版』(三省堂)／『中国故事成語辞典』(角川書店)／『中国故事成語辞典』(三省堂)ほか

NDC 810
監修　三上英司
写真で読み解く　故事成語大辞典
あかね書房　2017　144P　31cm×22cm

写真で読み解く　故事成語大辞典

発行　2017年12月　初版
　　　2024年　3月　第4刷
監修　三上英司
発行者　岡本光晴
発行所　株式会社あかね書房
　　　〒101-0065
　　　東京都千代田区西神田3-2-1
　　　電話　03-3263-0641(営業)
　　　　　　03-3263-0644(編集)
　　　https://www.akaneshobo.co.jp
印刷・製本　図書印刷株式会社

ISBN 978-4-251-06648-0

● 落丁本・乱丁本はおとりかえします。
● 定価はカバーに表示してあります。